长篇报告文学

人 与 海

许 晨 王晓瑜 著

海洋出版社
中国海洋大学出版社

图书在版编目（CIP）数据

人与海/许晨，王晓瑜著. —北京：海洋出版社；青岛：中国海洋大学出版社，2023.5

ISBN 978-7-5210-0951-4

Ⅰ.①人… Ⅱ.①许… ②王… Ⅲ.①海洋学–科学工作者–先进事迹–中国–现代 Ⅳ.①K826.14

中国版本图书馆 CIP 数据核字（2022）第 077018 号

人与海
REN YU HAI

策划编辑：冷旭东
责任编辑：高朝君
责任印制：安 淼

海洋出版社 出版发行

http：//www. oceanpress. com. cn
北京市海淀区大慧寺路 8 号 邮编：100081
鸿博昊天科技有限公司印刷
2023 年 5 月第 1 版 2023 年 5 月北京第 1 次印刷
开本：710 mm×1000 mm 1/16 印张：20
字数：324 千字 定价：98.00 元
发行部：010-62100092 总编室：010-62100034
海洋版图书印、装错误可随时退换

编 委 会

我们都是蓝色梦想的"逐梦人"

　　海洋，孕育了生命，联通了世界，促进了发展。党的十八大以来，以习近平同志为核心的党中央将建设海洋强国作为中国特色社会主义事业的重要组成部分和实现中华民族伟大复兴的重大战略任务。党的二十大报告提出，"发展海洋经济，保护海洋生态环境，加快建设海洋强国"。

　　在建设海洋强国的征程中，一批批中华儿女展现出的艰苦奋斗、无私奉献的精神，如同大海中耀眼的浪花激励着无数人前行。为传承和弘扬这种精神，充分发挥先进典型的示范引领作用，自 2009 年起，国家海洋局联合有关单位启动"海洋人物"评选活动，至 2019 年已连续开展 11 届，共评选出 103 名（组）"海洋人物"，几乎涵盖了海军海事、海洋经济、海洋科研、海洋航运、海洋生态保护、海洋渔业、海洋教育、公益组织、新闻传播、文化艺术等涉海各领域。他们不仅是海洋领域的国家栋梁、先锋模范，更是可亲可敬、可信可学的平凡榜样。

　　为更好地挖掘"海洋人物"的亮点事迹，总结"海洋人物"评选活动历程，进一步展现当代海洋人的精神风貌，我们通过文学的视角来记录 11 年评选的历程，提炼"海洋人物"身上的闪光之处，让他们的先进事迹更具有可读性、思想性和艺术性。基于此，《人与海》这本书应运而生。它由鲁迅文学奖获得者、著名作家许晨和合作者王晓瑜历时近两年创作而成。

我们希望通过这本书，向奋战在海洋事业一线的所有海洋人表达诚挚的赞颂，致以崇高的敬意！同时向社会呼吁，以实际行动携手关心海洋、认识海洋、经略海洋，让蓝天白云常在、让碧海银滩永存。我们坚信，在习近平新时代中国特色社会主义思想指引下，中华儿女戮力同心，奋发有为，一定能够实现建设海洋强国的蓝色梦想，实现中华民族伟大复兴。

编　委　会

目　录

序　章
海上大阅兵

海风猎猎，浪花朵朵……

美丽的海滨城市青岛奥林匹克帆船中心码头披上了节日的盛装，红旗招展、鲜花盛开，一艘艘挂满彩旗的军舰整齐靠泊在岸畔。硕大的海蓝色背景板上醒目地印着一行大字：热烈庆祝中国人民解放军海军成立70周年！

是的，这一天是2019年4月23日，我们的人民海军豪情满怀、意气风发，一场精心筹划的扬我军威的海上大阅兵，在这片海域上隆重举行。

中共中央总书记、国家主席、中央军委主席习近平出席仪式。

下午一时左右，身穿一套墨绿色军便装的习近平主席，在有关人员陪同下乘车来到了码头，健步登上检阅舰"西宁舰"。雄壮而悠扬的军乐声随之响起，身着白色海军服的水兵仪仗队整齐列队，接受习近平主席的检阅。

"呜——"一声汽笛长鸣，"西宁舰"昂首起航，劈波斩浪，疾速驶向阅兵海域。不一会儿，检阅舰到达预定海域。一位军容严整的海军军官，迈着正步向站在甲板上的习近平主席走来，立定，敬礼，声音洪亮："主席同志，舰队准备完毕，请您检阅。海军司令员沈金龙。"

"开始！"习近平主席下达了口令。

立时，激昂雄壮的分列式进行曲在大海上响起，这次受阅的32艘中方舰艇，编为潜艇群、驱逐舰群、护卫舰群、登陆舰群、辅助舰群、航空母舰群6个群破浪驶来。空中，39架受阅战机，编为预警机梯队、侦察机梯队、反潜巡逻机梯队、轰炸机梯队、歼击机梯队、舰载战斗机梯队、舰载直升机梯队等10

人与海

个梯队，呼啸着掠过海空。

这一天，青岛海域云雾缭绕，波浪翻涌，虽说天公不太作美，可参加海上阅兵的水兵们个个精神饱满、威风八面。每当悬挂着五星红旗和八一军旗的舰艇驶近检阅舰时，就响起一声长哨，官兵整齐站坡，向军委主席致敬。

习近平主席挥手问候："同志们好！"

"主席好！"水兵们行注目礼，大声回答。

"同志们辛苦了！"

"为人民服务！"

海浪滔天，盖不住洪亮的呐喊；海雾迷蒙，遮不住战舰的英姿。检阅与受阅相互激荡，统帅和官兵的心弦紧紧相连。一艘艘威武雄壮的钢铁战舰列队驶来，尖尖的船首劈开波涛，如同出水蛟龙般闪着银光。

此外，来自俄罗斯、泰国、越南、印度等13个国家的海军代表团也参加了检阅活动。他们派遣来的18艘各类舰艇，同样整齐编队，以吨位大小排列，依次缓缓通过检阅舰。

就在这天上午——海上大阅兵举行之前，国家主席、中央军委主席习近平集体会见了应邀出席中国人民解放军海军成立70周年多国海军活动的外方代表团团长，代表中国政府和军队向前来参加活动的各国海军官兵表示热烈欢迎。同时，习近平主席发表了热情洋溢的讲话。

习近平主席在讲话中提出："我们人类居住的这个蓝色星球，不是被海洋分割成了各个孤岛，而是被海洋连结成了命运共同体，各国人民安危与共。"

这话讲得何等好啊！

这是对人类命运共同体重要思想的发展和丰富，是共护海洋和平、共筑海洋秩序、共促海洋繁荣的中国方案，顺应时代潮流，契合各国利益，符合各国海军使命。世界各大洲正是依靠海洋互相连接，也正是依靠人们去认知海洋、探索海洋、保护海洋，社会才能进步，文明才能发展。

人与海，应该和谐相处。

无论船员、渔民、气象员、海军官兵，抑或航海运动员、海岛守护人、海洋科研人员，无论生活抑或工作，凡是与海洋为伴的人，都可以说是钟情于蔚蓝、搏击于风浪的"大海之子"。因为他们的拼搏奉献，丰富多彩的海洋宝库才会向人类打开……

一代伟人、开国领袖毛泽东说过："世间一切事物中，人是第一个可宝贵的。在共产党领导下，只要有了人，什么人间奇迹也可以造出来。"

当今中共中央总书记习近平也说过："一个有希望的民族不能没有英雄，一个有前途的国家不能没有先锋。"

千真万确。

山一程，水一程；风一更，雪一更……

回顾我们从枪林弹雨的战争年代到叱咤风云地建立中华人民共和国，再到拨乱反正、砥砺前行的改革开放新时期，哪一步不是因为有了千百万齐心协力、励精图治的人民，才逢山开路、遇水架桥，一路闯关夺隘高歌猛进的。中国海洋事业也毫不例外。

2019 年，是中华民族奋斗史上特别值得纪念和庆祝的一年。这不仅是因为人民海军建军 70 周年，我们举行了盛大而威武的"海上大阅兵"，见证了海防力量从无到有、从小到大、从弱到强的奋进之路。这一年，也是中华人民共和国成立 70 周年，长城内外、大河上下，歌如潮，花如海，无不沉浸在一片欢腾的海洋里。

2019 年 6 月 8 日，对于励精图治、破浪远航的"海洋人"来说，迎来了一场具有特殊意义的纪念活动：第十一个世界海洋日和第十二个全国海洋宣传日。按照每年选择一个海滨城市举办相关活动的规律，这一年选定了海南省三亚市。

从 6 月 5 日至 12 日，以"珍惜海洋资源，保护海洋生物多样性"为主题，依次开展了全国海洋知识竞赛大学生组总决赛、"蓝丝带"万人净滩、海洋防灾减灾知识科普展和评选"年度海洋人物"等系列活动。

从某种角度上来说，这也是一场海洋事业的"大阅兵"。

6 月 8 日这一天，南海之滨的美丽明珠——三亚，碧空万里，风平浪静，高大的椰子树挺拔葱茏、亭亭玉立，翠绿的树冠如同遮阳伞一样张开在空中。庄重的会议厅外树立着一块硕大的宣传牌，蔚蓝深海的背景上，悠闲地"游荡"着海豚、水母等生物，左上角是海洋日的标志，正中书写着几行大字——"珍惜海洋资源，保护海洋生物多样性　2019 年世界海洋日暨全国海洋宣传日

人与海

中华人民共和国自然资源部　2019 年 6 月　中国·三亚"。

会议大厅内，欢歌笑语，济济一堂，一片隆重热闹的景象。舞台背景屏幕上不断播放着海洋日宣传片：海蓝蓝、天蓝蓝，五彩缤纷的海洋生物自由自在地畅游。各种节目在主持人的调度下，轮番上演，精彩纷呈。

自然资源部总工程师张占海，时任海南省自然资源和规划厅副厅长、海南省海洋局局长王利生，时任三亚市委常委、常务副市长陈铁军等出席相关活动。首先，举行了全国海洋知识竞赛大学生组总决赛颁奖仪式，中国海洋大学的朱振翔、中国地质大学（北京）的王雅楠和海南热带海洋学院的雷泽林，分别获得了"南极奖""北极奖""大洋奖"三项大奖。

紧接着，在一阵阵昂扬激越的音乐声中，现场揭晓了"2019 年度海洋人物"。与往年不同的是，此次评选人物以对海洋的不同贡献被分成四个小组，并在大屏幕上依次播放他们的事迹短片。

海洋保护组："珊瑚妈妈"——中科院南海海洋研究所珊瑚生物学与珊瑚礁生态学学科组组长黄晖，"海上精灵的守护者"——广东珠江口中华白海豚国家级自然保护区鲸豚救护小组。

海洋建设组：中国南极考察事业的开拓者、中国南极长城站首任站长郭琨，油气勘探最前线的行业专家、中国海油渤海石油研究院地质总工程师牛成民，创造中国速度的中远海运港口阿布扎比码头委派团队。

海洋宣传组：海洋文化传播的媒体匠人、三沙卫视《巡航祖宗海》栏目制片人、记者王俊皓，滩涂上的乡愁守望者、江苏滩涂馆馆长周士辉，"心系蔚蓝"的演员、中国电影家协会副主席黄渤。

海洋权益组：逐梦深蓝的海军首位女实习舰长韦慧晓，蔚蓝波涛里的白玉兰、上海海事局"海巡 01"轮二副詹春佩。

自然资源部和海南省三亚市的领导们，为"2019 年度海洋人物"颁发了奖杯和证书，戴着红领巾的小学生们热情地上前献花。随后，主持人邀请获奖代表黄晖、中远海运港口阿布扎比码头委派团队、王俊皓和韦慧晓再次上台，请他们结合亲身经历，为现场观众讲述了珊瑚礁保护、"一带一路"建设、三沙发展、海军作训等海洋故事，引起了现场观众的广泛共鸣，现场响起一阵又一阵海浪般的掌声。

值得一提的是：这是第十届"年度海洋人物"评选活动。十年间，在全国共评选出海洋经济、海洋科技、海洋文化、海洋环保、海洋军事等与海洋有关的93名（组）"年度海洋人物"，极大促进了国人海洋意识的提高，科学普及了海洋知识，为建设海洋强国奠定了坚实的基础。

为纪念这一意义深远的评选活动，组委会特意邀请了往届"年度海洋人物"代表与本届"年度海洋人物"座谈研讨，一起发出海洋日主题倡议书。随着主持人的热情邀请，他们列队走上台前，齐声朗读：

海洋，是生命律动的起点，是资源丰饶的宝藏，是传承文明的纽带，更是人类赖以生存和发展的蓝色伊甸园。从古代起，中华民族就有"舟楫为舆马，巨海化夷庚"的海洋意识。进入新时代，建设海洋强国必须以习近平生态文明思想为指引，投身海洋生态文明建设，珍惜海洋资源，防治海洋环境污染，保护海洋生物多样性，推进海洋资源有序开发利用，为子孙后代留下一片碧海蓝天。为此，我们代表历届"海洋人物"，向全社会发出倡议：

1. 我们要牢固树立海洋保护意识，像对待生命一样关爱海洋。大家都来关心海洋、认识海洋，让科学开发利用海洋资源、保护海洋生物多样性、爱护海洋生态环境的理念融入每个人的工作与生活中。

2. 我们要珍惜海洋资源，坚持取之有度、用之有节的永续发展理念。我们要尊重自然规律，创新生态开发模式，倡导海洋资源循环利用。不过度向海洋索取，不做杀鸡取卵、竭泽而渔的破坏性开发。

3. 我们要善待海洋生物，深刻认识保护生物多样性的重要意义。生物多样性是人类赖以生存和发展的基础。我们要悉心保护好海洋生物栖息地生态环境，维护好海洋生物多样性湿地生态区，切实做到不捕捞受保护的海洋生物，不购买珊瑚等法律法规禁止的海洋生物制品。

4. 我们要自觉保护海洋生态环境，始终坚守人与自然和谐共处的生存准则。从身边小事做起，不分老幼、不分职业，不向海洋丢弃垃圾、排放污水，减少甚至不使用塑料制品，坚决防止海洋微塑料污染。自觉保护好珊瑚礁、红树林等海洋生态系统，坚决不做损害海洋生态环境的事。

5. 我们要与世界人民同心协力，直面海洋生态挑战。面对生态挑战，人类

人与海

是一荣俱荣、一损俱损的命运共同体。我们要增进与海上丝绸之路沿线国家及世界各国的合作交流，共同为海洋生态安全贡献一己之力。

作为历届"海洋人物"代表，今天我们在此郑重承诺：我们将继续保持和发挥模范带头作用，用实际行动感召大家、引领大家，一同从我做起，从现在做起，珍惜海洋资源，保护海洋生物多样性，守卫我们的蓝色家园。

我们也将竭尽所能，宣传海洋保护理念，传播海洋知识，讲述海洋故事，传承海洋文化，为海洋强国建设作出更大贡献！

历届"海洋人物"代表
2019 年 6 月 6 日于三亚

声音铿锵有力，掷地有声，回荡在会场大厅内，甚而冲破门窗，飞扬在一望无际的碧蓝海天之上。

他们是"海洋人物"，是海洋领域的标兵，他们的一言一行具有巨大的号召力和影响力。在新中国这艘巨轮昂首远航的前进路上，在经济社会高速发展的进程中，"海洋战线"涌现出来的英雄人物、先锋模范和优秀代表，起到了中流砥柱和一马当先的作用。

当初，这项激动人心的活动是怎样发起并开展的呢？

那是在 2009 年，正值中华人民共和国成立 60 周年，举国上下，各行各业都在回首过去，展望未来，鼓舞斗志，以利再战。而这一年的 6 月 8 日，是联合国设立的首个"世界海洋日"，中国结合本身实际情况，决定于 7 月 18 日举办"全国海洋宣传日"活动。

原国家海洋局乘此东风，联合中央人民广播电台共同组织，由外交部、教育部、交通运输部、中国人民解放军总参谋部、中国人民解放军海军、中国科学院、中国社会科学院、中国海洋石油总公司、中国远洋运输（集团）总公司、中国盐业总公司、中国船舶重工集团公司、中国水产集团总公司等中央涉海部门和单位以及沿海省市分别推荐，经过网民投票、专家评选，分别确定了中华人民共和国成立以来的"十大海洋事件"和"十大海洋人物"。

"十大海洋事件"如下：

1. 首次全国海洋综合大调查

2. 国家海洋局成立

3. 中国海洋石油工业对外开放

4. 中国建造首批超大型油船

5. 中国首征南极建成长城站

6. 中国建立南沙永暑礁海洋观测站

7. 中国在国际海底区域获得 7.5 万平方千米多金属结核矿区

8. 中国海军舰艇编队赴亚丁湾索马里海域护航

9. 中国海军舰艇编队首次全球航行

10. 2006 年南海国际大救援

"十大海洋人物"如下：

1. 国家海洋局第一任局长齐勇

2. 物理海洋学家和海洋教育家赫崇本

3. 海藻科学家曾呈奎

4. 中国海洋石油总公司第一任总经理秦文彩

5. 新中国航海家贝汉廷

6. 南沙守礁第一人龚允冲

7. 物理海洋学家苏纪兰

8. "核潜艇之父"黄旭华

9. 新中国第一位国际法院法官倪征噢

10. 我国北海第一飞行救助机长潘伟

2009 年全国海洋宣传日的主场活动在广东省珠海市进行，辽宁、河北、天津、山东、江苏、上海、浙江、福建、广东、广西、海南、大连、宁波、厦门、深圳等沿海省（区、市）和计划单列市及其所属市县，于 7 月 18 日开展公众清洁海滩、广场街头宣传、海洋开放日以及其他各具地方特色的海洋宣传活动。

与此同时，这次系列活动还包括 7 月底开展的中学生海洋科普夏令营、9 月到 11 月的第二届大中学生海洋知识竞赛等活动。

如同一石激起千层浪，评选中华人民共和国成立 60 周年以来发生在海洋领域的十大海洋事件，以及为海洋事业作出过重要贡献的十大海洋人物，在全国各地、社会各界反响强烈，收到了良好的效果。这使原国家海洋局负责宣传教育的同志们大受启发，干劲倍增。

此后，为进一步提升海洋的公众影响力，增强全民族海洋意识，原国家海洋局联合有关媒体，自 2010 年始启动了"年度海洋人物"评选活动，至 2019 年已连续开展十届，成为宣传海洋工作的一张重要"名片"。"年度海洋人物"颁奖仪式也成为每年海洋日主场活动的重要环节和一大特色。

时至 2020 年，为了总结经验，以利再战，有关部门决定潜心梳理一下十年来的活动情况，准备进一步完善提高，以便于下一步更好地进行评选工作。其中一项就是撰写一部全景式而又具体反映"海洋人物"评选活动情况的长篇报告文学。我和我的助手王晓瑜有幸受到邀请，进行采访写作。这年冬天的一个上午，我们应邀来到自然资源部宣传教育中心，见到了中心党委书记李航及负责此项工作的相关人员。

"好啊，欢迎欢迎。"一见面，李航书记就热情地与我们握手，"许老师，我们知道你是'海洋作家'，写了不少关于海洋的好作品，所以请你们来写这本书最合适了。"

我与沉稳干练的李航书记是老朋友了。早在 2016 年 6 月世界海洋日暨全国海洋宣传日期间，我写的中国载人潜水器"蛟龙"号的报告文学作品《第四极——中国"蛟龙"号挑战深海》刚刚出版，就是由时任国家海洋局宣传教育中心党委副书记的他，带领我在广西壮族自治区北海市海洋日主场活动的主会场上，向那年评出的"年度海洋人物"赠书。可以说，我与"年度海洋人物"评选活动早就有了不解之缘。

"谢谢李书记的信任，写写共和国的海洋人物，太有意义了。在各个部门和领导的支持下，我们一定尽心尽力完成好！"

"随着海洋人物的逐年评选，在社会上的影响越来越大，评选活动对宣传国家海洋事业、提高民族的海洋意识，起到了不小的作用。"李航书记接着说，"我几乎参加了每一届海洋人物的评选，每一次心灵都受到了极大的震撼。来自各行各业贡献突出的海洋人物，就像天上的启明星一样，给海洋事业带来闪亮的曙光。国家机构改革以后，海洋工作在新成立的大部空间里，依然处于重要地位。要把以前好的做法，给历史留下一个记载。原想梳理一下材料编本汇编就行了，可我觉得不能简单地重复，还是应该选其精华，作一下提升。可以考虑写一部纪实文学，增强可读性和史料性，发挥一下文学的力量。"

由此，我们进入了愉快而艰辛的采访写作之中。只是由于此起彼伏的新冠肺炎疫情影响以及一些其他原因，使得采访写作之路不那么顺畅。但不管怎样，我们还是满怀热情地想方设法，克服困难，力争保质保量地圆满完成任务。

"战舰"起航，乘风破浪，我们满怀信心地去"深海大洋"中探寻、精选、记录那些永难忘怀的人和事……

第一章
海洋：生命的摇篮

"我已出舱，感觉良好！"

"神舟十三号向全国和世界人民问好！请祖国放心，我们坚决完成任务！"

北京时间 2021 年 11 月 7 日 18 时 51 分，中国神舟十三号载人飞船成功开启天和核心舱节点舱出舱舱门，航天员翟志刚与王亚平身着我国新一代"飞天"舱外航天服，先后成功出舱！

这是翟志刚时隔 13 年后再次进行出舱活动，而王亚平则成为中国首位进行出舱活动的女航天员，迈出了中国女性舱外太空行走第一步，随身携带的摄像机将他们在浩渺太空中的身影清晰地拍摄下来。随着飞船的旋转，他们身后一会儿蔚蓝，一会儿漆黑，蓝的是地球，黑的是宇宙，蓝黑交替出现，如同一部科幻大片。

是的，航天员从宇宙飞船上观察茫茫太空，可以很容易地将人类赖以生存的家园——地球，与其他天体星辰区分开来。因为只有地球是一颗蓝色的星球，一望无际的蔚蓝色的海洋覆盖着大地约 71% 的表面积。

应该说，地球作为一颗行星在浩瀚的宇宙中是微不足道的，但其独有的特别之处令多数天体黯然失色——它是太阳系中唯一拥有大量液态水的星球。海洋的蔚蓝是地球的主色调。从这个意义上来讲，似乎叫它水球更为合适，而五大洲则像是点缀在浩瀚海面上的一个个海岛……

生命起源于海洋。生物的演变进化离不开海洋。海洋，尤其是"原始海洋"即地球形成早期出现的海洋，对自然界以及人类社会文明的进步有着巨大的影响。"原始海洋"存在着大量的有机物，而且盐分很低，这为生物诞生提供了强大的有利条件。

地球上的生物由低级向高级不断进化，而低级生物则是从海洋里渐渐演化而来。大约在 38 亿年前，陆地还是一片洪荒之时，咆哮的海洋中就开始孕育最原始的生命细胞。潮涨潮落，斗转星移，经历了亿万年风风雨雨，这些细胞逐渐演变成单细胞藻类，在光合作用下，产生了氧气和二氧化碳，为生命的进化准备了条件。

水是一种良好的溶剂，海水中含有许多生命所必需的无机盐，如氯化物、碳酸盐、硝酸盐、磷酸盐，还有溶解氧，原始生命可以毫不费力地从水中吸取它们所需要的元素。最原始的生物分子形式是氨基酸与核酸，它们沐浴在一个维持着适当温度、永远不会干涸的营养液中。经历了古生代、中生代、新生代等亿万年的进化和分异，原始生命从海洋中诞生，在水下繁衍，最终到达了海边并上岸。

同时，水还具有很高的热容量，加之水体浩大，任凭夏季烈日暴晒，冬季寒风扫荡，海水的温度变化却很小，因此巨大的海洋就像是天然的温箱，是孕育原始生命的温床。阳光虽然是生命所必需的条件之一，但是阳光中的紫外线却有扼杀原始生命的危险，而水能有效地吸收紫外线，因此海洋又为原始生命提供了天然的屏障。

根据化石所见，这些原始生命和今天的细菌相似。它们的诞生，像一声春雷，打破了地球的死寂，开辟了地球历史的新纪元。它们在和大自然的博弈中生存、发展，经过亿万年的进化，逐步形成了生命体：海绵动物，环节动物，软体动物，节肢动物，棘皮动物，海洋藻类；鱼类等比较高等的海洋脊椎动物也出现了。

月亮的引力作用引起海洋潮汐现象。涨潮时，海水拍击海岸；退潮时，海水把大片浅滩暴露在阳光下。原先栖息在海洋中的某些生物，在海陆交界的潮间带经受了锻炼，加之臭氧层的形成，使其抵御了紫外线的伤害。这些生物小心而勇敢地登上陆地，进而逐渐演变成爬行类、两栖类、鸟类以及其他哺乳动物。物竞天择，弱肉强食，历经种种磨难，终于诞生了具有高度智慧的万物之灵长——人。

人与海

海洋，人类的摇篮和故乡。

浩瀚无际的海洋不但孕育了人类，而且一直提供着繁衍生命所必需的各种元素。首先，它为地球提供了大量氧气。据说早期的地球是没有氧气的，因蓝藻以惊人的繁殖速度出现在海洋中，并通过光合作用产生源源不断的氧气。后来蓝藻覆盖在陆地上，当陆地的氧气充足了，地球上的生物开始急剧增长、扩张，人类也因此诞生。

其次，海洋是风雨的发源地，在控制和调节全球气候方面发挥着重要的作用。海洋是到达地球表面的太阳能的主要接收者，也是主要的蓄积者。海水冷却时将向空气中散发大量的热，增温时则从空气中吸收大量的热。海洋借助自己与大气的物质和能量交换过程，产生间接影响气候和受气候影响的各种自然现象。

在太阳辐射能的作用下，从海陆表面蒸发的水分，上升到大气中；随着大气的运动和在一定的热力条件下，水汽凝结为液态水——即雨雪冰雹，降落至地球表面。一部分降水可被植被拦截或被植物散发，形成地表径流。一部分水从表层土壤流入地下以径流形式进入河道，成为河川径流的一部分。地表水和返回地面的地下水，最终都流入海洋或蒸发到大气中。这种不分昼夜的循环流转，控制和调节着全球气候。

海洋还是地球"天然的净化器"。我们知道，人类生产、生活会排放出大量有害气体、废弃物，除了被陆地上的森林吸附、降解，海水也会对其净化。由于人类过度的掠取和消费，某些方面已超出了海洋本身的承载力，形成了环境灾难，需要高度警惕和严加治理。自然，这是后话。

再者，海洋为人类生存提供了丰富的资源。据测算：全球海洋资源非常丰富，蕴藏着极大的潜力。海底有大量的金属结核矿，其中锰 2000 亿吨，镍 164 亿吨，铜 88 亿吨，钴 58 亿吨，相当于陆地储量的 40~1000 倍。此外还有大量的磷矿、硫化矿和稀有金属砂矿床。海底石油天然气产量逐年上升，10 年后开采量将达到世界的一半。

除此以外，海洋中的潮汐能、波浪能、海流能、热能等都是清洁能源，储量巨大。海水中富含的大量化学元素，可提取的有 82 种，包括核燃料铀、核聚变物质、可燃冰等。同时，海洋生物还可提供人类不可或缺的丰富蛋白质。

毋庸置疑，海洋养育了人类，人类离不开海洋。

蓝色海洋敞开博大而温馨的胸怀拥抱着万物生灵，为苍茫大地提供了物种生存的平台和营养。她以其独特的神奇波涛呼风唤雨，吞云吐雾，调节自然气候，孕育海陆生命，储藏海底矿产，沟通商贸航道。无数事实证明：在人类进步的文明发展史上，到处闪耀着晶莹剔透的蔚蓝色。难怪古往今来人们反复强调：谁拥有了海洋，谁就拥有了世界！

我国拥有漫长的海岸线，仅大陆岸线就有 18 000 多千米。又有 7300 多个岛屿环列于大陆周围，岛屿岸线长 14 000 多千米，它们绵延在渤海、黄海、东海、南海的辽阔水域并与世界第一大洋——太平洋紧紧相连，这就为华夏祖先进行海上活动、发展海洋事业提供了极为便利的条件。

然而，最早"探索开发""研究利用"海洋，还是为了解决"民以食为天"的吃饭问题。在距今数千年甚而上万年的上古年代，一片洪荒，刚刚进化而来的人类过着茹毛饮血、兽皮为衣的日子。每天一睁眼就如同鸟兽一样，四处觅食，填饱肚子。靠山吃山，靠水吃水，生活在沿海的原始人发现，退潮之后海滩上的贝类和海藻可以食用，于是纷纷拾取果腹充饥。后世考古竟挖掘出堆积如山丘一样的残留贝壳及部落遗迹，称之为"贝丘遗址"。

潮起潮落，云卷云飞。人们在向大自然索取生存之道的进程中，又学会了捕鱼而食、煮海为盐。据《山海经》记载："捕鱼水中，两手各操一鱼。"《庄子》一书中也说："投竿东海，旦旦而钓。"由此可见，堂堂华夏先民们早在"盘古开天""女娲造人"的神话传说中，就懂得了"靠山吃山，靠海吃海""以梦为舸，向海而生"的道理。

原始人的渔猎活动，从最初的退潮捡拾，到木石击鱼，再到作栅拦截、围堰竭泽，直至发展为钩钓矢射、叉刺网捞、镖投笼卡和舟桨驱取之时，渔业成了人类最早的经济形态之一。随着人类对鱼类习性和捕捞技术的了解，从简单到逐渐复杂的生产中，渔业文化的积累和发展也相应随之而来。

海洋给人们提供了发展渔业的启示和智慧。我国先民们留下不少极为珍贵的渔文化遗物：如周口店山顶洞人钻上小孔涂有红色的草鱼上眶骨，新石器时代的鱼钩、叉、鱼镖、鱼枪和石制、陶制网坠，仰韶文化的典型标志"人面鱼

人与海

纹"彩陶盆，殷商时代"贞其雨、在圃渔"的甲骨卜辞，象征双手拉网捕鱼、用手持竿钓鱼的甲骨文字"渔"……挂在山顶洞人脖子上、用野藤穿的贝壳项链，不亚于金银首饰。古人"以贝为钱"，影响"财""贸""贵""贱""赚""赔"等字的形成。

不过，进行海上活动，无论是捕鱼晒盐，还是交通往来，首先就需要有船只，这是海洋科技的第一步。我国的造船史绵亘数千年，早在远古时期就开始了。

原始人生产水平很低，水是生存的必要条件，逐水而居，渔猎为生，在和大自然搏斗的过程中，逐步观察了解了大自然的特性。那么，先民们究竟何时何地创制了舟船已很难考证，至少在新石器时代炎黄祖先就广泛使用了独木舟和筏，并以其非凡的勇气和智慧走向海洋，开始了早期的航海活动。

那时的人们饲养牲畜，将兽皮充气后制成浮具——皮囊。"伏羲氏始乘桴"，桴就是筏，进而"并木以渡"。据晋郭璞注《尔雅·释水》的解释，称木筏为簰，是大筏；竹筏为筏，是小筏。将几根木头或竹子捆起来，以筏济物，乘筏渡河。据考证，筏是新石器时期我国东南部的百越人发明的。筏是舟船发明以前出现的第一种水上运载工具。

当人类进入新石器时代，已能制造石斧、石锛等生产工具，也能人工取火了，便使用火和石斧开始制造独木舟。在遥远的古代，人们发现树叶、树干在水里会漂浮，树干越粗大，其所能负荷的重量也越大。同时，圆柱形的树干在水里会翻滚，人在上面坐立不稳，无法从事生产活动。只有用石器将树干削平，涂上湿泥，点火烧掉中间部分，再用石斧砍削才能乘坐行驶。

文献记载说"番禺始作舟"，又说是黄帝的两个大臣"共鼓、货狄作舟"，或说"巧垂作舟"，这些都说明了舟不是一人发明的，而是很多地方的人都在参与。1973年在浙江余姚河姆渡村发现的一处距今7000年的远古居民遗址显示，有人类曾驾驭舟楫从事生产活动。与《周易》所说"刳木为舟，剡木为楫，致远以利天下"互相印证。

后来的船型底有平底、尖底，很可能是由独木舟的船型发展而来的。河姆渡、跨湖桥、淹城、绰墩山等遗址中，先后挖掘出由整段树木凿成的独木舟。这些7000—5000年前的遗物，居然保存完整，不能不让人惊叹。刳木为舟，意味着我们的先民宣告了对河流的征服，在战胜波浪的同时，也战胜了内心世界滋生的畏惧。

1958 年在江苏淹城出土的一只独木舟，舟形如梭，两端小而尖，尖角上翘，属于尖头尖尾独木舟一类。外壁光滑木纹依旧，内壁布满焦炭和斧凿斑斑的痕迹，这是古代先民经过数十次用火烤焦后再用斧凿加工成的。经碳 14 测定，它距今已有 2800 年历史，属西周时期遗物，是我国目前发现的最古老完整的独木舟，号称"天下第一舟"。

学会了以舟代步，双脚被延伸了，眼界也拓展了。他们常常坐在独木舟上去湖里捕捉鱼虾，满载而归时，就互相比赛，看谁捕捉的鱼虾多，看谁将独木舟划得更远。有了闲暇，精力充沛的小伙子们不甘寂寞，就开始比赛划船的速度，他们以赤裸的肌肉和雄健的力量来博得少女们的青睐。船儿一旦被人们所创造并驾驭，它就超越了交通和生产的基本职能，笼罩上浓郁的文化气息。

当然，独木舟不是中国独有，国外一些地区也发现了不少的独木舟。印第安人的独木舟和波利尼西亚人的双体独木舟比较有名。印度有种独木舟，其船侧装有可放置货物的横木板。新几内亚的独木舟可以几条横排在一起，上面用横梁固定，横梁上铺坐席，还装有风帆，可以航海。

独木舟后来演变成木板船和木结构船，再到今天的各类船舶。可以说，没有独木舟，就没有现代舰船。筏和独木舟是远古祖先最简陋也是最重要的渡水运载工具，它们成为我国乃至世界古代造船技术中两大船型系统的雏形。有了渡水工具，远古祖先得以进行海上捕捞和迁徙航行。

从某种意义上说：这等于是最早的"科学考察船"，载负着为求生存而求索的前辈"海洋学家"，搏风踏浪，探秘海洋……

时光转到距今 2500 多年前的春秋时代。

某日，通向齐国的大道上一阵尘土飞扬，车轮滚滚。一位公子模样的人端坐车内，手搭凉棚急切地向前张望。突然，一枚箭镞飞来正中其身。只听他大叫一声："啊！我中箭了！"口吐鲜血倒在车内。

不远处的草丛内，那射箭的刺客冷笑一声，迅疾起身跑得无影无踪。而此时中箭的公子停止呻吟，催促着车夫快马加鞭夺路狂奔。原来，这正是历史上有名的齐国公子纠和公子小白争夺王位的一幕。公子纠的谋臣管仲企图射杀小

人与海

白，不料一箭射在他的带钩上。小白咬破舌尖假装中箭赢得了时间，抢先回国继承了王位，这便是后来大名鼎鼎的齐桓公。

本来放暗箭的管仲将被正法示众，深明大义的鲍叔牙却向齐桓公举荐："一箭之仇实乃各为其主，如得管仲可为国君射天下！"果不其然，桓公不计前嫌拜管仲为相，在其精心辅佐下，"弱齐"逐渐变成"强齐"，成为春秋第一霸主。而管仲也成为春秋第一名相，世称管子。他所实施的强国政策首要就是发展海洋经济。

地处东夷——今之山东半岛的齐国依山傍海，得天独厚。初时，齐桓公问计于管仲："何以富国？"管仲答曰："唯官山海为可耳。"意指由国家组织开发海洋资源，就能民富国强。在当时来讲就是"兴鱼盐之利，通工商之便"。齐桓公深以为然，从此官府垄断了海盐生产和运输销售，煮盐冶铁，舟楫往来，齐国日渐强盛。

由此可见，早在几千年以前，我们勤劳智慧的祖先就找到了开发利用海洋、增强国家实力的途径。此后，秦始皇数次东巡至琅琊台，两遣徐福率童男童女东渡寻药，甚而弯弓射杀阻挡航路的大鲛，均说明其试图征服海洋的壮志；汉代人不但驾船出海捕鱼，还在南海里采捞珍珠、珊瑚。三国时期的孙权更是大规模航海的倡导者，东吴的船队北上航行到辽东，南下至广东南海，并开辟了到朝鲜、日本的航线。

而春秋五霸之首齐国实施的"官山海"政策，一直传承延续下来。在以后封建社会统治者的安邦治国中，盐业均是国家重要的财税来源。唐代时明确指出："天下之赋，盐利居半，宫闱服御、军饷、百官禄俸皆仰给焉。"

这充分说明了海洋在人们生活中不可或缺的重要性。它与所有自然界的现象一样，既有风暴袭来大浪滔天的恐怖，又有资源丰富造福人民的实惠。关键就看你怎样去认识、去实践了！

海洋也是孕育历史、孕育人类精神的摇篮。海洋对人类文明的进步有着巨大的影响。当人类征服了大陆之后，对海洋充满了好奇，而现实也没有让人们失望，丰富的食物、无穷的资源，都是海洋留给人类的财富。根据海洋生物制成的仿生物更是不计其数。

中国古代圣贤老子说："上善若水，水善利万物而不争，处众人之所恶，故几于道""江海所以能为百谷王者，以其善下之，故能为百谷王""天下莫柔弱于水，而攻坚强者莫之能胜，以其无以易之"。中国人的性格的确有大海的宽阔与包容、深邃与洞彻等特点。

宇宙间只有一个地球。

从更深一层说，地球上只有一捧海水。洁净明亮的海水，对于我们人类以及地球上所有的生灵都非常重要，我们应该记住一位哲人曾经说过的话：海洋养育了我们，我们要感谢海洋。我们光滑的皮肤，我们坚韧的骨骼，我们血管里的血，我们体内循环的水，都是海洋的馈赠，我们是海洋中的一滴水、一分子。

所以，献身海洋事业的人们是可敬的，其中的优秀人物、先进分子更是值得社会各界赞誉与学习的楷模。不管是自幼出生在海滨，还是长大后深入海洋领域奋斗，他们都把大海看作自己的家园，热爱它、保护它，与它一起走向四面八方。

正如那首由著名作曲家王立平作词作曲、曾经风靡一时的歌曲《大海啊故乡》所唱：

小时候，妈妈对我讲
大海就是我故乡
海边出生，海里成长
大海啊大海
是我生活的地方
海风吹，海浪涌
随我漂流四方

大海啊大海
就像妈妈一样
走遍天涯海角
总在我的身旁……

第二章
世界海洋日暨全国海洋宣传日

2009年6月8日晚上，美国纽约帝国大厦亮起了一排排蓝色的景观灯，闪闪烁烁，犹如深邃夜空中一颗颗明星，又似百宝箱中一粒粒蓝宝石，继而排列出醒目的英文，意为"我们的海洋，我们的责任"。

以此纪念首个世界海洋日！

与此同时，联合国秘书长潘基文致辞如下：

值此第一次庆祝世界海洋日之际，我们强调海洋以多种方式为社会所作的贡献，并承认在维持海洋的调节全球气候、提供必不可少的生态系统服务以及可持续谋生手段和安全娱乐消遣的能力方面，我们面临着巨大挑战。

确实，人类活动正在使世界海洋付出可怕的代价。过度开发、非法、未报告和无管制的捕捞活动、破坏性的捕捞做法、外来入侵物种以及海洋污染，特别是陆地来源的污染，正在使珊瑚等脆弱海洋生态系统和重要的渔场遭到破坏。海洋温度升高、海平面上升、气候变化以及海洋酸化，进一步威胁着海洋生命、影响着沿海和海岛社区人们的生活以及国家经济的发展。

海洋还受到犯罪活动的影响。海上运输占世界货物运输的90%，而海盗活动和武装抢劫船舶正威胁着船员的生命和国际海运安全；海上非法药物走私和贩运人口是犯罪活动威胁生命及海洋和平与安全的又一例证。

在联合国主持下，全球已经制定了若干国际文书，以解决如此众多的挑战。这些文书的核心是1982年的《联合国海洋法公约》。公约规定了所有海洋活动必须遵循的法律框架，是各级国际合作的基础。除了实现共同的目标，世界各国还必须更加努力地执行公约，维护海洋法治。

世界海洋日的主题是"我们的海洋，我们的责任"，强调个人和集体都有义务保护海洋环境，认真管理海洋资源。安全、健康和多产的海洋是人类福祉、经济保障和可持续发展不可或缺的组成部分。

是的，这一天是联合国设立的"世界海洋日"。

事实上，一个国家的兴盛与海洋事业密不可分。许多沿海国家根据各自的历史渊源、风土人情、生活习俗等，对海洋的热爱有着各种寄托和表达形式，产生了瑰丽多彩的各种海洋节日或航海节。

这些基本上由政府主导、全民参与的全国性的法定活动日，既是所有涉及航海、海洋、渔业、船舶工业、科研、教育等有关行业及其从业人员和海军官兵的共同节日，也是宣传普及海洋知识、增强海防意识、促进社会和谐团结的全民文化活动。

每年2月2日，巴西举国庆祝"伊曼雅海神节"，祈盼海神给他们带来幸福。

美国将5月22日定为"航海节"，以纪念蒸汽船"萨凡纳"号在1819年5月22日启航首次横渡大西洋。此外，美国还把每年10月的第二个星期一定为哥伦布日，以纪念1492年10月12日哥伦布在美洲新大陆登陆。

日本，1941年将7月20日定为"海之日"，以纪念1876年明治天皇乘汽船"明治丸"号巡视日本东北部，于7月20日返回横滨港。从2003年起，日本将"海之日"正式改为7月的第三个星期一。作为四面环海的海洋国家，日本设立"海之日"的宗旨是"感谢海洋的恩惠，并祈祷成为繁荣昌盛的海洋国家"。

英国各地庆祝航海节的日期和名称各不相同。其中，英国大雅茅斯航海节于每年9月6日至7日在大雅茅斯港举行，以纪念曾经盛极一时的英国航海事业。

印度，为庆祝1919年4月5日印度"皇家号"货轮成功首航英国，从1964年开始，每年4月5日举办航海节庆祝活动。

人与海

韩国，1999 年正式宣布 5 月 31 日为"海洋日"，目的是让国民认识到海洋的重要性。

希腊，将每年 6 月末到 7 月初定为航海周。

如果说过去各国确立的海洋纪念日大都与海洋资源的开发利用直接有关，比如开通航线、渔业捕捞等，那么近年来国际相关组织和沿海国家确立的海洋节日，则主要强调善待海洋、保护海洋环境。

例如，国际海事组织宣布每年 9 月的最后一周某一天，为"世界海事日"，由各国政府自选一日举行庆祝活动，以引起人们对船舶安全、海洋环境和国际海事组织的重视。1978 年，为纪念《国际海事组织公约》生效 20 周年，国际海事组织决定每年 3 月 17 日为"世界海事日"。后来，人们考虑到 9 月的气候较适宜海事活动，在 1979 年 11 月决定把"世界海事日"活动改在 9 月举办。

我们中国是一个陆海兼备的大国，不仅有 960 万平方千米的陆地国土，还有着大约 18 000 千米的大陆岸线和 14 000 千米的岛屿岸线，11 000 多个海岛和约 300 万平方千米主张管辖的海域。不过长期以来，从上到下却存在重陆轻海的思想，海洋意识比较薄弱。中华民族要复兴，必须经略海洋，建设海洋强国。近年来，我国开始重视海洋意识的提高和宣传工作，涉海部门和沿海各省市纷纷举办各种与海洋有关的纪念活动。

明成祖三年（1405 年），伟大的航海家郑和率领 27 800 多人、62 艘远洋船第一次下西洋，可称为中国航海历史的一大壮举。20 世纪 80 年代，在纪念郑和下西洋 580 周年之时，交通部、外交部、文化部、农牧渔业部、国家海洋局、中国科学技术协会、海军司令部、中国社会科学院、中国海员工会、中国航海学会等十个单位，联名向国务院和全国人大提出将郑和首次下西洋的日子——7 月 11 日定为"航海节"的建议，得到国家有关方面的关注。

2001 年 4 月，还有四年——到 2005 年，就是郑和船队首航西洋 600 年了，中央决定以"热爱祖国、睦邻友好、科学航海"为主题，开展郑和下西洋 600 周年纪念活动，并成立了由交通部牵头的筹备领导小组。

2003 年起，江苏太仓市连续举办了两届"中国太仓郑和航海节"，太仓是郑和下西洋的起锚地。同年，上海市航海学会倡议创办"上海国际航海节"。

2004 年，北京"两会"期间，全国人大代表、中国远洋运输集团总公司党组书记张富生和全国政协委员、中国海事局原副局长刘德洪等30名全国人大代表提出了设立"航海节"的建议和提案，呼唤中国航海界盛大节日的早日到来。

2005年初，航运界三大集团——中国远洋运输集团总公司、中海集团、中国长江航运集团的百名船长联合签名建议，将7月11日设立为"航海日"。他们在建议书中说："当我们在异国他乡作为外国人参加别国航海节时，更盼望有我国自己的航海日。"

同年3月，全国政协委员、民革福建省委副主委，福建省科技厅副厅长林嘉騄在全国政协十届三次会议上递交提案，建议将郑和下西洋首航纪念日7月11日，定为中国航海节的法定日"航海日"。

不久，国务院批准7月11日为"航海日"，并作为国家的重要节日固定下来。同时也作为"世界海事日"在我国的实施日期。以后每逢7月11日，从政府到民间，都要予以庆祝。

节日期间，相关部门统一张贴活动主题和宣传口号，举办多种形式的庆祝、纪念、学术、竞赛、教育、表彰、展览等文化宣传活动。节日当天，中国籍民用船舶、中国航运企业拥有或经营的非中国籍船舶都要挂满旗帜，我国航运、港口、船舶代理、海事、救助、水运工程等涉海管理机关、企事业单位和科研院校，也要悬挂旗帜以示庆祝，除在限制鸣笛的特殊水域或在港作业的船舶外，中国籍民用船舶、中国航运企业拥有或经营的非中国籍船舶还要统一鸣笛1分钟。

第一届中国航海日活动庆祝大会举办城市是北京，活动主题为"热爱祖国、睦邻友好、科学航海"。

第二届中国航海日活动庆祝大会举办城市是上海，活动主题为"爱我蓝色国土，发展航海事业"。

第三届中国航海日活动庆祝大会举办城市是山东青岛，活动主题为"落实科学发展观，构建海洋和谐"。

第四届中国航海日活动庆祝大会举办城市是江苏太仓，活动主题为"中国航海·改革开放30年暨国际海事组织·为海运服务60年"。

第五届中国航海日活动庆祝大会举办城市是辽宁大连，活动主题为"庆祝新中国60周年·迎接航海新挑战"。

人与海

第六届中国航海日活动庆祝大会举办城市是福建泉州，活动主题为"海洋·海峡·海员"。

第七届中国航海日活动庆祝大会举办城市是浙江舟山，活动主题为"兴海护海 舟行天下"……

与此同时，相关部门还利用各种时机组织有关活动，尽力提高全民族海洋意识。

早在1993年2月，联合国教科文组织政府间海洋学委员会第17届大会上，由葡萄牙政府代表团提出建立国际海洋年的建议，获得了多数国家赞成。大会通过了一项关于号召各国共同举办国际海洋年的决议，并向联合国大会提出正式申请。

经讨论，联合国明确了海洋、海洋环境、海洋资源和海洋持续发展的重要性。1994年12月，在联合国第49届大会上通过了这项由102个成员国发起的决议，宣布1998年为"国际海洋年"。会议要求世界各国做出特别努力，通过各种形式的庆祝和宣传活动向政府和公众宣传海洋，提高人们的海洋意识，强调海洋在造就和维持地球生命中所起的重要作用，强调保护海洋资源与环境的重要性，保持海洋的持续发展和海洋可再生资源的可持续利用，加强海洋国际合作。

1997年7月，联合国教科文组织又通过了将"海洋——人类的共同遗产"作为"国际海洋年"主题的建议，并将7月18日定为"世界海洋日"。这成为世界各国加快海洋步伐的一次全方位行动。

我国自然积极响应。在"98国际海洋年"期间，中国政府发布了《中国海洋政策白皮书》，并开展了系列宣传工程。原国家海洋局与多部门联合主办了"98国际海洋年"大型宣传活动，取得了明显的效果。此后，有关涉海部门与2005年设立的"中国航海日"密切结合，充分宣传海洋、认识海洋。

2008年，正值"98国际海洋年"十周年到来之际，原国家海洋局有关部门萌发了举办中国"海洋宣传日"的设想。时任国家海洋局办公室主任的李海清，与时任宣教中心主任、《中国海洋报》社长盖广生等人密切协商，及时向局党组汇报，得到大力支持。

多年后，李海清回忆说："我们把方案报到中宣部，得到了中央领导的批示，对这个想法予以肯定。大约经过半年多的时间，全国海洋宣传日的活动最终被确定下来，这期间我和局里负责宣传的几位同志非常忙碌，准备材料，撰写方案，反复研究，很累也很开心。然而，要办好这样一项活动，仅靠国家海洋局自身的力量是不行的。我们先后联系了20多个部委共同参与，财政部拨发了专款，这件事就做起来了！"

盖广生同样感慨地说："那时候时间很紧，又没有先例可循，一切都是摸索着做。但我们相信，这项活动有着不同寻常的意义。要讲好海洋故事，体现海洋文化，启发关于海洋的思考，采取公众乐于接受的形式，使其成为海洋的节日。"

万事俱备，国家海洋局决定：从2008年起开启"全国海洋宣传日"活动，时间定于每年的7月18日，目的在于通过连续性、大规模、多角度的宣传，以全民参与的社会活动为载体，以媒体宣传报道为介质，构建海洋意识宣传平台，主动传播海洋知识，深刻挖掘海洋文化，引导舆论关注海洋问题热点，促进全社会认识海洋、关注海洋、善待海洋和可持续开发利用海洋。

这一年的8月，第28届奥运会将在中国举办，青岛作为北京奥运会的伙伴城市，负责承办其中的奥运会帆船比赛。就在这时，正在紧张筹备奥帆赛事的青岛海域暴发了一场"浒苔"危机，蔚蓝的大海变成了碧绿的草原，全市乃至全省总动员，打响了一场轰轰烈烈的海域"清洁战"。因此次危机应对及时，收效良好，首届"全国海洋宣传日"活动启动仪式遂定于青岛举行，主题就是"海洋与奥运"。活动的组织者以此为切入点，组织与会人员和青岛市民一起，加入抗击浒苔的行动中，提升了首届全国海洋宣传日的公众参与度和影响力。

在距离奥运会开幕不到一个月的7月18日上午9时，青岛汇泉湾畔的人民会堂一片欢腾。来自全国人大常委会法工委、全国政协人口资源环境委员会、中共中央宣传部、国家海洋局等部门的领导，山东省、青岛市领导，其他沿海省市海洋厅（局）领导、驻青涉海单位及学生代表齐聚一堂，共同庆祝首届"全国海洋宣传日"活动启动。

活动仪式上，时任国家海洋局局长孙志辉春风满面，走上主席台，宣布活动正式开始。他代表组委会向全国海洋工作者和关心海洋事业的朋友们表示感谢，向来宾们介绍了国际海洋发展大势和我国海洋事业发展情况。他掷地有声地说："大家携起手来，关心海洋、保护海洋、善待海洋，在海洋日益成为国际政治、军事、经济、外交重要舞台的形势下，团结一致、奋发进取，在中华民族伟大复兴的历史机遇期，建设现代化海洋强国，描绘更新、更美的图画。"

时任山东省副省长贾万志，在致辞中对活动的举办表示热烈祝贺。他说："全国首届'海洋宣传日'活动选择青岛作为主会场，将对山东省海洋开发与保护工作产生深远的影响，推动山东省海洋战略的深入实施。我们都要共同参与保护海洋的公益事业，在全社会进一步倡导认识海洋、关注海洋、善待海洋和可持续开发利用海洋。"

特意前来出席仪式的联合国教科文组织政府间海洋学委员会主席扎维尔·戴尔斯，对中国首届"海洋宣传日"的主题"海洋与奥运"表示高度赞赏。他真诚地说："我代表联合国海委会对中国政府、山东省政府和青岛市政府将奥委会与海委会结合在一起、共同提高公众的海洋意识、宣传海洋及其资源在人们的生活和可持续发展中所发挥的重要作用表示感谢。海委会愿在职责范围内，与大家继续开展相关合作。"

第29届奥林匹克运动会组织委员会帆船委员会（青岛）曲春副秘书长代表奥帆委，向为奥运会帆船比赛提供海洋环境保障、关心支持此项比赛的海洋工作人员表示衷心的感谢，并祝全国首届"海洋宣传日"活动取得圆满成功。

启动仪式上，一个观众熟悉的面孔出现了，他就是著名演员张国立，此次受邀担任"海洋公益形象大使"，孙志辉局长向他颁发了聘书。张国立参加过南极科考，还曾经在科考船被困时，不顾自身安危排除险情，受到有关部门嘉奖。他接过聘书，激动而豪迈地表示："拿着这份聘书感到沉甸甸的，这是大海的邀请和信任，我一定不负重托，踏实做好宣传工作，让大家都来关爱海洋、保护海洋！"

"说得好！"

掌声一片，如同身边的黄海潮水一样，哗哗作响……

随后，时任全国人大常委会法制工作委员会副主任王胜明、全国政协人口资源环境委员会副主任王曙光为"全国海洋宣传日"主题歌曲征集活动的词曲获奖者颁奖；原国家海洋局副局长张宏声为活动标志设计获奖者颁奖；时任中宣部新闻局副局长葛玮为活动"十佳口号"获奖代表颁奖。具体口号为：

1. 扬帆绿色奥运，拥抱蓝色海洋
2. 海洋宣传日：一天的提醒，一生的行动
3. 拥抱蓝色海洋，珍爱生命摇篮
4. 生命从海洋开始，善待海洋从你我开始
5. 民无海洋不富，国无海洋不强
6. 坚持科学发展，构建和谐海洋
7. 拥抱海洋，感恩海洋，善待海洋
8. 实施海洋强国战略，共图民族复兴大业
9. 海洋，中国腾飞的加速器
10. 关注海洋健康，守护蔚蓝星球

最后，一群活泼可爱的少先队员代表涌上台来，胸前的红领巾映得小脸红扑扑的。他们郑重其事地向全国人民发出了"拥抱绿色奥运，呵护蓝色海洋"的清洁海滩倡议：号召全民参与，从小事做起，善待海洋。

启动仪式结束，一个以海洋为主题的"走向蔚蓝"音乐会开始了。伴随着背景板上的海洋画面，人们在悠扬激越的音乐声中，拥抱美丽而丰富的深海大洋。

这次活动反响强烈，意义深远。时任国家海洋局南海分局副局长的李航，对此印象深刻，十分赞赏。2009年，他亲临现场参加了在广东珠海举办的海洋日主场活动。两年后，李航调入国家海洋局宣传教育中心任副主任，开始深度参与谋划组织，改革创新，主持了从2011—2018年共8届的海洋人物终评会，2019年也参与了评选。可以说，他已是此项工作的"活地图"了。

当天下午，主会场青岛还举办了首届全国大中学生海洋知识竞赛新闻发布会，开展了广场宣传活动和清洁海滩活动。同时，全国沿海各地也相继开展了各种具有地方特色的宣传活动。

2008年12月5日，联合国环境开发署和海洋保护协会共同向联合国大会提交了一份有关海洋环境现状的报告。报告认为，尽管国际社会和一些国家在

人与海

制止海洋污染方面付出了不少努力，但这一问题依然非常严峻。人类向海洋排放的污染物正继续威胁着人们自身的安全与健康，同时也威胁着野生动物繁衍生息，不仅对海洋设施造成破坏，也令全球各地的沿海地区自然风貌受到侵蚀。

一次性薄膜塑料袋造成的影响尤其严重，应当在世界范围内被逐渐淘汰或禁止。塑料制品特别是塑料袋和聚酯瓶是最为常见的海洋垃圾，这些塑料垃圾慢慢变成越来越小的碎片，被海洋生物所吞食，其有毒成分在有机生物体内不断积累，不仅威胁这些生物本身，也有可能随之进入食物链，造成更广泛的危害。海洋垃圾的泛滥反映出人类社会存在的一大痼疾，那就是对于自然资源的浪费以及管理不善。

改善垃圾的管理和回收等措施，配合以经济刺激和惩处措施，将有助于大幅减少海洋垃圾的数量。因此，不论政府或个人都应对海洋环境保护和海洋资源管理予以更多重视。此外，休闲旅游业对海洋和沿海地区的环境也造成了很大影响。在地中海一些旅游区，全年 75% 的垃圾是在旅游旺季产生的。在约旦，休闲旅游业带来的垃圾占海洋垃圾总量的 67%，另有 30% 来自港口运输业。

因而，必须高度重视海洋环境保护问题，提高人们关于这方面的意识。联合国第 63 届大会做出了第 111 号决议，决定自 2009 年起，指定每年 6 月 8 日为"世界海洋日"，希望世界各国都能借此机会，关注人类赖以生存的海洋，体味海洋自身所蕴含的丰富价值，同时也重新审视全球性污染和鱼类资源过度消耗等问题以及给海洋环境和海洋生物带来的不利影响。

"世界海洋日"的确立，为国际社会应对海洋挑战搭建了平台，也为在中国进一步宣传海洋的重要性、提高公众海洋意识提供了新的机会。

2009 年，恰逢中华人民共和国成立 60 周年，继 2008 年"海洋与奥运"主题之后，这一届"全国海洋宣传日"的主题是"海洋中国 60 年"，主场活动落户珠海。同时开幕的首届中国海洋博览会暨"海洋事业 60 年成就展"成为活动的最大亮点。

这次展会占地面积 2 万平方米，大约 200 家单位参展，原国家海洋局推出的南北极考察、大洋科考、海洋卫星等展区吸引了大批观众。据统计，展会参观人数达 13 万以上。7 月 19 日是普通观众日第一天，此次参观人数高达 6 万人。

在主场会议大厅里，最上方一排红色大字"2009 年全国海洋宣传日开幕式"，背景板上，一边是帆船造型，一边是飞扬的浪花，中间则是"海洋日"的标志：地球之上跳跃着一层层浪花，上面飞舞着白色的海鸥，包含着英文"C"和"O"、蓝色与红色组成了外轮廓。内涵十分深刻。

翻腾的海浪代表着海洋，寓意着"世界海洋日暨全国海洋宣传日"对海洋事业的发展将起到推波助澜的积极作用。飞翔的海鸥，意在不断超越发展，中国的海洋事业将获得新的腾飞。海鸥积极的态势，预示着海洋知识的宣传及推广必将取得丰硕的成果。地球，寓意中国的海洋宣传将得到长足、全面的发展。标志外轮廓包含着"C"和"O"，是英文"China"和"Ocean"的开头字母；同时，红色图形是字母"X"的意象，蓝色图形是字母"C"的意象，分别是"宣传"的两个汉语拼音的开头字母。

这个精心的设计标志体现出中国海洋事业努力面向世界、腾飞发展的愿望，又呈现出蓬勃向上、日新月异的内涵，表达了和谐稳定、快速发展、欣欣向荣的前景。

此后，为了与国际接轨，遵照中央领导同志的指示，自 2010 年起，我国海洋宣传日与世界海洋日合并为"世界海洋日暨全国海洋宣传日"，简称海洋日，时间为每年的 6 月 8 日，并把评选"海洋人物"确定为一年一度。

这一年，国家海洋局宣传教育中心携手人民网开展"2009 年度海洋人物"评选活动，截至 2010 年 3 月 31 日 24 时，"2009 年度海洋人物"评选活动网络投票阶段结束。经过网络初评、评选委员会综评，一位个人和一个集体被评为"年度海洋人物"。中国载人潜水器"蛟龙"号总设计师徐芑南当选 2009 年度全国海洋行业优秀代表人物，海南三亚蓝丝带海洋保护协会当选 2009 年度全国海洋志愿者优秀代表。

这项活动效果很好，影响十分广泛。从 2010 年度开始，每年评选"海洋人物"，至今已整整举办了十年，共评选出 93 名（组）"年度海洋人物"。他们是我国海洋事业发展进程中涌现出的英雄人物、先锋模范和优秀代表。

其中有为我国海洋科研教育事业贡献一生的科学家，也有忠于职守、献身

人与海

海洋的英雄模范；有带领团队攻坚克难创下第一的技术精英，也有在平凡岗位上默默奉献的基层工作者。他们用爱国敬业、无私奉献、艰苦奋斗完美诠释了榜样精神，在他们身上，我们看到了平凡中的伟大；在他们身上，我们也看到了我国海洋事业大步向前的光辉历程。

每年评选出的"年度海洋人物"，都会作为最重要的环节在当年"6.8海洋日"主场活动的当天揭晓并举行颁奖仪式，这已经成为每年海洋日活动的一个传统，也是当天活动中最亮眼的一个环节。隆重的颁奖仪式，不仅是对评选出的"年度海洋人物"最高的褒奖，同时也是对他们所代表的海洋精神最隆重的礼赞和弘扬。

正如有关部门总结时所说："十年'年度海洋人物'评选，勾勒出一个个鲜活的'海洋人物'形象。他们就像一面面高扬的旗帜，鼓舞、激励着后来人投身于海洋强国建设的伟大实践中；他们树起一座座精神的丰碑，为海洋事业的发展提供强大的精神动力和信念支撑；他们代表了新时代的海洋精神，甘于平凡、无私奉献，心中有梦想、脚下有力量，为建设海洋强国，实现中华民族伟大复兴的中国梦贡献着自己的智慧与力量。"

俗话说：十年磨一剑。那是指经过漫长而精细的打磨，某项事物才会变得炉火纯青、引人入胜。在此，用来形容海洋人物评选也十分恰当。十年——3600多个日日夜夜，近百个优秀的海洋人物和集体脱颖而出，如同银光闪闪的宝剑，锋利无比，在建设海洋强国中建功立业。

由于篇幅所限，这里无法面面俱到、一一介绍。让我们从沸腾的海洋中捧出几束亮丽的浪花，看一看他们那灿烂辉煌的光彩吧！

第三章
龙宫探宝

我国四大名著之一的《西游记》里有这样一个故事——

传说孙悟空拜师学法，练就一身本领回到了花果山，但缺少一件称心的兵器。有一只老猴告诉他，东海龙宫有的是奇珍异宝、各式兵器，只是水深浪大，且有虾兵蟹将守护，难以取来。不过，这些困难根本挡不住神通广大的孙悟空。

他念起避水诀，滔滔海水分开一条大道，轻而易举地来到水下龙宫。巡海夜叉上前阻拦，被他打得丢盔卸甲。东海龙王敖广只得出宫迎接。孙悟空说明来意，龙王让手下奉送各种宝贝兵器，均被嫌弃，他只对一根定海神针情有独钟。定海神针随他所欲可大可小，成为打遍天下的如意金箍棒。

这就是"龙宫探宝"的故事。

大海是哺育生命的摇篮，那里深藏着无尽的宝贵资源，为人类的生存与发展提供了源源不断的能量。可是，如果没有过硬的本领和高超的技术，不会现代"避水诀"，你连那些"宝贝"藏在哪里、有什么特性都不知道，根本无法获取。我们的海洋科学家、研究人员就是寻找钥匙的"龙宫探宝人"。

记得在 1978 年全国科学大会上，时任中科院院长郭沫若先生书面致辞："科学工作者同志们，请你们不要把幻想让诗人独占了。嫦娥奔月，龙宫探宝，《封神演义》上的许多幻想，通过科学，今天大都变成了现实……既异想天开，又实事求是，这是科学工作者特有的风格，让我们在无穷的宇宙长河中去探索无穷的真理吧！"

所以，要想大力推进海洋事业发展，海洋科研应该走在前面。在 2009 年首届"十大海洋人物"评选之时，海洋科研人员占据了主要位置。此后，每年的评选中，海洋院士和科研团队的代表均名列其中……

耕海开拓者——赫崇本

在美丽的海滨城市青岛八关山下，有一座典雅而幽静的大学校园——中国海洋大学，其历经私立青岛大学、山东大学、山东海洋学院、青岛海洋大学等办学时期。绿树红花掩映间，安放着一尊尊或凝视思考、或抬头远眺的雕像，他们都是在这所学校工作、生活过的文化名人。

其中，一尊戴着眼镜、凝神思考的半身石雕像静静地伫立在那里，睿智的目光注视着年轻的莘莘学子。那质朴的气质、文雅的风度栩栩如生，他就是本文的主人公，2009年"十大海洋人物"名列第一的赫崇本教授。

赫崇本，满族，奉天凤凰（今辽宁凤城）人，九三学社社员。1928年考入清华大学物理系，1932年7月毕业后曾在天津河北工学院、山东烟台益文中学、天津南开中学、清华大学和西南联大等校任教，讲授物理。

当时，中国正处于灾难深重的岁月，日本侵略者的铁蹄肆意践踏。赫崇本内心时常升起愤怒的火焰和迫切的愿望，兢兢业业教书育人，培育出众多人才，在赶走日本侵略者后重新建设自己的国家。

作为一位物理学教育家，他的心中一直有一个海洋梦。他知道，掌握足够的知识，继而充分地利用海洋资源，这对于人类的未来有着重要的意义。可是，当时的中国海洋学，仍旧是一片空白；而大洋彼岸的美国，在海洋学的研究上遥遥领先于世界上的其他国家。于是，怀揣着海洋梦想的赫崇本萌发了赴美学习的念头，希望掌握更多的海洋学知识，谋海济国。

时来运转，1943年，赫崇本得到了一个难得的机会。国民政府决定利用庚子赔款资助七名助教去美国留学深造，他顺利通过了考试。赫崇本的导师吴有训先生亦建议他留美攻读海洋学，以填补我国海洋科学的空白。

时光匆匆如白驹过隙，转眼中华人民共和国如旭日东升般屹立在世界的东方。地大物博的国土上百废待兴，正是需要大批莘莘学子、科学家、技术工作者重建国家的时候。此时，身在美国的赫崇本刚刚提交了物理海洋学的博士论文。按照美国的规定，博士论文提交以后，要到第二年才能授予博士学位。

而当时紧张的中美关系迫使他必须作出选择，如果这时不回国的话，走晚了就有可能回不去。怎么办？稍后随时可能被限制回国。心系祖国的他再也等不下去了。原本他想带着气象学和海洋学两个博士学位回国的想法是不能如愿了。

这一刻，赫崇本没有考虑个人利益，没有考虑美国给予他的优厚待遇以及良好的工作环境。他没有丝毫犹豫，毅然放弃了第二个学位。他脑海中只有一个念头：新生的祖国需要他。学位不重要，知识已经学到手，毅然决然地选择了立即回国。

1949 年 2 月，冲破层层阻力的赫崇本终于踏上了他日夜牵挂的祖国大地。一踏上这块久违的土地，赫崇本激动得热泪盈眶，喃喃自语道："祖国，你的儿子回来了，回来了。"他没有带多余的行李，而是把自己所有的钱都买了书，还向朋友们借钱买了书，所带回来的几箱图书资料都是发展我国海洋事业所必需的。回到祖国的赫崇本怀着满腔热血，从此开始了躬耕、奉献中国海洋事业波澜壮阔的岁月。这一年，赫崇本 41 岁。

当时，他面临多个选择。母校清华和相邻不远的北大，以及国家气象局都向他发出了邀请，但位于青岛的山东大学副校长童第周先生态度坚决：研究海洋科学，一定要在海滨城市的大学里。赫崇本最终接受了童第周的邀请，从而把自己的全部智慧奉献给了中国的海洋事业。

赫崇本的最大贡献就是筹建、创办、建设、领导、发展了山东大学海洋系，成为我们国家物理海洋学的培养基地。海洋学界普遍认为，现在海洋学能够培养出众多物理海洋人才，赫崇本教授功不可没。

创办中国第一个物理海洋专业，耗费了赫崇本教授的大量心血。在回国之初，中国的海洋事业几乎是一片空白，科研条件十分艰苦。赫崇本清醒地认识到，中国要开展海洋研究，必须培养一批高素质的海洋科技人才，只有这样，我国的海洋事业才有希望，有朝一日我国才能跨入世界海洋科学之林。于是，他将从事海洋研究的巨大热情转化为培养学生的热情，坚定地为祖国培养、储备海洋科技人才。

人与海

山东大学在 1946 年复校时，就逐步确立了利用青岛靠海的有利条件，把建设我国的海洋科学教育与科研基地作为学校的主要特色。当时已经设立了海洋研究所，而赫崇本的到来，为学校的海洋学科增添了力量。他意识到，发展海洋事业，人才是关键，必须尽快培养人才，先从教育入手。他确定了建立海洋学科的基本思路："必须动员非海洋系的部分教师进入海洋领域开展物理海洋、海洋化学、海洋地质、海洋生物的科研工作，待有些成果后，即可建立相应专业，招收学生、培养相应海洋学科的专门人才。"

当时急需补充海洋学知识的是水产系即将毕业的 40 多名学生，加上复旦大学生物系海洋组在该系借读的 9 名学生，共计 50 人左右。于是赫崇本与曾呈奎合作，由景振华和娄康后二人协助，在我国首次为这批学生讲授了综合性的海洋学课程——《海洋学通论》。赫崇本为了尽早培养出能够从事海洋科学工作的人才，还专门为这批学生中的 9 人增开了《高等海洋学》和《潮汐学》两门专业课，同时还为物理系毕业班讲授《动力气象学》，这三门课也是在我国首次讲授。一年之中，同时开设四门课程，可见难度之大，更见赫崇本培养海洋人才的急迫心情。

1952 年全国院系调整，山东大学仅保留文理两院而建成一所综合性大学。根据调整方案，厦门大学海洋系理化组师生来到青岛，与山东大学海洋研究所合并，成立山东大学海洋系，赫崇本教授担任系主任。这是我国创办的第一个物理海洋专业，为我国培养向海洋进军的科技人才奠定了基础。

对于新成立的海洋系，赫崇本有着自己的真知灼见，他主张一是要办出特色，二是要配备较强的师资。所谓办出特色，就是要筹办物理海洋专业，因为在海洋研究中，人们十分关心的是人类和生物赖以生存和生活的物理环境。1953 年 6 月，学校确定物理海洋专业为六个重点发展学科之一。迄今，中国海洋大学的物理海洋学科已被确定为全国重点学科，具有学士、硕士、博士学位授予权，成为博士后流动站。应该说，这是赫崇本在海洋教育事业上的一大功绩。

其次，赫崇本坚持再办一个海洋气象专业。他指出，要真正懂海洋，还必须要有海洋之外的许多学科来配合。气象学是极为重要的相关学科，这两门学科应相互渗透，相得益彰。海洋系的物理海洋专业和海洋气象专业分别创办于

1952 年与 1953 年。为了这两个专业都能办出特色，赫崇本以自己多专业融于一身的渊博知识同时兼任了物理海洋学与动力气象学教授。

海洋系建立之初，师资匮乏，教师多由动物系和植物系的教师兼任。为了加强师资队伍建设，他一方面设法在全国范围内遴选精英，一方面注意培养本校毕业的中青年教师。他四下西安，请来著名的海港工程专家侯国本教授，北上请来多有建树的文圣常教授，还聘请了中国科学院海洋研究所的毛汉礼研究员（兼）、青岛观象台台长王彬华教授和四川大学的牛振义教授等来系任教，从而使教学质量大大提高。

为了制订拟设立物理海洋学专业的教学计划，赫崇本认真钻研了苏联列宁格勒水文气象学院的专业教学计划，并与美国伍兹霍尔和斯克瑞普斯海洋研究所的课程设置作了反复比较。他认为，学生既要有较深厚的数理基础，又要有扎实的专业知识，更要有能在海上独立观测的能力。几经修改，几经创新，终于制订出一份较为理想的物理海洋学教学计划。

面对图书匮乏、仪器缺损等诸多困难，赫崇本教授没有气馁。缺少图书资料，他南下广州、上海亲自搜集、购买；他组织筹建了图书馆、实验室，并购置了仪器设备。由于海洋是新兴学科，很多学生对此不甚了解，赫崇本总是以诚相"求"，晓之以理，动员更多的新生到海洋系这个空白学科来学习。

赫崇本在一份报告中这样写道：1952 年党组织指示我在山东大学创办一个海洋系，欣然接受。立志办好海洋系。然而当时图书、仪器一无所有。只有我和景振华开课，共三个班，由厦门大学转来 2 个班，自招一个班。厦大来的唐世风教生物系的普通海洋学，还有 2 名助教。自建系经过三年的时间，订齐了当时国际上的海洋科学期刊并补齐了大多数的重要期刊，配备了最低要求的出海仪器，这在当时的条件下并不是轻而易举的。由 1955 年起，每年有一个月的出海实习。1953 年增设了一个气象专业，教师逐渐增加。

海洋系自 1952 年 9 月成立至 1958 年，经历了奠定基础、巩固发展和教学整改三个重要阶段，取得了长足的进步。从解放初期，经过近十年的探索，山东大学已经形成了"文史见长、发展生物、开拓海洋"的办学特色。其中，"开拓海洋"源于赫崇本的不懈努力。

他曾写道：海洋方面的专业太少，这对于发展我国的海洋科学事业的客观要求是无法满足的。为此，我再三地向山东大学的领导建议：山东大学的发展方向应该是海洋。希望有关院系安排一定数量的教师开展与海洋有关的科学研究，从而创造条件招收学生，为发展祖国的海洋事业开辟一个源地。经过较长时间的酝酿，1958 年终于决定向这个方向迈进，然而山东大学内迁，所计划的面向海洋成为泡影。

1958 年秋，山东大学奉命迁至济南，海洋系何去何从？赫崇本以战略目光，看到了海洋科学在未来经济和社会发展中的重要作用，认为海洋系不能离开海边，留在青岛，利用青岛得天独厚的条件，将会更加有利于我国海洋科学事业的发展。

于是，他上书中央建议以海洋系为基础，加上海洋生物、海洋化学等专业组建海洋学院。中央不仅很快批准了这个建议，而且还把海洋学院定为全国十三所重点大学之一。从此，我国第一所，在世界上也是第一个，以培养海洋科技人才、研究开发利用海洋为发展方向的重点大学——山东海洋学院诞生了。赫崇本教授又担负起创建该学院的重任，为祖国培养更多更好的人才。

山东海洋学院成立后，赫崇本先后担任教务长、副院长，为中国第一所以海洋为特色的综合性大学的建设呕心沥血。为了体现山东海洋学院的海洋特色，更好地开展科研工作，在赫崇本的建议下，学校在建院之初筹建了海洋气象、物理海洋、海洋生物、海洋化学、海洋地质五个系，成为学校海洋学科独步发展的五大支柱。在赫崇本的支持下，海洋研究所（后改名为物理海洋研究所）、河口海岸带研究所、海洋环境保护中心、海洋遥感与海洋光学信息处理研究室、海洋物理化学及海水防腐研究室、海洋激光研究室、海岸工程研究室等一批海洋研究机构相继成立。赫崇本教授亲任海洋研究所所长。

在人才培养上，可以用"执著"来形容赫崇本。

"学而不厌，诲人不倦"。他的学生苏育嵩回忆说："我有幸在赫老指导下撰写毕业论文，无论工作多么繁忙，他总要抽空问问我的进展如何。每当得知我有新的想法或有新的结果时，他都想法安排，让同班同学参与讨论，互相启发。当时不具备实验条件，学校无法解决设备问题，赫老便想办法联系了中科院海洋研究所，借用他们的白克曼温度计做实验。那是很不容易搞到的设备，其温度计的刻度非常精细，但每支表的测温范围很小，需要将多支表接续，在低温部分还得用冰放在保温瓶中降温才能实验。没想到我一用力插表，结果保温瓶爆炸了，温度表也震碎了。我当时吓坏了，知道闯了大祸，但意外的是赫老反而平静地安慰我。他对学生的这种关爱与培养我终生难忘。"

精心指导，关爱有加。赫崇本曾带领学生乘坐中国科学院海洋研究所的小船"海鸥"号，在胶州湾内进行"见习"实习。这艘20吨左右的小艇，没有休息的船舱，赫崇本和学生们一同挤在后甲板和船舷两边。当到达胶州湾口时，浪高流急，船体急剧摇晃，海水涌上甲板，衣服被打湿，学生被吓得惊叫，有几个人开始恶心呕吐。赫崇本镇定自若地指点着陆地目标，薛家岛、大公岛……让学生努力睁大眼睛，循着目标远眺，减轻恐惧和晕船症状。

有人曾问赫崇本先生："您从事教育，十分可贵。然而，您没有因失去这么多时间、不能有更多的著作问世而后悔吗？"

"作为我个人，也许是一种损失。然而，中国是一个海洋大国，中国需要的不是一两个杰出的海洋学家，而是需要一批又一批、一代又一代的优秀海洋专家……我对我所从事的海洋教育事业没有遗憾，"他不假思索地说，"我愿为同学们的成长做一颗铺路的石子，为探索海洋科学奥秘的人搭肩、垫脚。"其言铿锵，其心赤诚。

在扶掖青年教师成长方面，他不惜花费大量时间和精力，为他们指导甚至精心修改论文。真可谓：默默甘当铺路石，诚挚烛炬导后生。吐尽锦丝暖学子，甘为人梯助攀峰。有多少教师和科研人员的论文、著作经由他的精心润色和举荐发表了，获奖了，可他一贯谢绝署上自己的名字，乐于诚心实意地在幕后分享他人成功的喜悦。

一位年轻教师曾写过一篇论文《台湾环流及黄东海水平衡研究》，赫崇本不辞辛苦，多次指教和修改，并推荐到远东四国渔业国际会议上去宣读，但在正式出版的会议论文集上，却不署他自己的名字。

"工欲善其事，必先利其器"。海洋科学是实践性很强的一门科学，没有调查船就没法在实践中取得第一手资料和数据，赫崇本力主建造一艘用于教学实习的远洋综合调查船。为了给海洋学院争取一艘调查船，1960年，身为教务长的赫崇本在北京跑了半年，奔走在各部门求援，呈上报告，陈述理由，科学不能等待。

人与海

为了他心爱的海洋事业，为了实现他谋海济国的愿望，他几乎是磨破了嘴皮子，好话说了三万六千句。其中的心酸，唯有他心自知，可他却无怨无悔。

20 世纪 60 年代初，正值我国的困难时期，建一艘 2500 吨级的调查船需要 800 万元经费，这是一笔很大的数字，相当于教育部全国高等教育一年的经费。赫崇本为调查船的建造奔走忙碌了数年。为了造好我国第一艘海洋调查船，他昼夜劳作，亲自考察、设计船体方案，几次南下上海沪东造船厂，与工程技术人员一起研究攻克造船技术的难关，参加了每一次的试航和验收。

他的夫人说："老赫，你这条命还要不要？人的身体，就像墙上的闹钟一样，一个劲上弦加压，迟早会吃不消的。"

每每听到夫人的劝慰，他就幽默地说："当年也是你最支持我去美国学习的，可怜你那些心爱的饰物，为了我，都被卖掉了，不就是为了今天能为国家的海洋事业出点力吗？"

说话间，这对鸳鸯般的夫妇再一次默默地对视，眼里流露着浓浓的温情……

经过 5 年的努力，我国第一艘海洋科学调查船——"东方红"号终于问世。30 年来，"东方红"载着一批又一批学生从陆地到海洋，为教学和科研作出了不可磨灭的贡献。

老骥伏枥，志在千里。在科学的春天到来之时，赫崇本虽体弱多病，但仍以满腔的热情，为学校的恢复整顿出谋划策。从 1977 年到 1982 年间，他积极活动，力促学校重新回归教育部管理，"东方红"海洋调查船由北海分局转隶回学校管理使用，水产系由烟台水产学校归建。

熟悉中国海洋科学发展史的读者们应该清楚，赫崇本的成就和贡献在中国海洋科学界乃至世界海洋科学界都是有目共睹的。

1985 年，被大家亲切地称为"海之子"的赫崇本先生溘然长逝，人们在他的办公桌上发现了一张纸，上面用铅笔写着几条有关海洋水域调查、海洋学院未来发展方向等方面的前瞻性发展意见。睹物思人，催人泪下，这是他留下的一个遗憾，也是留给中国海洋科学事业的建设蓝本……

赫崇本毕生献身于海洋教育事业，他一生的成就远非几十篇、几百篇论文所能匹比。他把自己全部的知识和智慧献给了海洋教育事业，从事海洋教育三十六载，桃李遍及全国，其中不少已成为我国海洋领域的骨干和国内外具有影响力的海洋学家。

天是那样的蓝，海是那样的宽，他的心如那天上的白云肆意舒展，又似海中的浪涛汹涌澎湃。赫崇本先生虽乘风归去，但他的精神在海深处仿佛征帆又起……

我是"大海的儿子"——曾呈奎

奔涌的海浪,劲吹的海风,伴随着激昂的音乐,宽大的银幕上出现了这样一组镜头——

惊涛拍岸的南海边,一位精神矍铄的老人,穿上潜水衣,戴上潜水镜,像年轻人一样跳进大海。在蔚蓝色的海水里,他宛若一条游龙,俯仰自如,鱼儿在他身边畅游,一串串美丽的水泡儿冒起来……

这是中央新闻纪录电影制片厂拍摄的纪录片《喜浪藻》中的一幕。主人公就是时任中国科学院海洋研究所所长、著名海洋学家曾呈奎。那是1980年,他已经71岁,仍然亲自率队赴西沙群岛考察,历时40多天,首次发现了对研究光合生物进化具有重要价值的原绿藻。

阳光和海风很快使他的面孔皮肤变得黧黑。影片片头介绍:"有一种海藻,喜欢惊涛骇浪,在礁石上生长,人们给它起名喜浪藻。"

喜浪藻,不正是曾呈奎人生的形象写照吗?

说起来,曾呈奎担任海洋研究所领导职务时间最长久了。从1950年创建中国科学院水生生物研究所青岛海洋生物研究室(中国科学院海洋研究所前身)开始,童第周先生任主任,他就是第一副主任。后来扩建成海洋研究所,童第周任所长,他继续担任第一副所长。1978年,全国科学大会之后,曾呈奎接任所长,直到1984年他以75岁高龄卸任之后,还担任了多年的名誉所长。

其间,1951年,山东大学新校长华岗坚持让童第周出任副校长,甚至说:"童先生如来不了,我也不当这个校长了!"可此时海洋生物研究室刚刚建立,作为主任事务繁多,童第周只好找也在山东大学兼职的副主任曾呈奎商量:"两边都很重要,这可怎么办好?"

"国家急需培养人才,你应该去!"曾呈奎深明大义,毫不犹豫地表示:"我可以把山大植物系主任辞了,多承担一些海生室的工作。"

童第周拍拍老伙伴的肩膀,点了点头,兼任了新山东大学副校长一职,平常忙于教学、校务，但仍然每周抽出两天时间来海生室搞研究。20 世纪五六十年代之后，他调任中科院生物学部主任及副院长，长期生活工作在北京，同时还兼任海洋研究所所长，实际工作又交给了第一副所长曾呈奎……

如此算来，在新中国成立之后，曾呈奎的后半生一直负责海洋研究所的管理和研究工作，生命完全献给了海洋科学事业。用他那句发自肺腑的话就是："我是'大海的儿子'！"

是的，曾呈奎生在海边、长在海边，一生与大海结下了不解之缘。

在华夏大地东南濒临东海的地方，有一个四季如春、风光秀美的菱形岛屿，"物华天宝，人杰地灵"，这就是美丽的海滨城市厦门。1909 年 6 月 18 日，曾呈奎出生于这里的灌口镇李林村，两岁时，父母携全家去缅甸投靠经商的外祖父，之后回国定居在厦门鼓浪屿。说他是在涛声浪花里成长起来的，一点也不过分。

小呈奎 6 岁时，进入厦门鼓浪屿福民小学学习，他聪明刻苦，是个品学兼优的好学生。上中学时，他每学期都名列全班第一二名，四年级全校大评比，名列全校第一名，领到了 10 元大洋的奖励。在考入福建协和大学后，他对农业科学发生了浓厚兴趣，认为用先进的科学可使农业增产丰收，为劳动人民造福，使国家发达强盛，决心攻读农学，还给自己取了名号"泽农"。

殊不知，他并没有在土地上泽惠农民，而是一生在海洋上耕耘。

1929 年夏天，曾呈奎从厦门大学植物系毕业，留校当了助教。这里是他的老家，又是他工作的地方，自然充满了感情。教学之余，青年学子曾呈奎喜欢独自在礁石上静坐，在沙滩上漫步，听浪拍沙石的声响，任海风吹拂着面庞，心里常想着科学、人生、国家……民以食为天，谁都得吃饭穿衣，他决心沿着自己"泽农"的宏愿走下去！

正是得益于时常在海滨散步、畅想，他发现当地人们手拿抓钩、铁铲，采集礁石上的紫菜、海萝等藻类植物，不由得询问起来："采这东西做什么呢？能吃吗？""能吃，回家洗洗，炒菜煮饭都可以的。"这给了曾呈奎很大启发：人们能在陆地上种植庄稼，也应该能到海上去栽培海藻。由此，他决心以海藻研究为起点，开始了"变沧海为桑田"的远征。

人与海

1935 年之后，曾呈奎先后在山东大学和岭南大学任讲师和副教授。这期间，他只身一人开始了对海藻资源的调查研究。1940 年获美国密歇根州立大学研究生院奖学金，他赴美攻读，获理学博士学位。紧接着又获该校拉克哈姆博士后奖学金，去美国加利福尼亚州立大学斯克利普斯海洋研究所进修物理海洋学和海洋化学，同时开展海藻资源、琼胶原料的研究。

曾呈奎一生有三次重大选择，从而实现了一个爱国科学家到党的科学战士的转折。1946 年，37 岁的曾呈奎已成为当时美国海藻工业和食品利用方面的领军人物。就在事业如日中天的时候，他接到童第周先生的邀请信：山东大学（青岛）复校，请来任教！他毅然放弃美国优越的工作条件和生活待遇，回国担任了山东大学植物系主任兼水产系主任。他给出人生第一次重大选择的理由是：我的海洋事业在中国。

回国后，曾呈奎一边教书育人，一边从事海洋科学研究，开始了报效祖国并为之奋斗终身的海洋科学事业。但当时的国民党政府对海洋科学教育并不支持，一无经费，二无专职人员，他的科研工作未能真正开展起来。他的"泽农"志愿、"沧海桑田"理想，也只能成为一种美丽的幻想。

青岛解放前夕，国民党政府安排一批科学家去台湾，曾呈奎是其中之一。当时，他远在福建厦门的夫人和子女已被接去台湾，日夜盼望着他也能来团聚。此时的曾呈奎面临着人生的艰难选择：是前去全家团圆，还是留在大陆工作？

一个月明星稀的傍晚，曾呈奎独自一人来到了海滨沙滩，此时海水刚刚退潮，尽管仍有一波一波的浪涌扑向岸边，但好似力竭而衰的斗士一样，喘息着退向远方，除了轻微的水声和海面上的点点星光之外，周围一片幽静。他坐在一块礁石上，远望着静悄悄的海洋，内心里却在波翻浪涌……

思考良久，他终于痛下决心：我相信共产党，一定会重视国家科学和教育事业；我绝不跟国民党政府到台湾去！我要在大陆建设新的中国！要知道，这是需要多大的勇气和做出多大的牺牲啊！由于政治的原因，这就等于与至爱的妻儿从此天各一方，甚至终生难以相见！曾呈奎心在滴血，欲哭无泪，可是为了心中大义，他毅然决然地做出了决定。

从而，新中国有了一位海洋科学奠基人，曾呈奎一家却咫尺天涯，再难团圆。正如台湾著名诗人余光中所说："乡愁是一湾浅浅的海峡/我在这头/大陆在那头。"甚而遭到了子女的误解，直到几十年后，也成为科学家的儿子曾云骥才理解了他的追求与选择，1995年他来到青岛中科院海洋所参观访问，终于与分别多年的父亲重逢团聚。

这是他一生中的第二次重大选择，充分体现了他对祖国、对人民的挚爱之情，对中国共产党的信任和期望。新中国成立后，党和政府对知识分子的重视，对科学教育事业的支持，使曾呈奎深受鼓舞，也使他对中国共产党有了更加深刻的认识。他由衷地表示："没有共产党就没有中国的海洋科学事业！"

由此，他开始把加入党组织作为自己政治上的最高追求。这也是他一生中的第三次重大选择。1956年，曾呈奎第一次郑重地向党组织递交了入党申请书。经过长期考察和培养，基层党组织终于通过了他的入党申请。就在他期待批准之际，"文化大革命"开始了，他受到了冲击迫害。妻子张宜范深深地为丈夫担忧，可曾呈奎却说："我们要相信共产党。目前只是一片乌云遮天，总会过去的！"

"文化大革命"结束后，他再一次向党组织提交了申请。1980年1月8日，曾呈奎以71岁高龄站在了鲜红的党旗下，成为一名光荣的共产党员。他的海洋人生达到了一个新的高度。

海洋人生，离不开海洋。那还是建立青岛海洋生物研究室不久，童第周、曾呈奎、张玺三位领导人一致认为，必须先查清我国海洋生物资源的"家底"，分门别类，然后才能全面研究，整体规划，进而开发利用。

不用说，对我国海藻资源的调查是由曾呈奎组织的。早在30年代他就单枪匹马进行过此类工作，如今更是志在必得。他带领张峻甫、张德瑞、夏邦美、陆保仁、纪明候、史升耀等科技人员，不辞劳苦，夜以继日，完成了我国沿海的海藻分布和区系特点，以及西北太平洋海藻区划的调查任务，为海藻研究奠定了坚实基础。

与此同时，曾呈奎还在海带研究与生产上大显身手。

1950年深秋的一天，一位干部模样的中年人和一个戴眼镜的年轻人，拿着一把墨绿色的裙带菜，急匆匆走进成立不久的青岛海洋生物研究室，找到了时任副主任的海洋学家曾呈奎，急忙忙地问："教授，你是藻类专家，你说在青

人与海

岛养海带行不行?"

"哦!"曾呈奎看了看来人,认识他是山东水产公司的军管干部薛中和,便放下手头的工作,热情接待,认真解答:"海带是寒水性藻,青岛海水属于温带,目前养恐怕还不行。"

此前,薛中和曾在较早解放的烟台水产试验场任场长,聘任日本海带专家大槻洋四郎为技师,开始了海带养殖的试验。海带味美价廉又可充饥,富含维生素C、蛋白质、糖、钙、铁等营养,特别是含碘极高,可以预防大脖子病。

"烟台距离青岛这么近,为什么在烟台能养成,在青岛就不行呢?"薛中和不甘心地说。

曾呈奎闻言追问道:"烟台在养吗?"

"是的,我亲自参加了养殖,而且已经养成了。你是专家,应当研究研究在青岛甚至以南养海带的办法。"

这给了曾呈奎很大的启发。我们国家有广阔的海域,可是每年还要大量进口海带,以满足人们的生活需要。他对学生说:"我们是研究海藻的,看到国家还要进口海带,真是感到羞愧。我们应当努力工作,争取在最短的时间内,让大家吃上我们自己生产的海带。"

自此,曾呈奎组建了海带养殖小组,开始了艰辛而坎坷的研究之路。几年过去了,他与同事们一起筹划、组织,成立了课题组,带领几位年轻人吴超元、刘恬敬、蒋本禹等经过十余年的努力,陆续创造了"海带夏苗培育法""海带陶罐施肥法""海带南移养殖"的巨大成功,推动了海带栽培业的迅速发展,使我国海带产量跃居世界第一。

海带大规模栽培的巨大成功,为中国科学家开发利用海洋打响了第一炮,其理论也被广泛应用于紫菜、龙须菜等海藻的栽培,直接推动了我国第一次海水养殖浪潮的兴起。

同时,曾呈奎也是世界上最有权威的藻类分类学家之一,在藻类的分类形态研究上发现了百余个新种,两个新属,一个新科,具体主持和领导了《中国海藻志》编写,获得了美国藻类学会杰出贡献奖。此外,他跟合作者一起开展琼胶、褐藻胶的提取加工方法研究,开创了我国化学工业的新领域——海藻化工工业。

正如国际著名藻类学家苏珊·布劳利教授指出的，"对于 20 世纪的世界科学而言，曾呈奎博士是一个具有里程碑意义的人物，他对藻类学的贡献是不可估量的"。

20 世纪 60 年代初，世界海洋水产业开始增长缓慢，国内海洋水产业界开始出现养捕之争。曾呈奎明确主张"海洋水产生产必须走农牧化的道路"。他首先提出了"耕海"的设想和建议，亲自领导和部署了胶州湾的"耕海"试验，取得了一批科研成果——70 年代末，他和合作者先后发表了一系列论文和报告，初步形成了"海洋水产生产农牧化"的理论，受到山东省委省政府高度重视并被采纳。

他说："所谓海洋水产生产农牧化，就是通过人为的干涉，逐步地改善或改造海洋局部环境条件，为经济生物的生长发育创造良好的环境条件。同时，也对生物本身进行必要的改造以提高它们的质量和产量。"

说到做到，身体力行。20 世纪 80 年代初，在曾呈奎领导下，中科院有关单位分别在山东省胶州湾、广东省大亚湾进行了海洋水产生产农牧化试验，付出了很多心血，均取得了圆满成功。

大亚湾试验站建在一片山野荒滩上，工作生活条件十分艰苦，而且这里的核电站正在建设，即将投入运营，也可能对水域有一定影响。曾呈奎接到报告，决定亲自前去考察指导。

1985 年夏秋之交，他不顾年老体弱，专程来到广东南海边上，与年轻人一样登高爬坡，乘船出海，了解大亚湾水域、周边海岸带和红树林、核电站站址附近的滩涂情况，告诫课题组同志们："一定要掌握这里的特点，因'水'制宜，发挥大亚湾的优势搞好养殖。"

"是的，我们不搞重复研究工作，特别是不卷入目前的'对虾热'，而是选择罗非鱼的放流增殖试验。尤其要在大亚湾核电站运转后，能够适应水温的增高。"

"好！就把重点放在前景较好的地方性种类上。记住，鱼类应是海洋水产生产农牧化的主角！"

胶州湾和大亚湾进行的海洋水产农牧化试验取得了丰富的经验，推动了我国紫菜、海带和对虾、扇贝等水产品养殖产业的发展，取得了极为可观的经济和社会效益。如今，全世界 80% 的海带都是我国生产的，以海带为原料的褐藻胶加工业也跃居首位。同时，我国已成为全球第一大紫菜生产国，人工扇贝养殖也是第一大户，年产值达数亿元以上。

后来，曾呈奎将理论进一步发展成为"蓝色农业"的系统思想；1998 年他又以《走向 21 世纪的中国蓝色农业》为题，组织筹备和主持召开了第 108 届香山科学会议。为此，我国沿海各省先后提出了"科技兴海"和"建设海上强省"的规划。2000 年，中国已经发展成为世界首屈一指的海水养殖大国，是第一个也是唯一一个水产养殖产量超过水产捕捞产量的国家。

海洋农牧化如同一股强劲的春风，迅速吹遍了中国南北沿海。渔民们再也不只是出海捕鱼一条路了，而是掀起了养殖、增殖水产动植物的热潮。近年来，对虾、扇贝、海参、鲍鱼、罗非鱼等一向被视为名贵海味的海产品，日渐增多，价格下降，"旧时王谢堂前燕，飞入寻常百姓家"。

曾呈奎有关"海洋农牧化和蓝色农业"的远见卓识，不但在中国获得了普遍承认，而且也得到了世界水产界的承认，世界水产学会授予他"世界水产学会终身荣誉会员"的殊荣。2002 年 4 月世界水产养殖大会在北京成功召开，这是对中国海洋农牧化理论和实践成果的接受和认定，也是向世界作出了响亮的回答——中国人能够自己养活自己！

一天，记者就此采访曾呈奎时，他高兴地说："海洋农牧化这条路走对了！我国有十几亿人口，可耕地又日益减少，发展海水养殖事业是解决食品来源的重要途径。现在对虾和一些鱼种牧化研究已成熟，可以选择一些海区建起海洋牧场，大幅度增产廉价水产品。"

作为一位科学家，每到关键时刻，曾呈奎总是能够为中国的海洋科学事业领航。

20 世纪 50 年代，曾呈奎参与了中华人民共和国成立以来海洋科学重大规划的制定工作，并担任国家科学规划委员会气象海洋学科副组长、国家科委海洋专业学科组副组长，组织开展了全国第一次大规模的海洋综合考察。

60 年代初，曾呈奎等 7 名科学家联名上书建议成立国家海洋局，加强我国海洋管理事业，得到了国务院的批准，又将海洋所急需的科学考察船"实践号"无条件地转拨国家海洋局使用，多方面给予极大的支持，为我国海洋管理事业的发展作出了重要贡献。

70 年代以来，他和其他科学家积极向国家建议的开展南极调查研究被采纳，使我国成为在国际上能够独立进行极地研究的少数几个国家之一；曾呈奎提出了中国发展新兴的海洋生物技术的设想，并承担国家攀登计划项目"海水增养殖生物优良种质和抗病力的基础研究"，研究成果丰硕，使我国海洋生物技术的研究与应用跻身国际领先行列；1992 年，他建议的增加有关海洋高技术的项目被采纳，推动了我国细胞工程、基因工程等技术在海洋生物资源研究和开发上的运用……

在 70 多年科研生涯中，曾呈奎发表 400 余篇高水平的学术论文（含合作），出版 14 部专著。1978 年获中国科学院重大科技成果奖，1978 年获三项全国科学大会奖，1986 年获中国科学院科技进步奖一等奖，1995 年获太平洋科学大会畑井新禧志奖，1996 年获香港求是科技基金会"杰出科技成就奖"，1997 年获何梁何利基金科技进步奖，2000 年获山东省科技进步奖一等奖，2001 年获美国藻类学会杰出贡献奖，2002 年获首届山东省科学技术最高奖。

1984 年，曾呈奎退居二线，担任中国科学院海洋研究所名誉所长，却仍然活跃在科研第一线。做试验、看标本、写作、审稿、开会、接待、访问、出差，时间安排得满满当当仍嫌不够用，工作到凌晨更是家常便饭。

他的精力充沛是出了名的。年轻时，上楼都是一步两级，下楼腾腾一阵风；平地大步流星，在海滨走岩石如履平地。只有进入图书馆，他是脚尖点地，进进出出毫无声息。

熟悉曾呈奎的人都知道他有个习惯，开会或主持会议时，他常常闭上眼睛，好像睡着了，等报告结束了，旁人正担心如何收场呢，他却忽然睁开眼睛，不慌不忙、滴水不漏地对报告做总结，甚至还说出"一二三"来，作出自己的评价。

有一次，他的学生——年轻的王广策教授去曾所长办公室，发现他正在桌前审阅稿件，身体端坐，双手扶腿，看几行字就闭上眼，双手开始慢慢滑，快要滑到膝盖了，眼睛也睁开了，旋即提笔把刚看过的几行作出修改。再看几行又闭目，再睁开眼睛提笔修改，如此周而复始。

人与海

王广策关切地说："曾老，你要是累了就休息一下吧。"

"呵呵，小王，你以为我想睡觉吗？其实我合着眼，比别人睁着眼思考得还深呢！"

看到这一幕的人都瞠目结舌，惊叹曾呈奎好像在打盹休息，实际上他没有停止思考；同时又自叹弗如，恨自己学不来这一"绝招"。早年在美国留学时，他就曾被同学戏称为"那个不睡觉的中国学生"。可是人总不能不休息啊，那就抓住零碎时间随时休息。这种"分段休息法"换来的是浑身使不完的劲。

2002年，曾呈奎右臂长出一个恶性肿瘤住进医院。大夫叮嘱：注意静养，小心观察。一天深夜，陪护的夫人张宜范醒来，发现曾老病床上空无人影，心里不由得陡然一惊。环顾室内，她发现卫生间隐约透出亮光。

老人耐心等待了几分钟，没有一点动静，赶紧走过去推开门，身着病号服的曾老，正手拿铅笔坐在马桶盖上。原来，曾呈奎惦记着即将召开的一个国际会议，悄悄起来，担心影响老伴休息，就跑到卫生间里修改起学术报告来了。

"报告没改完，实在睡不着。"曾老像犯了错误的孩子似的赶紧解释。几天后，刚刚做完手术，刀口尚未完全愈合的曾呈奎，便带着学生飞赴马来西亚，参加亚太海洋科学与技术大会去了。这年，他已经93岁高龄……

曾呈奎在国外留学多年，生活方式多少有些西化。他爱喝咖啡，在国外看英文报纸，爱唱英文歌曲。节奏明快的《扬基之歌》是他最爱唱的一首歌："爸爸带我去兵营，同古丁上尉一起；我看到士兵和小孩，到处都非常拥挤……"

尽管有些西化，可是他未有半点不合群。他平易近人，和蔼可亲，没有半点科学家的架子。让秘书做点事情，他会说："请你帮我把这个材料整理一下，有不合适的地方尽管改。"

在生活方面，他的勤俭节约，几乎让人觉得与一个大科学家的身份不符。他起草信函和稿件，基本上都是用裁开的旧信封或来信的空白处、背面书写，捆绑书籍、资料的绳子，他也要收集起来再次使用。

办公室的毛巾用了多年，由白变黄，由黄变破。秘书给他换了新的，他把旧毛巾拿回家让老伴缝补一下继续使用。每逢出国，他都要千方百计住最便宜的旅馆，吃快餐、盒饭。他嫌在宾馆打电话贵，就买了电话卡在公用电话亭打电话。

一顶深蓝色的帽子，曾呈奎戴了 20 多年，帽子的里沿都破得不成样子。每次戴之前，老伴儿都要给他掖好，恐怕破边儿耷拉下来。他没有时间去商场，老伴儿不得已，就拿一根绳子测量了他帽子的周长，到商场买回一顶。曾呈奎回家来往头上一戴，还挺合适，高兴得不得了。

"如果不是亲眼所见，谁也不会相信，曾老这么大的科学家会是这么一个节俭的人，他的节俭让人吃惊！"担负曾呈奎护理工作的保姆郑立妍说。3 分钱一张的卫生纸，曾老会把它撕成 3 份用，你敢相信吗？原来一张卫生纸只能擦一次鼻涕，曾老说太浪费，撕成 3 份就可以用 3 次了。这样的小纸巾曾老和夫人已经用了几十年了，曾老很为自己的这项"发明"自豪。

然而对他人、对社会他却慷慨大方。曾呈奎一生获奖无数，但他获得的最后一项荣誉却不是来自科研领域。在他逝世前的一个月，躺在病榻上的他荣获民政部授予的"全国爱心捐助奖"。他一生俭朴，却从自己的工资、稿费和奖金中累计拿出 30 多万元捐献给社会慈善事业。

青岛市慈善总会成立后，曾呈奎与慈善总会约定在自己的有生之年每年捐款 1 万元。2004 年 12 月 10 日，病重的曾呈奎在医院苏醒后，表示再向慈善总会捐款 2 万元。当天下午，市慈善总会的人赶到医院，含着热泪在病床前为曾呈奎办理了接收手续。2005 年 1 月 12 日，弥留之际的曾呈奎得知海洋所正为印度洋海啸灾区捐款时，又委托人捐款 1000 元。这是他生命即将结束的前 8 天。

"人生只有一次，何不轰轰烈烈过一生……身体有用的器官捐献给社会，骨灰撒入大海，所有书籍和资料全部捐给中科院海洋所。"这是曾呈奎临终前的遗言。

2005 年 1 月 26 日，胶州湾海域上，"海鹰"号冒着凛冽的寒风驶向阳光拂照的大海。曾呈奎的 90 岁老伴张宜范和子女们齐聚船上，默默地守候着他的灵魂。

最后的时刻到了，出现了一幕感人至深的画面：张宜范趴在盖着红绸的骨灰盒上，两手紧紧把住盒角，泪如雨下。她悲伤地拉开盒盖，轻轻地掀开了红布，"你安心地走吧"——在寸断肝肠的呢喃声中，曾呈奎的灵魂随着红白两色的鲜花随风飘落，飘落到苍茫的大海中。

"海鹰"号甲板上，哭声一片，船笛在长鸣，哀乐在回旋。突然间，太阳也被人们的哀伤所感动，钻进了厚厚的云层，海面突然变得阴沉起来，浪花也成了黛色，从美国专程赶来为父亲送行的次子曾云骥一手扶着遗像，一手捧着骨灰，泣不成声地说："爸爸，您回家了。"

跟随他26年的秘书周显铜和曾老的学生王广策、邓田、王金霞互相搀扶着，任热泪在脸上横流。"曾老，一路走好！"

他们见证了苍天为之动容的历史瞬间。

"大海的儿子"回家了，回归他魂牵梦萦的大海母亲的怀抱……

（补记：2005年3月和5月，中共青岛市委和山东省委分别作出"向优秀共产党员、知识分子的杰出代表，已故中国科学院资深院士曾呈奎同志学习的决定"。三年后——2008年，为纪念中国著名的海洋科学家、中国科学院院士、中国科学院海洋研究所研究员曾呈奎博士，继承、开拓和发展曾呈奎先生在海洋生物学领域开创的事业，弘扬曾呈奎先生治学严谨、勇于创新、奋力开拓和重视选拔新秀的精神，鼓励中青年科技人员热爱海洋科学事业，勇攀科学高峰，作出新贡献，经国家科学技术奖励工作办公室批准，特设立"曾呈奎海洋科技奖"。

这是由中国海洋湖沼学会设立，中国科学院海洋研究所具体承办的，是中国首个以海洋科学家命名的科技奖项。分别设有突出成就奖、青年科技奖，两年评选和颁发一次。2010年10月8日，首届"曾呈奎海洋科技奖"在中国科学院海洋研究所成立60周年大会上揭晓。截至2022年年底，该奖共评选了7次，共有33人获得该奖项，其中突出成就奖10人、青年科技奖23人。）

首席科学家——胡敦欣

"欢迎作家来到我们实验室，来来，先坐下喝杯茶！"

"谢谢，谢谢胡院士！"

仲春的一天下午，我应约前往中科院海洋研究所海洋环流与波动实验室大楼上，与已是耄耋之年的 2010 年度海洋人物胡敦欣院士倾心交谈。

首入眼帘的是他那宽大的办公室里的书橱，里面满是中英文的专业图书，以及工作照片和获奖的奖牌、证书等。我走到近前仔细观看，情不自禁对这位德高望重、和蔼可亲的老科学家充满了敬佩之情，也就更加渴望了解他献身海洋科研的人生之路。

正是太阳西斜之时，秘书家中有事，胡院士让她提前走了，拿出一盒新茶，亲自为我倒水说："这是今年的明前龙井，我的学生从杭州寄来的，咱们品品。"

"好的，谢谢！"我们坐下来。我说作家采访与记者不一样，不是答记者问，而是朋友似的漫谈聊天。显然，这一下拉近了距离，难得浮生半日闲的胡老师，打开了话匣子——

我就是咱们青岛即墨人，原来是县级市，现在划区了，1936 年 10 月出生，父母全家都在家务农。我小时候上面有四个姐姐，男孩我是老大，爷爷常喜欢带着我玩。他愿意帮助人，是村里的大善人，对我教育帮助很大。那时晚上很早就睡觉了，躺在炕上就听爷爷讲故事，特别是年轻人为了赶考，头悬梁锥刺股的，给我印象很深，从小就知道要努力刻苦才能成功。

到了上学年龄，开始在村里上私塾，念《三字经》《百家姓》什么的。考上了高小，离家有十千米左右，我每天早上起来揣着地瓜去，中午不回来接着学习。高小还没毕业，就以同等学力报考县城的信义私立中学，就是现在的即墨一中。报名费没有，怎么办？我上地里捡子弹壳，那是铜的，到城里卖了钱，报上名还买了一支钢笔。考完试感觉不错，高兴了，拿着衣服当旗帜挥舞，一

人与海

溜烟地跑到家，结果一看钢笔没了，找了老远也没有找到，沮丧了好几天。后来得知考上中学了，才有了笑模样……

1956年我准备参加高考时，校长知道我爱好打排球篮球，身体素质好，动员我先参加飞行员招考。给家里一说也都支持，那天团县委派人带着我和另一个学生去了济南检查身体。记得正是夏天，很热，等待时我们到大明湖去玩，吃了两根冰棍。没想到晚上闹肚子，吃了药睡了一觉才精神起来。查体时，他眼睛不大行，我在耳鼻喉科下来了。看来这辈子注定不能上天，却与大海结下了缘分。呵呵！

那年国家提出了"向科学进军"，学生们都抱着当工程师、科学家的理想。我们高中三个班150多人，班主任是蔡老师，对我说："你物理好，应考清华力学系。"我就填了第一志愿。不久，设在青岛的山东大学海洋系派人来了，找到校长把历年成绩单拿出来，挑了几十个数理化不错的学生说："现在急需海洋人才，你们应该报考海洋专业。"当时有个口号：国家需要就是我们的志愿！于是我就把第一志愿改成山大海洋系，一考就考上了。

入学后的海洋系主任是赫崇本先生，讲海洋绪论，很多奥秘我愿意学，成绩一直不错。第二年教学实习，上船，在胶州湾遇到风浪，晕船厉害，有些同学受不了闹着转系。后来整风"反右"，提意见。而我看到图书馆里还有用功的学生，就向他们学，占一块地方坚持学习，不闹腾，各科成绩都是优。1958年下半年全国海洋大普查，抽了我们一些大学生参加。开始在东海舟山，又去了南海，在湛江干了一年多，每次出海都晕，吐了再吃，三四天就挺过去了。

记得有一次，我们乘坐一艘二三百吨的猎潜艇到北部湾调查，遭遇了台风，很危险。艇长跟舰队联系能不能到越南避风？命令不行，必须返航。于是就顶着风走了，风浪差点把船掀翻，铁锚都打掉了，我跟同学们都躺在舱里滚来滚去。第二天到厨房找吃的，一看锅碗瓢盆洒了一地。嗬，可以说，那是我这些年出海最危险的一次。

1961年大学毕业时，我们五个同学报考了毛汉礼先生的物理海洋专业研究生。当时海洋所总部在莱阳路上，复试时有两个没过关，我和另两个同学考上了，从此我一生都得益于毛先生的教诲。办公室是一座二层小楼，毛先生在中间屋里，与我们一门之隔。他对学生要求十分严格，本来门上玻璃刷了一层石灰水，他却在上面抠了个小洞，常看着并督促我们学习。那时他特别强调业务，看到所里给我安排了个团支部委员，不愿意了，说：你做研究生的，屁股上长尖不行，应该像有胶水一样，粘到椅子上。为此，他还专门找到所里党委书记：别让小胡当什么支委了，他主要任务是学习，将来向科学进军！

那时我们确实很用功很充实，一天安排三个单元，早晨上班到12点，沿着鲁迅公园小道到食堂吃午饭，回来接着上下午班。晚饭后到海边上走走，再回所里干四个多小时，有时就到了半夜。党委书记孙自平是很好的干部，他常陪着毛汉礼主任来查夜，看谁偷懒不好好学习。他有气管炎，一上楼就喘气还咳嗽，我们一听就知道：孙书记和毛先生来了！

那时学习风气很浓，全所常考外语。我在大学里学的是俄语，到了研究所改学英文，全是自学。我买了基础英语，又常向英语好的研究员请教，早晚都在背单词，有一次毛先生推门进来，看到我正学科技简明英语语法，说：你读读。结果我一读还有俄语腔，他叹了口气：哎呀，这回考试你够呛！我不服气，心里说也不一定。从那就更用功了，买了一本高级语法书，把不会的划上红线，一遍一遍地学、背。我的体会是文法是骨头，其他是肉，没有骨头学得再多也立不起来。全所英文考试了，我一下子考了前三名。毛先生很高兴，让我给大家介绍学习经验。我说没什么，就是多用功，用心学！

总之，我跟毛先生做研究生，最大的收获就是集中精力，心无旁骛，能够坐得住。后来我当了一届副所长，处理完公务一坐下来，就能专心思考业务，不想其他事情。中午饭后我不午休，上一天班不走，干到7点回家吃点饭，再回来干专业到十一二点。星期天节假日不休息，扎到办公室学习，研究。本来我有糖尿病，中医劝我练练气功，其中讲究专注叫意守丹田。我体会就是专注，贵在坚持，大年初一也练习，不想别的，控制住了病情。如果一天不练两天不练，松懈了，病情就会加重。我悟到业务上，科学上也应该"意守丹田"。

后来我取得了一定成果，当选了科学院院士，这都是与毛先生的言传身教分不开的。他还有一个学生叫袁业立，学习也很好，当过国家海洋局海洋一所所长，1995年的工程院院士。你看，毛先生培养出了我们两个院士，这在导师中是不多见的。

"文化大革命"时他受到了极大冲击，可志向不移。时光转到了1979年，

人与海

科学的春天来了，大家都憋足劲搞业务。过去我们所在全国是老大，睡一觉别人都赶不上，现在不行了，十年耽误，各方面都有差距。那年组织上安排毛汉礼先生参加访美代表团，他检查出有心脏病，让我代表他参加。一行12人去了美国。当年我42岁，历时一个月在麻省理工、哈佛、伍兹霍尔，从太平洋到大西洋沿海边转了一圈，印象中美国太先进了，海洋科学领先世界潮流，我们什么时候能赶上来呢？

回国后，我在毛先生推荐下，受中科院公派又到美国留学三年，选择在麻省理工学院学习。我英语还不太过关，大使馆人员说要与美国人住在一起才能练好语言。当时曾呈奎所长的儿子曾云骥也在麻省理工学习，帮助我找房子，看到一则广告，有个单身老头有房。我们去了一谈，他却说：我想找个英语流利的跟我聊天，你这个朋友不大行。我在旁边听懂了，就说：云骥咱们走，等我学好了英文再来找他聊！

那时国内每月给300美元，实报实销，一年后增加到400美元包干。有人就尽量节省，省下钱来买几大件。我不，把钱都花上，买书买资料，参加各种活动。包括野餐郊游，与大家聊天，许多思想火花就是聊天中碰撞出来的，比看论文还丰富，等于交学费了，值得！现在我对我的学生也这样讲，出去利用一切机会好好学，回来为国家科技事业作贡献。

1982年，我学业结束，美国导师要留下我继续做研究，但我婉言谢绝了。他问："你为什么回去，难道条件比这里还好吗？"

"NO！比这儿差。可是我们国家科学的春天到来了，我要回去工作！"

整整一个下午，我凝神静气地聆听着胡敦欣院士侃侃而谈，崇敬之情油然而生，似乎从他身上看到了已经故去多年的毛汉礼老先生的影子。他后来取得了显著的成就，成为科学院院士，绝不是偶然的，我将在另一章节详尽书写上浓墨重彩的一笔……

回溯20世纪70年代末科学的春天里，中科院海洋所各个专业的科学家、研究员，全都焕发出冲天的干劲和主观能动性，夜以继日，呕心沥血，立志赶上被"文化大革命"耽误的时光，效果显著，取得了一项又一项骄人的成绩。

应运而生的"科学一号"海洋调查船，极大地填补上新中国初期"金星"

号、"海燕"号、"水星"号等旧船改造的调查船的不足，为海洋科研插上了起飞的翅膀，从而真正意义上突破了第一岛链，驶向了"深蓝"。

那几年里，"科学一号"成为海洋研究所的"旗舰"，也是唯一可以进入西太平洋的科考船。它配备了最强的驾驶团队——当年技艺高超的戴立人船长的学生俞锡春担任船长，经验丰富的于建军为实验室主任，还有大学科班出身的朱萱等人当大副、二副、轮机长等。

十分巧合，俞锡春与时任研究员的胡敦欣同龄，都是1936年生人。正是他们在"科学一号"上的亲密合作、默契配合，取得了中国人在西太平洋调查中最重要的发现成果，谱写了极为辉煌的一页。如今，两位老人都已80多岁了，但谈起当年来依然是记忆犹新，历历在目。

俞锡春是江苏常州人，幼时家境还算过得去，供他上了小学识了字。新中国诞生时，他才15岁就报名参加了解放军，在苏南军区当警卫员，因为有文化，被调到青岛海军学校4分校学习航海技术。毕业后分配到公安边防部队当航海教员。1958年，在国家进行首次海洋大普查的热潮里，俞锡春与十几个战友来到了青岛海洋研究所担当船员水手。

那时，整个海洋所只有三条旧船改造的调查船，最大、最有实效的当属"金星"号，负责黄渤海、东海乃至南海的科学考察，其他为"水星"号和"海鸥"号，多是做港湾水产方面调查工作。俞锡春先是在"海鸥"号上当船长，后调到"金星"号上当大副，跟着戴立人船长学到了很多东西。

戴船长脾气好，不笑不说话，技术水平高，总结出一套海洋调查的驾船经验。比如调查船与运输、救捞船不一样，总是开赴新的海域，没有现成的航线，每次航行都要全面了解海况、站位，及时应对各种变化。那个时期，他们驾驶着"金星"号，完成了一个又一个开拓性的任务：调查生物种群、测量有关海域的温度、盐度，了解鱼群洄游规律等。在渤海进行石油勘探时，著名地质学家李四光还上了"金星"号参加调查……

"文化大革命"结束后，海洋调查工作走上了正轨，日益繁重，可功臣船"金星"号与他的首任船长戴立人都老了，不得不退出现役。其他几条吨位小的船舶，无法满足走向远海的需要，建造新船势在必行。俞锡春在曾呈奎所长等领导的带领下，担任造船办公室主任，具体监造"科学一号"。

人与海

此时，石油部门把几条 1000 多吨的勘探船转给了海洋所，组成了"金星二号""科学二号"，还有下水不久的"科学一号"等为主的调查船大队。俞锡春无论从年龄还是航海经验上，都是这个大队的元老级人物了，理所当然地担任了"科学一号"船的船长，掀开了海洋调查的新篇章。

就是这个时期，胡敦欣从美国麻省理工学院做访问学者归来了，两位同龄的海洋人在一条科考船上形成了交集，同舟共济，为了一个共同的目标乘风破浪，在"科学一号"上创造了中国人的奇迹。

此前，我国海洋科学调查研究基本上局限于近海，而与我国东海、黄海、南海、渤海根脉相通的是浩大的西太平洋。西太平洋暖池是世界上驱动大气环流的最大热源之一，它的变动不仅与厄尔尼诺-南方涛动事件密切相关，而且对我国气候产生了巨大影响。胡敦欣通过在美国学习，目睹了国际海洋科学的迅猛发展，萌发了走出中国近海、挺进西太平洋研究暖池效应的想法，并且筹划与美国科学家合作，动员同行的力量集体攻关。

他的议案首先得到了老师、也是我国海洋科学开拓者之一的毛汉礼的赞同："很好，敦欣你大胆干吧！咱们国家是农业大国，有的地方还靠天吃饭，这项研究意义很大。"

"好的，有毛先生这句话，我们就更有信心了！"

果然，当胡敦欣与大气、海洋界的科学家一起提出组织调查热带西太平洋环流与海气相互作用的建议时，立即得到中国科学院大力支持。从 1983 年开始，"中美赤道西太平洋海气相互作用联合调查研究"，以及由海洋所牵头联合6 个涉海单位的研究项目"热带西太平洋海气相互作用与年际气候变化"相继启动。中国的海洋环流研究由此从近海走向了大洋。

年富力强的胡敦欣是这两个课题的发起人之一，参与了项目策划和设计，并且担任首席科学家乘载"科学一号"考察船出海。实际上，别看他此时还不到 50 岁，正值壮年，但"外强中干"，已经患上了严重的糖尿病。

回顾检讨起来，他认为一是加班加点累的，感冒了也不当回事，酿成大病；二是在美国常把可口可乐当水喝，回国后到青岛崂山开会又爱喝崂山可乐，一上午十几瓶还觉得渴。同伴打趣地说："你老胡真行，喝水都美国化了！"

可有位懂医的朋友大摇其头，严肃地提醒道："这么能喝甜水，你别是泌尿系统出问题了吧？"

　　不幸而言中，胡敦欣去医院一检查：三期糖尿病，血液化验四个"＋"号！哎呀，正想甩开膀子大干一场呢，怎么病魔找上门来了？胡敦欣心里掠过一团阴影。可他具备山东人特有的坚强，是条硬汉子。没有对单位讲，只拿了些治疗药品一边吃药一边照常干工作。

　　1986年秋天，中美联合调查开始了，胡敦欣跑到医院找到相熟的医生，要求多开些中药带着。那位大夫闻言大吃一惊："什么？你不要命了，这么重的病还能出海？"

　　"哦，这次我是首席科学家，怎能缺席呢？你给我多开点药，我让老伴全煎好了，装瓶封好，放到船上厨房冰箱里，按时服药不就行了。"

　　"不行！你的病一是不能耽误服药，二是不能劳累。我警告你，如果出海，后果一定很严重。"

　　胡敦欣笑笑，仍然软磨硬缠坚持着。其实这些问题他已经考虑过了，可为了来之不易的科考机会，全都置之度外。医生无法，只好提笔开药，特意嘱咐：不仅仅是按时吃药，还要加强营养，注意休息……

　　出海之前，胡敦欣找了许多葡萄糖空瓶子，洗刷干净，让爱人把药全熬出来，一副一副地灌进去扣好橡皮塞子。同时，贤惠的妻子疼爱有加，又买了些瘦肉炒熟了，一点一点做成肉松带到船上，连同中药一同放到厨房冰箱里。胡敦欣每天除了按时服药之外，就是吃饭时抓上一大把肉松加强营养。

　　"科学一号"如期起航了，胡敦欣迎着海风站在甲板上，一点也看不出有病的样子，俨然是指挥若定的将军，又是冲锋陷阵的战士。当时一天要经过十几个测站，也就是说每隔一个多小时就要观测一下。船上带有一台价值十几万美元的CTD设备，专门用来测试海水的温度、盐量和深度，这在当时是非常昂贵的。

　　每次设备下海，胡敦欣都要亲自检验，现场监测。到了夜间，他还嘱咐值班人员，一到测站后马上叫他。同事们看他连续几天不眠不休，担心他的身体吃不消，有时就故意不吭声。可胡敦欣竟形成了条件反射，一到测站就醒，测完后又回到房间接着睡。这样坚持了一个多月，好似练就了特异功能。

　　同事们问他有什么窍门，他神秘地宣称掌握了一个法宝：睡觉特别快、质

人与海

量好，而且对船的机器震动声非常敏感，不管睡得多么沉，只要到站一停泊，自然就醒了。而后与大家一起忙着测海水温度、盐分、流速等，记录分析各种数据。整整一个月，胡敦欣只有晚上服药时，才记起自己是一个严重糖尿病患者……

此后五年间，每年的9—10月，胡敦欣都会带领团队远赴西太平洋考察，"科学一号"就是劈波斩浪、闯出第一岛链的战舰。因此，他与俞锡春船长结下了深厚的战友之情。在科考船上，首席科学家与船长的配合至关重要。每次出航前要由科考队预先设计、提交航行驻停站位计划。可在实践中会时常出现偶发现象，使首席科学家可能会临时变更航线，这就需要科考船长的理解与支持。

这次中美西太平洋联合调查的海域，是从关岛至菲律宾一线，分别布了众多的点、线观测。那时没有定点浮标装置，只是将船沿着科考队设计的线路一个站位一个点地停泊、观测，而后延伸驶向下一个点，连起来就是一条线。

"科学一号"科考船不能自主定位，深水抛锚也十分困难，俞船长亲自操盘，不停车，不断修正位置。这需要较高的技术和成本，有风有流，使船要不断地复位，一个小时就耗费成吨的油料。俞锡春便与大副、"老轨"等船员想办法，找来一条2000多米长的钢缆接上锚链，在平均1500多米的这片海域里，可以把铁锚扎到海底系留住，保证科考作业时间。

一天风浪特别大，把锚挣断了。俞船长他们赶快抢险稳住船身，蹲在甲板上又琢磨出一个"高招"：换成小一点的铁锚，刚刚抓住地，风大一点可以随风移动，不至于断线。而同时参与的美国船只就不行了，只能随波逐流。他们很奇怪，在关岛补给时专门来问："船长先生，在那个深度里，你们'科学一号'轮怎么能站住呢？"

"这没什么保密的，就是动了动脑子，把锚链接长了。呵呵……"

老外闻言恍然大悟，伸出大拇指，连连表示佩服。

毋庸置疑，为了一个共同的目标，中国人是有勇有谋有大局观的。

有一次前往某个海域调查时，科考队发现一个原本不在计划中的新情况——感觉如果再增加一个站位观测，可能会有更好的效果。胡敦欣找到俞锡春船长商量："老俞，咱们能不能调头跑一下，到这个区域停一天？"

"这个……"按说这已超出预定方案范围，况且那片海域航线非常陌生，可能会遇到一些难以预料的问题。俞锡春稍一沉吟，便爽快地做出了决定："没问题。只要有利于科研，我们全力配合。"

随后，他叫来大副、二副，根据科学家要求，精心设计航线，顺利完成了补充观测。

几年间，他们就是这样同舟共济、相辅相成，利用"科学一号"出色的表现，完成了许多科研课题，取得了世人瞩目的成就。尤其在菲律宾南部调查时，胡敦欣团队确认从热带东太平洋向西运动的海水（温度在 20 度左右）到了菲律宾分成两支，向北流向中国、日本，形成"黑潮"。它携带着热带暖水一直北伸到日本岛南端，再折向东形成影响我国和东亚乃至世界气候的副热带环流，而向南去的则流往印度洋方向。

他带领团队的崔茂常、曲堂栋、王凡等人牢牢抓住这一现象，在几个站位用绞车把 CTD 设备放入海里，在不同深度、不同时间测量水温、密度、流速等，再反复计算各种数据，最后确定这是一支与上层流向相反的潜流，因为是在菲律宾第二大岛——棉兰老岛附近，遂命名为"棉兰老潜流"，最大流速可达 30 厘米／秒，平均流量近世界强流黑潮的一半。这是自 20 世纪 50 年代初发现赤道潜流以来，热带西太平洋环流的重大发现之一，也是当时世界上唯一一个由中国人发现、命名，并在国际上获得广泛承认的洋流。它披露了西太平洋次表层潜流系统的存在，改变了关于西太平洋海洋环流三维结构的传统认识。国内外许多海洋学家以及美国太平洋盆地扩展气候研究实施计划，都在所绘的海洋环流图中清楚地标有"棉兰老潜流"。它的发现改变了有关太平洋西边界环流动力结构的传统认识，是西太平洋环流动力学研究的重大进展。

之后，美国、日本、澳大利亚等国海洋学家，纷纷加强与胡敦欣团队的合作，深化研究这个课题。不久，他们陆续又在吕宋（北赤道一线）、巴布亚新几内亚等地发现了潜流现象，加上前边提到的"棉兰老潜流"，西太平洋上一共有三支潜流。胡敦欣团队的论文发表后，在业内产生了极大影响。

可是，胡敦欣教授的病情却加重了，让他夫人和亲朋好友揪心不已。好在完成这次调查回来后，他听取那位老中医的建议，一边服药治疗，一边在生活工作上注意，还坚持每天早上到海边练习一个小时的气功，风雨无阻，节假不断。他总结道，有些病无法逆转根治，但可以控制，只要不发展下去，就可长期共存，不影响科研事业。同时他还把"意守丹田"用在了科研上，心无旁骛才能做出成绩。

2001 年，在海洋环流与波动研究上作出重大贡献的胡敦欣教授，当选为中国科学院院士。更令人高兴的是，他像他的老师毛汉礼先生一样带起了一批人才，一个团队！不过，对于浩瀚的深海大洋和深邃的海底世界来说，这只是万里长征第一步。海洋科研领域，呼唤着更先进的科学考察船和更优秀的科研团队。为此，胡敦欣的目光关注着更为宽广的海域……

西太平洋向来是国际合作调查研究的热点海域之一。早在 20 世纪 80 年代中期至 90 年代中期，美国就曾牵头发起和组织热带海洋与全球大气研究计划和世界大洋环流实验计划，针对热带西太平洋环流进行了一系列大型调查研究。

在上述两个计划执行期间，中国是计划参与者之一，并在其实施过程中发挥了重要作用，五条主力调查船中有三条是中国派出的。其间，正是由胡敦欣团队研究并发现了棉兰老潜流、吕宋潜流、北赤道潜流等，奠定了中国在热带西太平洋环流与海气相互作用研究领域的国际地位。

然而，随着 1993 年热带海洋与全球大气–耦合海气响应试验的结束，国际大规模西太平洋调查研究热潮归于平静，我国也随之停止了相关调查研究。鉴于西太平洋在海洋环流与海气相互作用研究中的重要地位，中国、美国、日本等国科学家对于再次开展大规模西太平洋海洋环流调查研究均跃跃欲试。

尤其是中科院海洋所的胡敦欣，一直在想："我国可不可以自己先组织牵头干呢？这是一个巨大的机遇和挑战，我们要抓住它，干个 10 年、8 年，我们在这个领域的研究水平和能力一定能够大幅度提升。"

2004 年 10 月，胡敦欣应邀访问夏威夷，与美国科学家就未来西太平洋环流研究的方向进行了进一步讨论。大家一致认为应该发起继热带海洋与全球大气研究计划之后的新一轮西太平洋海洋环流大型国际调查研究计划。

于是，胡敦欣的信念更加坚定，并开始着手筹备，组织召开了一系列国内外研讨会。2010 年，以胡敦欣为首的中国科学家倡导发起的"西北太平洋海洋环流与气候试验"（NPOCE）国际调查研究合作计划最终成形，并得到国际同行、科学组织和研究机构的认可、支持和参与。这是中国发起的第一个海洋领域大型国际合作计划，起初有中国、美国、澳大利亚、日本、韩国等8个国家、19个研究机构参与。胡敦欣担任科学指导委员会主席。

在启动仪式上，有记者前来采访，胡敦欣郑重而豪迈地说："西北太平洋海洋环流与气候试验国际计划的成功实施将显著提升中国在国际海洋与气候研究领域的影响力和话语权。与此同时，也给我国今后在牵头组织国际大科学计划方面提供了经验和借鉴，比如要做好充分的调查研究，精心设计计划框架和方案，这样才能得到其他国家的认可和支持。在计划实施过程中，也要坚持合作共赢原则，加强协调、不断提升合作水平。"

果然，此后一连数年，胡敦欣院士带领着他的学生王凡、袁东亮、张林林、胡石健等人组成的团队，全身心地投入了这一计划，历经种种风霜雨雪，闯过道道惊涛骇浪，取得了令人称道的成就：实现了多套潜标多学科融合深海强化观测，突破了深海数据实时化长周期稳定传输难题，为实施"21世纪海上丝绸之路"倡议、保障国家海洋环境安全提供了重要基础支撑。

现在，西北太平洋海洋环流与气候试验已经进入第二阶段，参与国家增加至17个。这一国际合作计划，致力于通过国际联合观测、过程研究和数值模拟理解西北太平洋海洋环流动力学及其在区域及气候低频变化中的重要作用。启动十余年来，中科院海洋所已成功布放数套深海测流潜标和组网，获得了连续多年的海流实测数据，实现了西北太平洋主流系潜标阵列的全覆盖。

2017年6月，西北太平洋海洋环流与气候试验年会在青岛举行，会议根据提名确认了新的科学指导委员会委员，胡敦欣院士再次当选为科学指导委员会主席。这一年，他荣获山东省科技最高奖、领衔的科研团队荣获中国科学院杰出科技成就奖等奖项。

"老牛自知夕阳短，不用扬鞭自奋蹄。"如今的胡敦欣院士已是86岁高龄了，仍然精神矍铄，壮心不已，一心牵挂着海洋科研，为学生们的每一个进步感到无比振奋。同时，他还时常前往大学、中学做海洋科普讲座。他常说："科技创新的希望在年轻人。年轻人挑大梁，海洋研究有希望，海洋强国有保障……"

给海洋生物上"户口"的人——刘瑞玉

2012 年 6 月 14 日，在青岛一所医院病房里，一位十分虚弱，身上插着各种管子的老人，在几位身边人的搀扶下，硬撑着身子半坐了起来，右手接过工作人员递过来的签字笔，颤巍巍地在一份捐款委托协议上写下自己的名字：刘瑞玉。

是的，他就是著名的海洋生物学家，中国科学院海洋研究所研究员、中国科学院院士刘瑞玉先生。这年刘院士已经 90 岁，癌症晚期，久卧病榻，已是来日无多了。最后时刻，他仍念念不忘为之奉献一生的海洋科学研究事业，决定拿出历年积蓄，捐资百万设立科学奖励基金。

这天，中科院研究生教育基金会派专人到青岛，在刘老的病榻前举行了捐赠签约仪式。九旬老人刘瑞玉用颤抖的手在委托协议上庄重签字后，露出了欣慰的笑容。这一刻，在场的人无不为之动容……

刘瑞玉，男，汉族，1922 年 11 月 4 日出生，河北乐亭人，中国共产党党员、九三学社社员，1997 年当选为中国科学院院士。生前任中国科学院海洋研究所研究员、博士生导师，中国海洋湖沼学会名誉理事长、甲壳动物学分会名誉理事长，曾任第六届全国人大代表，山东省科协第二届和第三届副主席，青岛市第八届政协副主席，九三学社青岛市第八届主委，中国科学院海洋研究所第三任所长。

他是著名海洋生物学家、甲壳动物学家，中国海洋底栖生物生态学奠基人和甲壳动物学开拓者；负责完成了多项国家和国际海洋学、生物学和资源调查研究项目，特别是全国海洋综合调查、中越北部湾海洋综合调查、全国海岸带和海涂资源综合调查等；编绘了我国第一部《渤黄东海渔捞海图——海洋学图集》；开拓并发展了海洋动物多个重要类群（特别是甲壳动物）分类区系研究，著《中国动物志》蔓足类、糠虾类、长臂虾类、口足类等卷及虾类专著 3 部。

这份介绍文字不长，但已从中看出一代海洋科学大家的风采，他与小虾小鱼为伴了65年，距离生命终点还剩几十天时，仍背着双肩包独自穿梭于数个城市参加学术会议。他是院士，也是人生的斗士。

刘瑞玉从小聪明好学，成绩不错，一直是父母心中的骄傲。当年，他从乐亭县县立第一小学毕业后进入保定育德中学读初中，次年转入昌黎汇文中学学习。这所学校的授课水平很高，特别在生物学老师陈锡五的熏陶下，他对生物学产生了浓厚的兴趣。高中毕业了，他先后收到北平辅仁大学生物系和北平大学医学院的录取通知书。他有些茫然，因为两个学校中，前者是他喜欢的生物学专业，后者是家人替他做出的选择。在一个动乱的年代，只有当大夫才有稳定的收入。

那时，虽然家里人并没有过分干涉他的选择，但刘瑞玉自己还是选择了北平大学医学院，但只试读了一个星期后，他就放弃了。原因是一个从日本海归的老教授在讲述解剖学时，课堂的场景和描述的内容让他极不适应。"看来，我对医学没有兴趣。"他最终选择了北平辅仁大学生物系。

在这里，德国老师的讲课给他留下了深刻印象，还有当年当助教的老师王光英。这些教师所具有的博学厚积的学者风范，让他铭记在心。这里的学习为刘瑞玉日后走上海洋生物科研之路打下了深厚的基础。

1945年夏天，刘瑞玉从北平辅仁大学生物系毕业并获得学士学位。那时，他最想进一步进入和植物有关的学术领域深造。通过李良庆教授的介绍，他来到北平大学医学院药学系担任生物学助教。

后来，北平研究院在昆明复院，刘瑞玉一开始想去该院的植物研究所工作，但对方称目前没有进人计划，并告知动物研究所正缺人。于是，刘瑞玉在爱国民主人士杨扶青先生（新中国成立后曾任水产部副部长）的介绍下，进入北平研究院动物学研究所任助理研究员，师从著名的甲壳动物学家沈嘉瑞教授，开始了甲壳动物学研究。

"当时，我毕业后最感兴趣的是研究植物，去动物所是很无奈的事情。"刘瑞玉后来回忆时经常说到他当年的想法。不过这一来，他就与海洋生物结下不解之缘。

中华人民共和国成立后，中央研究院和北平研究院等并入新成立的我国最高学术研究机构——中国科学院。北平研究院动物学研究所更名为中国科学院

人与海

北京动物研究所。1950年，为了发展新中国的海洋科学研究，中国科学院决定建立青岛海洋生物研究室。

这年10月，在张玺主任的带领下，刘瑞玉等来到青岛，加入了中国科学院水生生物研究所青岛海洋生物研究室。由此，年仅28岁的刘瑞玉进入我国海洋生物学研究的广阔天地，把自己的一生献给了这个全新的领域。

积跬步才能至千里。青岛海洋生物研究室就是中国科学院海洋研究所的前身，自成立起就开始进行全中国海洋生物种类、资源调查与标本采集。20世纪50年代，交通不便，沿岸采集要自带行李，在渔村坐牛车一天只走几十里路，因要赶潮水，经常不能按时进餐……

1956年，由于海洋科学发展的需要，在海洋生物研究室副主任曾呈奎教授的建议下，刘瑞玉开始了海洋底栖生物生态学研究。研究领域涉及海洋生态学、海洋动物学、甲壳动物分类、养殖和资源增殖等方面。

底栖动物是生活于水域底内或底上的动物生态类群。在海洋生物各生态类群中，它的种数最多，远远超过浮游生物和游泳动物而居于首位。底栖动物在海洋中分布范围也很广，从滨海的潮间带到深度大于一万米的超深渊带，都有它们生存；然而，种类最多、数量最大、与人类关系最为密切的主要是在大陆架区。

海洋底栖动物中，有很多具有经济价值的种类，可以作为食品、药物、工业原料和农业肥料，也能把大量的有机碎屑和小型生物转化为鱼饵，获得人类的食品。在海洋食物链中它们是重要的一环，另外有些种却直接或间接地有害于人类（如某些钻孔和附着生物，会危害木质船舰和港口设施，减低船速等）。底栖生物的分布和数量变化与海洋环境因子（如温度、盐度、海流和底质等）也有密切关系，可以作为这些因子的生物学标记。因此，要更好地认识海洋、开发生物资源和发展海洋事业，就有必要了解底栖动物的区系特点，种类分布和资源蕴藏的情况。

中科院海洋研究所副研究员王永良回忆说——

"1957年，海洋研究所里全国第一艘海洋调查船'金星号'来了，水文、物理、化学方面的研究都有人，生物学研究没有人，有搞浮游生物的郑执中在，

062

但是没有搞底栖生物的。所以当时的党委书记孙自平，就找刘瑞玉谈，说底栖生物研究没有人，需要从搞分类的人里调一个过去。刘瑞玉就服从安排过去了。刘瑞玉教授的这种精神，我是望尘莫及。他服从命令，听党安排。

"刘教授搞虾搞了很长时间，比如虾的分类、虾的生活史，而且很有成绩。说实话，他自搞底栖生物之后，工作一直很忙，我给他计算过，他丢了几十个虾类新种。搞分类的人最感兴趣的就是找到新种，因为他全身心投入了底栖生物工作，所以都顾不上发现的新种，因为新种需要鉴定、参考文献等，然后要发表文章，他就是因为搞底栖生物把这些丢掉了。有时候我们谈起来，他也有些遗憾，但也没办法，因为底栖生物的工作也必须要干……"

是的，当时的海洋底栖生物生态学研究，在全国还是个空白，没有人来做，本已在虾类研究领域有所成绩和经验的刘瑞玉，主动放弃比较成熟、容易出成果的课题，开始了这项新的空白的研究工作，等于中断了以前的工作，一切从头再来——底栖生物调查是属于生态方面的，而虾苗分类是另一个领域。这种不计个人得失，一切为了国家需要的精神十分令人敬佩。

怎样才能迅速进入"战斗"呢？刘瑞玉深思熟虑，将进行多毛类研究的崔玉珩、贝类研究的唐质灿和年轻的张伟权组织在一起，连同自己共4个人成立了一个底栖生物研究组。这就是起初海洋所进行底栖生物研究的"阵容"。

实际上，当时大家，包括刘瑞玉都不太熟悉底栖生物研究，他们想出了一个行之有效的办法：每一个人都读一篇相关文献（那时在中苏友好的大环境下，流行俄文的文献。正好海洋所专门开设了俄文班，组织大家学习。原来英文很好的刘瑞玉，现学起了俄文，勤学苦练很快就能用了。这对于查阅文献大有帮助）。刘瑞玉安排分头阅读，你看这篇，他看那篇，然后大家一块交流，等于一个人一下子读了四篇文章。

就这样，他们很快掌握了关于底栖生物最基本的东西，开始了系统研究。

其实从1956年起，在"中苏黄海和海南岛海洋生物联合考察"（1956—1960年）中，刘瑞玉就担任中方秘书，参加了对青岛、烟台以及海南岛的一些零碎调查。

中国海底栖动物的研究过去做得很少。1949年前仅张玺等在山东半岛附近做过一些调查。1949年后随着海洋学和渔业研究工作的发展，才逐步展开了底

人与海

栖生物定量和定性的调查研究。1958 年初，中国科学院海洋研究所与有关单位合作进行黄海、东海越冬渔场综合调查时，也搜集了底栖生物定量资料，但这些资料都还未发表。

与此同时，刘瑞玉、徐凤山等人，自 1957 年起开始在黄海、东海广大海区进行系统的底栖生物定性和定量调查，搜集了大量的资料，通过几年来的系统工作，对黄海、东海底栖动物区系的基本面貌有了概括的了解。

之后数年，刘瑞玉参加了"全国海洋综合调查"，负责底栖生态的调查研究，渤海、黄海、西沙等都留下了刘瑞玉的身影。一直到 20 世纪 80 年代，他还积极从事全国、山东省海岸带和海涂资源综合调研项目。

在全国海洋综合调查中，作为底栖生物组组长，刘瑞玉负责底栖生态调查研究，从制订计划、编写调查规范、培训指导技术人员，到参加海上调查、种类鉴定、资料整理和图集与报告的编写，付出了极大的心血和精力。在刘瑞玉和调查队员的团结拼搏下，圆满完成了调查取样任务，为后来的海洋底栖动物分类区系和生态研究工作积累了十分宝贵的研究材料，完成了一项最重要的基本建设。初步报告中，底栖生物生态学分析结果首次反映了不同海区的群落组成与生态特点，填补了空白领域。

"海洋科学调查应该加强，要做好从近海到远洋的调查研究，吃透其中的规律，了解它的特点，合理开发资源。"刘瑞玉说。1959—1960 年和 1962 年，刘瑞玉作为业务总负责人和底栖生物组组长，还领导中越双方科技人员，在中越北部湾开展了两次海洋综合调查。1963—1965 年，他受国家科委委托，全面负责国际合作项目"中越北部湾海洋综合调查"（1959—1960 年，1962 年）资料整理、海洋图集编绘和研究报告编写的业务工作。同时，他还负责为十多位越南科技干部进行专业培训（讲课和实习）。他以两年时间，完成了资料汇编、图集编绘和研究报告编写，获国家重大科技成果奖。

一些年轻人刚来研究所工作时，就听说这里有一村的"渔民"，而"村长"就是刘瑞玉。原来这些是指搞海洋生物研究的人员，因为他们像渔民那样时常打鱼捞虾，但不是为了卖钱，而是研究人工养殖，让这些难得的海味"飞入寻常百姓家"。

底栖生物往往生活在海泥里，一网泥打上来，大家不顾腥臭味就围上去分拣标本，刘瑞玉总是顶着太阳，迎着海风带头干。常常在凌晨，他就带着几个博士生赶潮寻找鱼类标本，漆黑的码头离小船还有很远的距离，他第一个跳了下去……

青岛胶州湾，蔚蓝色的海面上，波光粼粼，一艘米黄色的快艇，载着科技人员，驶往胶州湾西部浅水区，准备在那里进行对虾放流增殖。

快艇抵达试验区还未停稳，科技人员就在甲板上忙碌起来，小心翼翼地将对虾幼苗投放到海水中。

这是 1983 年 6 月，我国首次在胶州湾进行中国对虾放流增殖试验的一幕。指挥放流试验的，是年过六旬的中国科学院海洋研究所副所长刘瑞玉研究员。看着那些蹦蹦跳跳、拖着标志牌的"幼虾"成群结队地潜入水下，安家落户胶州湾，刘瑞玉久久地凝视着大海，目光里充满了希望……

在中国对虾养殖的发展历程中，刘瑞玉院士功不可没。经过刘瑞玉等科技人员的努力，对虾成为寻常百姓餐桌上的美食，"让人们的餐桌上有更多的海洋蛋白"成为现实。

对虾是生长快、肉味鲜美的优良养殖对象。在 20 世纪 50 年代初期，海洋所在童第周、曾呈奎等教授倡导下，就对对虾人工养殖的有关基础理论和技术问题进行了一系列研究。

自 1952 年起，刘瑞玉和本所杰出的发育生物学家吴尚懃，每年春夏之交进行中国对虾生活史和人工育苗研究。通过海上调查、水族箱饲养昼夜观察，首次掌握和报告了中国对虾的生活史，包括习性、产卵条件和幼体发育变态过程、生态特点及其需要的环境条件（特别是水质和饵料条件），获得对虾室内育苗的成功，为以后的对虾养殖打下了坚实基础。

刘瑞玉后来曾回忆说："1969 年春，我被安排去胶南养虾。这一大好机会使我熟悉了育苗、养虾生产的各种实际操作，从事半人工育苗，每天下盐卤池捞卤虫喂虾，我能担 35 公斤的鲜卤虫走几里路。这些都成了后来我们研究工作的基础。"

1978—1983 年，刘瑞玉任全国对虾工厂化育苗攻关领导小组副组长，指导、推动全国对虾育苗和养殖研究。在刘瑞玉等的指导下，1981 年我国实现了对虾工厂化育苗的批量生产，从而促成了以对虾养殖为代表的第二次海水养殖浪潮的兴起，创下中国对虾养殖产量、出口量、育苗量三个世界第一。

应该说，这是刘瑞玉"海洋人生"中最重要的科研成果之一。

1988 年，我国大陆的养虾业年产量达 20 万吨，居世界首位。这一年，刘瑞玉赴美国夏威夷海洋研究所访问时，所长劳伦斯告诉他台湾虾病正在流行，"养殖的斑节对虾因病已大都死亡"。

刘瑞玉感到震惊和忧虑。震惊的是台湾的虾病如此厉害，忧虑的是我国大陆养虾业与台湾虾病发生前完全一样，也正处于蒸蒸日上的黄金时代，恐怕这种悲剧会降临到大陆养虾业。

面临危机，未雨绸缪。在刘瑞玉的建议下，中科院海洋研究所决定引进抗病力强的凡纳滨对虾（南美白对虾）幼苗进行研究。在美国进修的张伟权在 Arnold 教授的帮助下，自墨西哥湾得克萨斯州首次携带一批凡纳滨对虾仔虾回国，从而强化了我国对虾养殖的抗病能力。

如此，将科学技术迅疾转化为生产力，服务国家需求，惠泽百姓民生，既是刘瑞玉对学生的要求，也是他自己一生的奋斗目标。

20 世纪八九十年代，我国水产资源遭受严重破坏，海洋渔业捕捞生产停滞不前，水产品供应不足。针对这一问题，曾呈奎院士和刘瑞玉提出了海洋水产生产农牧化的战略构想，开展了胶州湾海洋环境、资源、鱼虾资源增殖研究，探讨鱼虾资源增殖的途径。

胶州湾曾是中国对虾产卵、育幼场，每年夏季有大量中国对虾洄游入湾产卵繁殖。刘瑞玉带领的研究团队发现，胶州湾是一个适于鱼虾种苗放流增殖的好牧场。可是，对于在这里进行对虾放流试验，上级部门、学术界、虾农看法不一，部分人疑虑重重，有的虾农甚至说："大海里放养，一旦跑出胶州湾，那不白瞎了？"

对于各种压力，刘瑞玉他们坚持实事求是的科学态度，用获得的科学资料断定，放流的对虾在游出胶州湾后，仍有两个多月不会离开附近海域，可保证绝大部分对虾能够回捕。

经过连续多年的种苗放流增殖试验，终于取得了连续多年的增产效果。此外，同样的对虾增殖方法在黄渤海被广泛实践，1986—1992 年，收到增产中国对虾 7000 多吨的效果。

事后，刘瑞玉说："科学家不能一遇到阻力就放弃目标，那样只会一事无成。"

"虾兵蟹将"所属的海洋甲壳动物种类，是海洋动物中物种多样性极高的生物类群之一，也是海洋动物学研究的空白领域。刘瑞玉就是这方面的开拓者，几十年风餐露宿，砥砺前行，做出了令世人瞩目的成绩。

2007 年 10 月 22 日，国际甲壳动物学会授予刘瑞玉"杰出研究贡献奖"。这代表着甲壳动物学研究的最高荣誉，是终身成就奖，他成为首个获此奖的亚洲科学家。

刘瑞玉教授长期致力于海洋生物多样性及濒危物种评估与保护研究，负责《中国物种红色名录》（2004，2005）海洋无脊椎动物部分编撰。2008 年，他联合全国 40 多位专家编著的《中国海洋生物名录》（中英文）出版，记载了全部 46 门 2 万多种海洋生物的名称和国内外分布状况，纠正了重要错误鉴定，澄清了种的混淆，真实反映了中国生物多样性现状，为全人类提供了可靠的中国海洋物种最新的"户口簿"，被国际权威誉为生物多样性研究的"里程碑式著作"。

为此，刘瑞玉被称为"给海洋生物上户口的人"。

2011 年，老院士还在主持这部浩繁厚重名录的修订工作。这年他已经 89 岁高龄了……

他从事海洋科研、教育工作 65 年来，共发表论文 200 余篇，出版专著 21 部；获全国科学大会奖，国家自然科学奖，国家科技进步奖，中国科学院重大科技成果奖，中国科学院自然科学奖，山东省科学大会奖，山东省科技进步奖，青岛市科学技术一等奖等多种奖项……可他一心扑在海洋事业上，视名利如浮云。就在获得青岛市科技最高奖的那年，刘老向组织上表示："这个奖我领了，可奖金我不要，将来有机会设立一个奖学金吧！"

"活一天就要干一天"，是这位老人的格言。对他来讲最宝贵的就是时间。至今，他的同事和学生们还能清晰地回忆起，这位老人在一堆书之间那佝偻着身子埋首工作的样子。

胡敦欣院士曾说道：人们时常叫这位精力旺盛的同事为"常委"，因为他没有周末，没有节假日，几乎一周七天待在所里，经常加班到晚上八九点钟，许多年轻学者自叹弗如。如果他困了，就会靠在沙发上小憩一会，醒来再继续工作。

刘瑞玉的助手郭琳博士介绍，为了节约时间用于工作，自老伴三年前去世以来，他没看过家里的电视。

此外，刘瑞玉还有一个响亮的外号"方便面院士"。他身边的工作人员都知道，刘老有一个维持了20多年的习惯，中午只吃一包方便面。研究所里有食堂，刘瑞玉嫌浪费时间不去，同事相建海看不下去，给他买了台微波炉加热煮面，刘瑞玉吃得很开心，说："发明方便面的人很了不起，这么方便，还有不同的口味。"

刘瑞玉说："我这一生得罪了很多人，但从没害过一个人。"老人对科技界虚报成绩、浮躁功利的现象深恶痛绝。他对科研经费的使用，对自己和身边的工作人员都要求极为严格。客人来访招待自掏腰包，刘瑞玉决不允许从课题经费中报销。出差坐飞机，刘瑞玉从来都选经济舱，偶尔坐了公务舱，也只报经济舱的费用。

2012年4月下旬，癌症晚期的刘瑞玉身体已经很虚弱了，为了完成海洋生物多样性保护课题，一连7天在北京、上海、南京、杭州参加了四场学术会议。之后因身体不适他被强制住院。在医院病床上，他还在为学生修改论文。5月20日，他不顾手脚浮肿，要靠搀扶才能站起来，却硬撑着参加博士生的论文答辩。

遗憾的是，这一次被病魔击中的刘瑞玉再没能重返他热爱的研究所。身体每况愈下，老人用虚弱的语气再三问身边人："一定要告诉我，我还剩多少时间，我还有很多工作要安排……"

医院下达病危通知书了，刘瑞玉还要完成最后一桩心愿：将自己所有的积蓄捐出来。此前，他曾多次提出用毕生积蓄设立奖励基金，中科院研究生教育基金会考虑到老人的家庭并不宽裕，孩子有病需要花钱，每次都婉拒他的要求。这一次，老人一再坚持，捐出100万元，奖励成绩突出的海洋生物学专业研究生。

曾当过多年刘瑞玉院士的助手、中科院海洋研究所研究员相建海介绍：刘老的100万存款，有50万来自他获得的青岛市最高科技奖奖金。他的儿子、儿媳都患有严重的疾病，他却坚持把这些钱用在海洋研究事业上，提携后进、鼓励科研。老人的心愿得到家人的积极支持。

他个人生活极为简朴，可面对海洋生物研究后备人才不足的窘境，却主动拿出本可以改善自己生活的院士基金，聘请多位已退休的海洋生物专家，指导年轻科学家和学子。90 载岁月如歌，65 年孜孜研究。将自己的一生奉献给了海洋科研的老人，用这种方式把自己对海洋科研的热爱传递了下去。

当时，刘老委托学生宋林生研究员帮助办理，可他犹豫着迟迟没有去办，因为大家知道这些钱，是他和老伴多年来省吃俭用积攒的，是不是该留些给子女呢！可刘先生几次打电话催他："你再不联系，我就发火了。"

他们这才加紧行动起来，上报有关部门，研究决定：设立"刘瑞玉海洋科学奖励基金"。这年 6 月 14 日，负责办理手续的工作人员来到医院，请刘瑞玉在捐款委托协议上签字。他当时身上插着各种管子，仍然挣扎着坐起来，用颤抖的手签下自己的名字，同时在捐款时间上写下"随时"两个字，完成了一生中最后的心愿。

这 100 万元装在一个牛皮信封里，有老旧的存折，有多年存单，还有银行卡，上面附着密码……签完字，他欣慰地笑了，冲着工作人员连连作揖，连声说："钱不多，给你们添麻烦了，谢谢、谢谢！"

在场的人，无不为之感动，热泪在眼眶里打转。

一个月后，刘瑞玉院士溘然长逝，终年 90 岁……

时任中共中央总书记的胡锦涛通过中央办公厅转达了哀悼之意，并向亲属表示慰问。温家宝、习近平、李克强、俞正声等党和国家领导人也通过不同方式表示沉痛哀悼。中央和国内外海洋科学组织机构多家单位和部门，以及数十位两院院士分别发来唁电或赠送花圈。

刘瑞玉院士一生的奋斗历程，为我们诠释了奉献精神的真谛。他爱党、爱国、爱人民，把毕生心血献给了祖国的海洋科学事业。

2013 年 6 月 8 日，在辽宁锦州"世界海洋日暨全国海洋宣传日"大会现场，隆重举行 2012 年度海洋人物颁奖典礼。刘瑞玉院士的同事代表刘老登台领奖，他的事迹感染着在场的所有观众。

刘瑞玉不愧是广大海洋科技工作者学习的楷模，也是中华民族知识分子的光辉典范。尽管刘老已经离开了我们，可是他献身海洋科学所取得的重大成就以及感人事迹，仍然激励着中国海洋人不断奋进……

龙翔海底——金翔龙

多年以后，一位脸上仿佛写着山川与海洋的科学家，绘声绘色地对他的助手说起那次遇险：

"当时海上风浪骤起，浪头越来越大，船长建议去避风，采样器已经下海，机器还在转动，我不能停下来，可我依然在后甲板采集海底样品，海浪一浪高过一浪，重重地拍打在我的身上，考察船像一叶扁舟在波峰浪谷间颠簸着。

"突然间，天昏地暗，我觉得身体在不由自主地滑动，呼吸也困难。我意识到，不好，一定是船被海浪压到水下了，一种本能令我四处乱抓，企图寻找一根救命的稻草。下滑之中，我摸到一根粗粗的钢缆，死死地抓住。我在水下等待着，屏住气，极力地让自己镇定住。大约三十几秒之后，船终于露出了水面，海水向甲板四方漫溢出去。这时我才知道，海水已把我冲到了甲板的边缘，多亏了这根钢缆——我的救命稻草。"

人的一生，历经过的磨难与艰险往往不容易被历史的沙尘所淹没，反而在历史的沉淀中像启明星一样，绽放出别样的光芒。讲述上面经历的人就是海洋科学家金翔龙。而那次，是 1958 年的冬天，他参加组织新中国第一次大规模海上调查时遇到的惊险一幕。

金翔龙，中国工程院院士，长期致力于海底调查与研究，是我国海底科学的奠基人之一。他率先开展我国渤海、黄海、东海的地球物理探测，系统研究陆架浅海的构造格局和油气远景，以及冲绳海槽的地壳性质与演化；在南海首次取得深海地壳属性的重要证据，发现了含钴型锰结壳和具油气潜力的陆坡盆地。

1934 年 11 月 29 日，金翔龙出生于南京市一个知识分子家庭。家中兄弟姐妹六人，他排行第五。由于孩子多，父母没有精力照顾到每一个孩子，当然也无法去过分宠爱哪一个，这使金翔龙养成了独立好强的性格。他从小生性好动、活泼可爱、好思索好提问。在他的眼里，山川、大海是如此神秘而有趣。崇尚学识的家庭给他提供了一个良好的学习氛围，加之他喜爱读书，善于思考，在小学里就表现出与众不同。

他出生时，中国正处于民族危急、国难当头的时期，他的童年是在颠沛流离中度过的。七七事变，日本全面侵略中国，三天两头轰炸南京，民不聊生，生死难料，人们被吓得胆战心惊，年幼的金翔龙对日寇的侵略行径非常愤慨，经常攥起小拳头以示愤怒。他随家人四处逃难，辗转于武汉、重庆等地，最终逃到四川的大山深处。

说起这段往事，金翔龙记忆犹新地说："进四川是要翻山越岭的，那时候汽车没有汽油用。那怎么办呢？中国人很聪明，在汽车后面装一个烧开水的圆筒状炉子，炉子底下放燃料木头进去，把水烧开，滴出来，滴下去之后经过热的分解，水的分子不是两个氢一个氧嘛，利用这样的气体来发动汽车，很艰苦。那时候车走得慢极了，还没有我走路快呢。"

这次经历，金翔龙一直牢记在心。经过如此艰难的生活，直到抗战胜利他才跟随家人返回南京。民族的苦难让他在心中深深种下了爱国种子，在南京就读初中和高中时，他就积极参加进步组织，投身地下斗争。"国家需要"始终是决定性砝码，这个想法深深埋在他的心中，他努力着，时刻等待着。

1952 年，金翔龙考入北京地质学院，一到北京，他就被校园里洋溢着的激情打动了。此时他刚满 18 岁，此时的他，心里只有一个念头——学好本领，为自己的国家"开疆拓土"，寻找矿产资源。

北京地质学院是一所工科性质的院校，在这里，金翔龙第一次见到了新中国第一任地质部部长李四光。那是开学时，这位闻名世界的地质学家发表了热情洋溢的讲话。他向刚入学的青年学生们说："现在新中国办起了惊天动地的事业，北京航空学院是'惊天'，北京地质学院是'动地'，你们就是'动地'的勇士……你们是新的'土地公公''土地婆婆'，我代表地质部向你们祝贺！"

然而，通过在地质学院学习的金翔龙，不仅"动"了地，还从"动"地走向"动"海，并"动"得很深、很远。毕业前夕，国家《1956—1967 年科学技术发展远景规划》正在制定，占中国陆地面积 1/3 的广阔海域和尚待开发的海洋科学新领域，强烈地吸引着年仅 22 岁的金翔龙。他毅然离开已经小有成绩的西部地质勘探工作，投身还是一片空白的中国海洋地质事业。

人与海

他的老师鼓励他说："好。从沙漠到海洋，这条路子对！"

由此，探索开发幽深的海底成为金翔龙毕生的使命，就像他的名字一样，是一条金色的"飞翔的龙"。他毕生在大海里畅游，为了祖国去"龙宫"探宝，成为新中国海洋事业的先行者与拓荒者之一。

在20世纪50年代，海洋科学的研究在中国还是一个崭新的研究领域，是一片尚未开垦的处女地，还没有地质研究的一席之地。那时海洋研究的主要内容是生物学，中国的海洋地质科学还有待创建。在金翔龙的面前，可借鉴的东西很少。著名生物学家童第周当时任中科院水生生物研究所青岛海洋生物研究室主任，中国海带之父曾呈奎专事海洋生物学研究。他们欢迎金翔龙走入海洋科学研究，表示将为金翔龙创造一切必要条件，开拓海洋地质的新领域。

当时，国内石油资源贫乏，技术落后，刚刚起步的工业均遭受重创，几近瘫痪。金翔龙下定决心在海上为祖国寻找石油，为国分忧。最初的海上调查，只是采集海底沉积物，测量海水的深度，不能满足国家对资源的迫切需求。金翔龙白手起家，在童第周和曾呈奎两位导师的支持与指导下，筹建了中国第一支海洋地震队，推开了新中国海底石油勘探的大门。

金翔龙回忆说："当时我们一帮人建议，是不是可以对海洋资源，特别对海底的石油资源进行一下探索。有些人是不理解的，因为这样做，他们认为好像有点空想。可我们一帮人认为那个时候就得非干不可。"

金翔龙想，跨入海洋领域，自己学地质不就是为了找矿吗。这些工作应该与地质结合。他找来有关书籍，翻阅资料，了解到国外已开始进行海底石油的勘探与开采，而自己关于地球物理方面的知识在学校中只学了一些皮毛，无法满足眼前的工作需要。

为了尽快适应工作，他一方面挑灯夜战，加班加点地抓紧时间增补知识，如数学、物理、无线电工程等，常常学习到深夜，有时吃着饭也在思考问题，对所缺知识的学习如同着了魔一般；另一方面他调动一切力量，践行自己的理想。那段时间，金翔龙不停地往返于北京和青岛之间，跑科学院、石油部汇报工作。在他的努力下，石油部慷慨地把刚研制出来的第一台地震仪交给了他。

解决了地震仪后，金翔龙和同事编制了一两千米长的电缆，又对检波器进行了改装，他们培训操作人员，对炸药和雷管的性能进行讲解、熟悉。他常常工作到深夜，用花生米加白酒来抒豪情、解困乏。

经过紧张的准备，他们终于出海了，一路"炸"过去一条剖面，花了一年的时间，终于完成了海上第一条龙口-秦皇岛地震剖面，实现了我国海洋地质勘测"零的突破"。这就把整个中国海底石油事业推动起来了。金翔龙说："这不是单纯地关心海洋、认识海洋，我们更要开发、要经营海洋。"

俗话说：万事开头难，头三脚难踢。海上作业条件恶劣，能够使用的工具和材料也很有限，为了保证海上每两分钟一次的快速爆炸，来不及用铁钳等工具，金翔龙不得不用牙齿剥离起爆线，由此造成了牙齿松动、脱落，他不是不知道伤害牙齿的后果，可为了国家的海底勘探事业，他已经顾不上这些了，没过多久，他满口雪白的牙齿，开始一颗颗地掉下来，成了没牙的青年人，只得镶上一口假牙，这种滋味更与何人说？可他从来没有抱怨过。

20世纪六七十年代的"文化大革命"期间，金翔龙依然坚守着心中的梦想，他顽强地挺立着，在心里默默地告诫自己："既然为开创国家海洋地质事业而生，就要排除一切障碍与不幸，司马迁不是在狱中写出了千古绝唱《史记》吗？何况我还没那么悲惨，黎明的日子一定会到来。"

他温习数学，补数理逻辑，学习刚刚问世的集成电路和计算机技术方面的知识。

1979年，"科学的春天"终于来临。金翔龙在科学研究工作中更是如鱼得水。他走出"牛棚"，一面召集旧部，一面建基地，废寝忘食地干了起来。

有一天，领导通知金翔龙，安排他出国考察。这次考察使他大开眼界，更加感到时不我待。回国后，他来到了北京，与国家计委、科学院、进出口公司沟通；送材料、打报告、汇报、谈判，有时一连几个通宵地工作，累得筋疲力尽。有一次因劳累过度，还从楼梯上摔了下来，尽管摔得鼻青脸肿，浑身疼痛，他依然一瘸一拐地坚持工作，有同事称呼他是一条"铁龙"。

如此奋战，金翔龙是为了以系统工程的思想设计组构当时最先进的海洋地球物理研究系统。该系统包括一艘三级计算机控制管理数据采集系统的现代化地球物理调查船，以及一系列陆基实验室与大规模数据处理基地。金翔龙的构想得到了中央有关部委、科学院领导的支持。

人与海

金翔龙致力于中国边缘浅海的海底勘查与研究，率先开展渤海、黄海和东海的地球物理探测，探查海底地质构造，在南海首次取得深海地壳洋壳性质的重要证据，发现了铁锰结壳等。他对中国渤海、黄海和东海研究后提出的海底构造观点和油气资源评价相继被勘探与生产部门采纳，并得到证实。

金翔龙和他的同事们经过努力，"填补了空白，开辟了科学研究的新领域，创建了中国的海洋地质-地球物理学（海底科学）"。由于在创建和发展海底科学过程中所作出的开拓性贡献，他被列为"中国海底科学的奠基人"之一和"学科带头人"。

大洋矿产资源是国际资源争夺的一个焦点。海底矿产，也是我国经济发展急需的稀缺资源。为了获得这些矿产资源的开发权益，也为了提升我国的国际地位和影响力，1990年，我国正式向联合国提出申请，争得属于中华人民共和国的太平洋理想矿区。1990年9月，金翔龙接到电话通知，请他出席12月在纽约联合国总部召开的一个会议，代表中国接受联合国对中国太平洋多金属结核矿区申请的技术审查。

面对联合国从各国聘来的十几位专家详细而又苛刻的技术审查，金翔龙他们每天最多只能睡两个小时，困了，就用凉水洗把脸，让自己变得清醒后再继续工作。金翔龙登台以英语做详细的技术介绍。在那五天里，金翔龙团队共提出了5种矿区分配方案，与专家们进行了激烈的技术辩论，与时任联合国副秘书长的南丹进行多次单独谈判，与专家们斗智斗勇。

最终，他们为中国从联合国争得了15万平方千米的东太平洋理想矿区，这片矿区位于夏威夷群岛东南逾4000米深的海底。中国从此进入了大洋勘探开发的国际先进行列，成为世界上第五个"先驱投资国"，金翔龙代表中国在文件上签字。

回忆创业初期，中国工程院院士金翔龙不无感慨地说："我们国家周围有广阔的海域，可那时海底矿藏几乎无人问津。我们觉得太可惜了，就想到能不能把我们的工作拓展到海洋里来。"

说起从高山、从沙漠走向大海的经历，金翔龙永远记忆犹新："我老师写了一封推荐信，让我带着去找童（童第周）先生。先生一看，递给在北京开会的曾（曾呈奎）先生，那时他是海洋研究所所长。曾先生说，你先去青岛，等我开完会回去给你安排。当时我高兴得差一点儿蹦起来，从此我一下子真真实实地跳到海里，这一辈子就在里面出不来了。"

一位同事说："同明相见，同音相闻，同志相从。"

金翔龙热爱中国海洋事业。从北京地质学院走出的那一刻起，"海洋"就成为铭刻在他身上的不可磨灭的印记。

金翔龙走出了一条前人没有走过的"从沙漠到海洋"的道路，他没有门户之见，从来都对朋友和同事敞开怀抱，不论是在全国海洋普查还是后来的各项海洋探测与研究中，他都是队伍里的灵魂人物。人们愿意和他打交道，听取他的见解。他满怀激情，不知疲倦地实现了一个又一个的"零的突破"。

同事还说，金翔龙是一个能吃苦、肯下死功夫的思考型学者，也是一个思维敏捷、触类旁通的实践型学者。他不喜空谈，做学问追求一个"实"字。他是中国海底科学的开拓者，也是中国许多海洋领域重大项目和任务的操盘手。

桃李不言，下自成蹊。金翔龙对年轻人的关心与爱护也是有目共睹。对于学生，金翔龙说得最多的一句话是："搞科研工作，要喜坐'冷板凳'，要在大多数人都忽视甚至轻视的领域独辟蹊径，做出成绩。"受他言传身教过的弟子，遍布祖国海洋系统的各个领域，有的也成了院士，有的走上了领导岗位，发挥着中流砥柱的作用。

金翔龙对弟子们说："我认为，年轻人、年轻科学家第一个就必须要爱国，没有这个动力的话，干什么都是空的，那就是个行尸走肉，他不知道他在干什么。你说你为了个人利益，买房子买汽车，最后又怎么的。一个国家不强大起来根本是不行的，为什么现在中国人在外面人家尊重你了，因为国家强大了。"

看到海底科学领域人才辈出，金翔龙也颇感欣慰："我年逾八十，已是夕阳西下，没有太多的时间和精力，只想尽量多做点工作，为年轻人铺铺路……"

他的弟子们说，"金老师"三个字的号召力绝不只是在学术研究那一亩三分地。在海洋二所，年轻人喜欢跟着老爷子找饭吃——是真的找饭吃。老爷子已不太动火做饭，倒是周围的小饭馆被他研究了个底朝天。

一个女生说："只要好吃的店，金老师都去过。我们就指着金老师找午饭了。"天气好的时候，你就能看见，这位白发老人带着一支小小的、活泼可爱的队伍，在大街小巷走来走去地找饭馆。他们不太走大路，而是在各个大学的校园之间穿梭往来，就靠着老爷子的外貌，甭管走到哪里都没人拦着。保安说了，这一看就是大教授。

老骥伏枥，志在千里。人们都称呼金翔龙是80多岁的年轻人。进入21世纪，面对国家能源供应日趋紧张的严峻形势，金翔龙积极推动我国海底天然气水合物资源的勘探研究工作。

2017年5月18日，从我国南海神狐海域作业的钻探平台"蓝鲸一号"传来了令人振奋的消息——我国海域天然气水合物试采取得了圆满成功，中国从此成为全球掌握海域天然气水合物试采领先技术的国家。从创建发展海洋地质-地球物理学，从近海油气初探到海洋油气勘探全面展开，金翔龙院士从未停下研究的脚步，这位八旬老人已然达到了"人海合一"的境界。

"金老80多岁的人了，天天第一个上班，"金翔龙身边的一位年轻人以绝对肯定的口吻说，"该自己办的事情，绝不假手他人。这就是金院士的风格。"他的日程排得极其饱满，就像密不透风的高粱地。

不止一次，身边的人们诚恳地说："金老师，你可不能这么跑了，你休息两天吧！"可他只是笑笑，照样我行我素。不过老爷子的身体很好，除了年轻时打下的底子，也与他的性格密不可分。多年来，不管遇到什么不顺心的事，金翔龙几乎从来不动气，用他的话说："生气、发火对工作和人生都毫无益处，有空骂人，不如想点办法解决问题。"

金翔龙把自己的生命融进了祖国的海洋事业。他的理想信念始终未变："我的中国梦，就是看到一个强大的祖国，一个真正的海洋强国。"他用自己80多年的人生历程证明，海洋是一个辽阔而深邃的舞台。在这个舞台上，从来就不该缺少中国人的身影。

对此，他的学生们深有感触："金老有时也打牌。他的牌，外面找不到，5是平顶海山，7是中国首个热液区喷口生物，8是多金属结核，剩下的还有蓬莱海山、热液鱼新种，拿起扑克，整个海底世界都在掌握之中。这副牌，他打了一生，打得惊天动地……"

第四章
劈波斩浪向前方

1949 年 10 月 1 日，中国迎来了新纪元。一代伟人毛泽东站在天安门城楼上庄严地向全世界宣布：中华人民共和国中央人民政府成立了！中国人民从此站起来了！

当时，东西方"两大阵营"正处于"冷战"时期，这就使以美国为首的西方国家如临大敌，处心积虑地设置种种障碍对我国予以封锁。为此，时任美国国务卿的杜勒斯提出"岛链战略"，即在太平洋上分别驻守海空军事力量，以岛形成链条，围堵亚洲大陆。

第一岛链位于西太平洋，是指北起日本群岛、琉球群岛，中接我国台湾岛，南至菲律宾、大巽他群岛的链形岛屿带。在朝鲜半岛南方的韩国，有时候也会被视为第一岛链的一部分。

第二岛链以美国海空军基地关岛为中心，由日本的小笠原群岛、硫黄列岛和马里亚纳群岛等岛屿组成。"冷战"时期其后方依托的力量是驻扎在澳大利亚、新西兰等国的基地群。

第三岛链是相对于"第一岛链""第二岛链"来讲的，一般认为，它是以美国夏威夷为中心，北起阿留申群岛，南到大洋洲一些群岛的一道防线。

岛链是"冷战"时期东西方对抗的产物。美国通过各种双边、多边军事合作，先后在第一岛链上建立了以日韩为核心的东亚军事基地群，以菲律宾、新加坡等东南亚国家为核心的东南亚军事基地群，以美国关岛为核心的第二岛链军事基地群。配置有序，相互支援，扼守住亚洲大陆走向太平洋的所有咽喉

人与海

要道。

中华人民共和国成立之后的一个时期内，海空军力量较为薄弱，没有大吨位战舰和高性能战机，缺乏远距离投送、打击能力，处于近海防御状态。毛主席亲笔题词"为了反对帝国主义的侵略，我们一定要建立强大的海军"。

云涌云飞，潮起潮落。

进入改革开放新时期以来，随着我国实力的不断增长，人民海军一路乘风破浪，高歌猛进，闯出岛链，走向深蓝，取得了长足的进步。

如今，各种新型的导弹驱逐舰、护卫舰纷纷入列，核潜艇如蛟龙一样潜入大洋、"辽宁"号、"山东"号航空母舰联袂出征。所谓"岛链"，早已被我军冲得七零八落，一去不复返了。历年海洋人物评选出的海军人物，就是这些英雄将士的典型代表……

从海底出击——黄旭华

第二次世界大战之后，人们对于海洋里的秘密武器——潜艇，有了新的认识。它可以在看不见的地方即深达数百米的海底，突然向敌人发起攻击。具有隐蔽性好、成本低、不易防范的特征。在20世纪两次世界大战的海战中，潜艇发挥了十分重要的作用。"二战"结束后，新式武器不断发展，当人类的核技术与潜艇制造结合在一起时，"核潜艇"这个最神秘的高科技武器问世了。

1945年，美国在日本的广岛、长崎投下两颗原子弹，使得这个法西斯国家受到了毁灭性的打击。这时，人们才开始广泛地认识核能的威力。1954年，由美国制造的世界上第一艘以核反应堆为动力的核潜艇下水，标志着潜艇技术进入了一个崭新的时代。

核潜艇每换一次核燃料可绕地球航行好几圈，潜航长达几十天，其能量之大，威力之猛，让世人惊奇。而这也激励着更多国家去研究制造核潜艇，有了核潜艇，对国家安全来说无疑具有划时代的重要意义。

在第二次世界大战期间，常规潜艇受到电池蓄电量的严重限制暴露出了很大问题，且极易受到攻击。潜艇一旦浮出水面，就失去了海水的保护以及作战上的优势。因此，为了增强潜艇的作战能力，研发更为可靠的动力来源成为了各国的一个重要目标。

新中国成立以后，高瞻远瞩的开国领袖毛泽东发出了建设一支强大海军的誓言。1951年4月，解放军海军成立了275人的潜艇学习队，接受了苏联海军太平洋舰队驻旅顺老虎尾潜艇分队的培训。1954年6月，海军第一支潜艇部队——海军独立潜水艇大队成立，下属两艘老式的小型潜艇——"新中国11"号和"新中国12"号，这使清末以来中国海军的潜艇梦首次成真。

1958年，为了实现中国国防现代化，主管国防科研的聂荣臻元帅向党中央提交了研制核潜艇的报告，迅疾得到了批准，中国进入制造核潜艇的准备状态。

能否造得出核潜艇，这已经是关乎国家命运、关乎民族尊严的大事了。毛

人与海

泽东振臂一挥，义愤填膺而又豪情万丈地说："核潜艇，一万年也要搞出来！"

这是共和国领导人的坚强决心，也是中国国防的实际需要。于是，中国迅速从各个方面入手，选拔人才，准备建造我们自己的核潜艇。毕业于上海交通大学造船系的黄旭华，曾经有过几年仿制苏式常规潜艇的经历，毫无争议地作为制造核潜艇最合适的人被选中。

我国核潜艇工程正式立项后，他被秘密地召至北京。

20 世纪五十年代末，在北京某科研部门工作的黄旭华带着妻小风尘仆仆地回老家过春节。母亲高兴地拉着他的手说："父母年纪大了，要常回家看看。"

他若有所思，深情地望着母亲，点头答应着。

然而自此一别后的整整 30 年间，黄旭华再也没有回过老家，音信全无，几乎与家人亲友彻底"断绝"了联系，只留下一个神秘的 145 信箱……

父母多次写信问他在北京哪一个单位？干什么工作？但他无奈地一直闭口不答，只能逢年过节给老人寄点钱，以此表达孝心。愤怒的父亲一次次把钱退了回去，姐姐也写信骂他不懂事。

人非草木谁能无情？面对那退回来的汇款单、面对姐姐的怨恨，他满脸涨得通红，泪水在眼睛里打转，心里五味杂陈。

后来，父亲因为脑梗到北京治病，仍见不到他的踪影，此时他在被"封锁"的地方，半年后收到老家的来信时，父亲已经去世多日。听到这个噩耗，他面对大海，双膝扑通跪地，朝着老家的方向号啕大哭……

黄旭华，1926 年 3 月出生于广东省东南部的海丰县田调镇一个乡村医生家庭，祖父曾经中过清朝的武状元。黄家是个子女众多的大家族，在九个兄弟姐妹中，黄旭华排行老三。因为父母没有受过正规的医学教育，在平时行医中经常遇到难以解决的问题，这使他们坚定了让孩子刻苦求学，用知识改变命运的决心。

父亲的敬业与母亲的善良让儿时的黄旭华耳濡目染，他立志长大后要做一名有真才实学的医生，竭尽全力为人们解除病痛。这是他儿时的梦想，为此他勤奋刻苦地学习。可是好景不长，抗日战争爆发了，日本侵略者的铁蹄践踏到广东沿海，学校为了躲避日寇侵略搬进了山沟。山沟里学习条件十分艰苦，读书写字没有课桌，没有灯光，学生们吃不好睡不好，还随时担心日寇的侵犯。

在这样艰苦的条件下，黄旭华依然坚持用功读书，绝不浪费光阴，绝不辜负父母的期望。可是，日寇还是在海丰登陆了，学校被迫停办。黄旭华随哥哥辗转到桂林念中学。一路上竟然走了8天，途中目睹了同胞遭遇敌机轰炸的惨状，眼见祖国大地满目疮痍，一颗年少的心被触动了。也就是在这个时候，他的人生观发生了彻底的转变，他毅然放弃了继承父亲衣钵的念头，决心学习航空或造船技术，强我中华，科技报国。

后来他回忆说："那时日本人入侵，我们被迫离开华南沿海家乡，往内陆转移。轰炸一来，必须躲到掩体中。那时我就想要么上天，要么入海，这两个方面是当时国家最需要的核心战斗能力！"

1945年，黄旭华考取上海交通大学造船系，入学时还不到20岁。上海交通大学是在耻辱中崛起的学校。19世纪末，中国在甲午海战中战败，洋务运动的核心人物盛宣怀在上海创办了上海交通大学的前身——南洋公学。到了20世纪二三十年代，上海交通大学已成为国内著名的高等学府，被誉为"东方的麻省理工"。交通大学历史上第一首校歌《警醒歌》，以"警警警"开头，"醒醒醒"结束，以此激励师生的报国之志。

中华人民共和国成立前夕，上海交通大学成为"民主堡垒"。黄旭华在上海交通大学船舶制造系就读的时候，同时也接受了民主爱国思想，更接受了中共地下党组织的教育和引导，在中华人民共和国成立以前就成了一名中国共产党党员。从此以后，他把自己的前途和国家的命运紧密地联系在了一起。

1949年，23岁的黄旭华从上海交通大学毕业。此时的黄旭华满腔爱国热情，开始从事舰船研制工作，先后参与过民用船舶和军用舰艇的研究设计。正因如此，在以后的人生历程中，他被推上了制造核潜艇的历史舞台。

"那是1958年，研究所通知我到北京开会，我什么都没带就去了。到了北京才知道，我们不回原单位了。"黄旭华说，当时和他一起去北京"开会"的共有29人。

直到几天后，聂荣臻元帅亲自给大家开会，黄旭华才明白自己的任务是什么。说干就干，黄旭华无法向父母告别，更不能说明情况，就与他的新婚妻子李世英一同调到了北京。至此，一个编号为145的内部信箱成为他们与父母亲

人与海

友唯一的联系。

黄旭华被选中时，领导说了三点：一是党和国家信任你；二是这个工作领域进去了就出不来；三是一辈子出不了名，当无名英雄。黄旭华认为只要可以在这个舞台上一展身手，为国效力，完成儿时的夙愿，就达到了自己的目的，求之不得。就这样，他走上了研究核潜艇的艰难道路。自此隐姓埋名三十载，体会到了有家不能回、与亲人断绝联系的切肤之痛。

在研究核潜艇之前，黄旭华是一个活泼的文艺青年，多才多艺，相当活跃。五六岁时，他就能识简谱，中学和大学时他是文艺队伍里的风云人物。开始核潜艇研究之后，他依依不舍地告别了与才艺为伍的浪漫生活，他如数家珍地把口琴、扬琴、胡琴、小提琴统统送给别人，从此放弃了"小我"的爱好，一心扑在研究上。他掂量着伟人那句"核潜艇，一万年也要搞出来"的话语分量，这不仅仅是一句口号，而是一个国家的意志，关系到国家民族的生死存亡。

因为机密和危险，研究核潜艇，必须要去远离人群的海上。时年 32 岁的黄旭华，同一批科研人员告别了家人，踏上征程。研究团队最后选择了一个荒凉的小岛驻扎。这些小岛，甚至连名字都没有，只有编号，在地图上也查不到。为了保密，岛上更是严禁使用任何通信设备，只有伪装的民船运送补给和信件。

岛上条件艰苦，长年累月地刮风，赶上三年自然灾害，伙食很差，有时候一年四季见不到一点儿油星，食物单调乏味。"早上土豆烧白菜，中午白菜烧土豆，晚上土豆白菜一道烧"是他们的饮食常态，可这阻挡不了研究核潜艇的步伐。

核潜艇被称为集海底核电站、海底导弹发射场和海底城市于一体的尖端工程，研究过程中面临的难关不计其数。研究人员中，只有几个人参加过苏联常规潜艇的仿制工作，但核潜艇和潜艇相比毕竟还是有很大区别。中国的研制者谁都没有见过真正的核潜艇，没有先进的技术可供参考，没有现成的样本可供学习，辅助设备也相当贫乏，更没有计算机使用，只有算盘、计算尺和手摇计算机，成千上万的数据就是用传统的手工方法一个一个计算出来的。

为了一个数据、一个公式，他们经常工作到深夜。就这样，黄旭华和他的同事们从最基础的工作开始，一步步稳扎稳打，一个个问题逐步解决，工作渐渐有了进展。在研制核潜艇的过程中，需要借鉴国外的资料、论文等，以从中获取有益的信息。但那些技术资料的真实性难以确认，必须慧眼识珠，认真分析，反复试验，才能规避意外风险。

即使这样，仍然遇到了走不出去的困境。当时，最大的技术障碍在于我国的核工业没有取得突破性进展，许多试验无法开展。因此，到了 1963 年，核潜艇工程被迫告一段落。

在核潜艇工程暂停的日子里，黄旭华常常夜不能寐，黑暗中他仿佛依稀听见当年日寇的飞机在头顶上狂轰滥炸的轰鸣声，想起中国 1500 名铁血男儿驾机与日寇殊死搏斗，全部与日军同归于尽的悲剧。落后就要挨打，他内心时常燃烧起为国研制核潜艇的熊熊火焰，日夜准备着时机的再次到来。

1964 年，中国第一颗原子弹爆炸试验成功，中国政府向世界庄严承诺：绝不首先使用核武器。这就意味着中国必须拥有第二次核打击的能力，重新启动核潜艇工程，已是势在必行。

此时，我国已经在研制船用核反应堆，这也给核潜艇的研发提供了极大的方便。1965 年，黄旭华写报告给有关部门，提出了恢复核潜艇研制的建议，同年 3 月 20 日，周恩来主持中央专门委员会第十一次会议，批准核潜艇研制工程重新上马。

好啊！中国开始第二次向核潜艇研制发起冲击。黄旭华被任命为专事核潜艇总体设计的六机部七院 19 所副总工程师，成为我国研制核潜艇的主持人、总设计师。这年，黄旭华年仅 39 岁，受命再次出征，立志要研究出中国自己的核潜艇。他时刻牢记党和国家的嘱托，进入这个秘密领域，"进去了就出不来""要耐得住寂寞""无论你取得多高的成就也只能当无名英雄"。选择研制潜艇的报国之路，也就选择了一条默默无名的不归路。

他夜以继日地工作，大部分科研任务都是在零下二十几度的严寒中完成的，常常刚进热被窝，一个电话就要起床爬 50 分钟山路，赶到工厂找出技术故障，和工人一起干到天明。这里没有城市的繁华，没有舒适的科研条件，更没有家庭的天伦之乐，唯有时间与毅力相伴，常人很难想象。许多人可以吃得一时之苦，哪怕是苦不堪言的短暂之苦，可是黄旭华和他的同伴们的苦一吃就是几十年，的确不是常人能够忍受的。

人与海

即使有了核反应堆，但如何将它变成潜艇的中枢依旧困难重重。核潜艇总体所所长夏桐与副总工程师黄旭华一起商量了很多次。有一次，黄旭华说："听说国外有一种核潜艇玩具太逼真了，美国军方都不让卖了。"

"那就买来看看，起码可以有个参考吧！"

于是，他们拜托一位年轻的外交官，从美国买来一艘核潜艇玩具模型，成为研究组唯一可供参考的感官性的东西。研究人员将这个玩具拆装无数次，研究其原理。然而，对于真正的核潜艇的具体数据和内部结构却依然毫不了解。

在研制过程中，不少人提出采用常规型艇体形状，但黄旭华力主选择水滴型为艇体形状，他说："我们要同美国人站在同一起跑线上，至少，不能被他们落得太远……"

水滴型核潜艇很先进，优势相当明显，在水下航行时，能够很大程度上减少海水对潜艇的阻力，稳定性最好，但是也有制造困难等缺点。因此，要保证核潜艇的安全性、成功运行的可能性，在操作方面必须苦下功夫，保证万无一失。

科研小组惜时如金，休息时间少得可怜，但是他们毫不抱怨，稳扎稳打，每付出一分努力，就离成功更近了一步。在他们默默无闻地不懈坚持下，"水滴型"新式核潜艇的操作性能问题得到解决，核潜艇研制工程终于取得了巨大进展，但依然有各种问题需要解决。围绕新式潜艇的15个难题，科研人员把它们综合为七大技术关键，继续进行艰苦卓绝的探索。

一次，黄旭华与同事们参阅外国资料，一篇权威性的文章引起了他们的重视。文章显示，美国为加强导弹发射时艇身的稳定性，专门设计了一节舱来安放一个重达65吨的大陀螺。可是，我们是否安装大陀螺，大家争持不下。

"美国人的潜艇技术先进，安装一定有道理。我们不采用这个技术，发射时潜艇出了问题谁来负责？"

"我，我来负责！"黄旭华挺胸说道。

原来，他经过慎重考虑后认为，既然是独立研究，就该相信自己的实验，杜绝盲目抄袭。于是他毅然拍板：不装大陀螺！后来的事实证明这个决策是正确的，因为那个关于大陀螺的资料是美国人摆下的迷魂阵，我们差点儿上当！对此，黄旭华说："至于个人的名誉在价值数亿的核潜艇面前算得了什么？我只不过是尊重科学，服从真理，对我们自己的研究结论有信心罢了。"

1965 年至 1970 年，正值"文化大革命"的动乱期间，核潜艇的研制工作却没有停滞下来。黄旭华和他的同事们在不到五年的时间里，逐个攻克了研制核潜艇的各个难关。1970 年 7 月，潜艇核反应堆启动。

皇天不负有心人，在黄旭华和所有工程师的共同努力下，1970 年 12 月 26 日，在毛泽东主席的生日那天，我国第一艘攻击型核潜艇下水，这是值得所有中国人自豪的日子。从这一天起，中国成为继美国、苏联、英国、法国后，世界上第五个拥有核潜艇的国家。并且，这艘核潜艇的性能超过美国的第一代核潜艇，研制时间却比美国短。如此大的突破与成功，黄旭华以及所有的科研人员功不可没。

1974 年的八一建军节，中央军委发布命令，将我国第一艘核潜艇命名为"长征一号"，正式编入海军战斗序列。短短不到 13 年的时间，我国就走完了美国、苏联用 30 年才走完的核潜艇研发之路。

如今的长征一号核潜艇在入海 30 多年后，已经完成历史使命退出现役，其装备早已被更新的核潜艇所赶超，但是作为中国第一艘核潜艇，它所具有的划时代意义是无可比拟的，它对于我国海洋国防建设的贡献也将永载史册。

那时，在核潜艇研究基地，办公室里没有空调，全所只有接待室和安放贵重仪器的实验室才有；黄旭华每月总共能拿到 1100 多元工资，这已经是整个核潜艇研究所最高的工资待遇；他住在楼房最顶层的房间里，夏天室内温度经常高达 39.5℃，冬天因为取暖设备的欠缺，气温低至 1~5℃；他没有专车，核潜艇研究所里最好的两辆小车是旧的桑塔纳。

黄旭华的兄弟姐妹们都不知道他在干什么，父亲临终时也未曾知晓儿子是在为国家研制核潜艇。

改革开放新时期到来了，中国的核潜艇研制也掀开了新篇章，一代又一代新的成果问世。每一艘新型的核潜艇研制出来，都只是迈出了重要的第一步，而操纵潜艇的人能不能适应深海驾驶要依靠深潜试验来完成。这项试验是核潜艇研制过程中最重要的试验之一，也是最危险的试验。

1988 年 4 月，新型核潜艇 300 米深潜试验在南海海域进行。开展深潜试验就是要验证核潜艇下潜的极限深度，对核潜艇的性能作综合考评。试验当天，

人与海

南海区域微风有浪，潜艇慢慢下潜。

300 米，在地面上，这似乎是一个很渺小的数字，可是在水下，300 米举足轻重，这几乎是人所能承受的生理极限。300 米的深度，压力相当大，时间一长，人就容易烦躁疲乏，食欲不振，生物钟失调，心血系统紊乱，尤其是当年技术还不成熟的时候，下到这个深度是非常危险的。

黄旭华和他的同事们面临着相当大的考验。参与深潜试行的人们惴惴不安。此次试潜，责任重大，意义非凡，既要保护好每一个下水试潜人的生命，又要争取潜水艇发挥最好的效果，经得住最大的考验。黄旭华带着强烈的使命感与责任感，沉着冷静地与同事们认真检测艇上的各个部件、各个管道、各个接口，关注每一个细节，最后确认没有问题后才开始进行深潜试验。

敢于参加这个试验，就要做好为国捐躯的准备。当年，已经 62 岁的黄旭华决定亲自参加核潜艇的 300 米深潜海试。先前国际上那些失败的案例给深潜的人们带来了阴影，可黄旭华信心满怀，他觉得这次深潜海试是一个值得高兴的事情，是对已经取得的科研成果的肯定。

可是试验毕竟仍有一定风险，因此出航时的现场气氛有些凝重。黄旭华鼓舞大家说："下潜是胜利的前奏，我跟你们一起下去！"按规定，年逾花甲的总设计师黄旭华完全可以不下水，可是他一再坚持要亲自坐镇："这个深度没问题，我有把握，你们不用怕。不能背着包袱下去，极容易造成操作失衡，后果不堪设想。我们要唱着'雄赳赳，气昂昂，跨过鸭绿江'下潜。"

黄旭华知道潜艇的性能是安全的，连总设计师都不怕，这使参加深潜海试的人员信心倍增，先前的沉闷气氛一扫而光。核潜艇下水了，它一步步地向海洋深处前进。每下潜一步，压力就会增大一些，当核潜艇下潜到 280 米深的时候，艇壳要承受每平方厘米 30 公斤的巨大压力，多处被巨大的水压挤得咔咔作响，让艇里的人听得心惊胆战。

这时，黄旭华依然表现得十分淡定，并且坚定地说："我们自己造的艇是世界上最好的艇。"他继续指挥试验人员记录各种数据，命令继续下潜。随着深度的增加，钢板承受着巨大的水压仍发出咔咔的响声。

60 米，50 米，20 米，10 米，5 米、2 米，到最后是一米一米地下潜，直至指针指向了极限深度。终于，核潜艇下潜到 300 米，这意味着深海试验取得了圆满成功。

顷刻间，艇上爆发出热烈的欢呼声，大家握手、拥抱，激动得热泪盈眶，我们的试验成功了！我们的技术过了这一关了。

黄旭华等科研人员的辛勤成果经受住了最严格的考验，同时他们也获得了第一手的宝贵数据，为以后核潜艇事业更好地发展奠定了基础。深潜海试顺利完成，在场的人终于长长地呼出一口气，黄旭华也成了世界上第一个亲自下水做深潜试验的核潜艇总设计师。

这次深潜试验，黄旭华的眼底、耳朵和牙龈都因承受巨大压力而渗出了血……

在黄旭华出海的几个月中，他的夫人知道他可能会亲自参加深潜海试，在家里牵肠挂肚，难以入眠，直到试验成功的消息传来，她激动得大哭了一场——为丈夫平安归来，更为他的心血没有白费。黄旭华平安上岸后，兴致高昂地赋诗一首："花甲痴翁，志探龙宫；惊涛骇浪，乐在其中。"

1988 年 9 月，我国政府对外宣布：中国进行的核潜艇水下发射运载火箭试验成功，成为继美国、苏联、英国、法国之后，世界上第五个拥有第二次核打击力量的国家。

黄旭华的心血没有白费，最终为中国第一艘核潜艇的问世画上了一个惊叹号。隐姓埋名于海岛，岁月在无声地流逝着，黄旭华在这个世外荒岛上一待就是 30 年，从当年的年轻人变成了饱经风霜的老人。

黄旭华完成了历史创举，不仅让祖国的国防科技取得了飞跃进步，更让中国人的脊梁挺得更直，可他，却在父母和兄弟姐妹面前，愧疚难当……几十年如一日地研发攻关，有家不能回，该是怎样的隐忍！

凭借着一颗赤诚的爱国之心，凭借着一个坚定的强国之梦，他闯过了这一关。1958 年至 1986 年，在长达 28 年的时间中，他没有回过一次老家探望双亲。父亲到死都不知道自己的儿子在做什么，老人家是带着埋怨和不解走的。在父母兄妹眼中，这样的黄旭华，就是个忘恩负义的不孝子。每每想到这些，他禁不住发出一声长长的叹息。

直到 1987 年，一篇题目为《赫赫而无名的人生》的长篇报告文学，详细地介绍了中国核潜艇总设计师的人生经历。至此，黄旭华这三个字才终于被"解密"。母亲一而再、再而三地阅读这篇文章，满脸泪水，自豪不已。她把孩子们召集过来，郑重地对大家说："三哥（黄旭华）的事情，大家都得谅解。"

1998 年，黄旭华回到了家乡，此时母亲已年逾 90 高龄，而他自己也已经年过花甲，在兄弟姐妹当中，黄旭华贡献最大，房子最小，工资也最低，连当时高中刚毕业的侄女每月工资也比他多。但是黄旭华并不计较这些，他说："在事业上，我是永不满足，寸步必争，不达目的，誓不罢休；在个人生活条件上，我的座右铭也是十六个字：与世无争，知足常乐，与人为善，助人为乐。"

回忆起那段没有计算机却依然创造了历史的艰辛岁月，黄旭华感怀不已："无论是核潜艇工作还是地下党工作，都'不可告人'，有点憋人，但是那种神秘惊险却总能让人炯炯有神、充满乐趣。我们的同志放弃了大城市优越的生活条件，来到这荒山半岛上吃苦受委屈，却没有一个人叫苦，也没有一个人掉队当逃兵，是什么支撑我们坚持下来的呢？是让民族坚挺于世的信仰，是党和国家的嘱托……"

因为工作繁忙，女儿说他是"到家里出差来啦"，妻子说他是"客家人"。

母亲去世后，黄旭华珍藏了母亲用过的一条围巾，并对家人说："这条围巾我要拿着，一到冬天再好的围巾我不用，我用母亲这条围巾。生前我不能陪她，她走的时候留下的这条围巾，就如同她一样时时在我身边，让她永远跟我在一道，我真的想念她。"

这条围巾就像那绵绵不尽的浪花，诉说着母子连心的千般情思，万般依恋……

他是无名英雄，他是战斗在共和国隐蔽战线的一名钢铁战士，他的工作涉及国家最高军事机密，做好保密工作是他的天职。随着岁月的流逝，许多历史已经解密，当年他度过的艰苦时光也浮出了水面。进入 21 世纪，多家媒体把当年共和国隐蔽战线上的"无名英雄"黄旭华赞誉为"中国核潜艇之父""中国的脊梁""中国的李科维尔"……

在巨大的荣誉面前，黄旭华不但没有骄傲自满，反而十分谦虚地说："有人称我为中国'核潜艇之父'，我不敢当。中国核潜艇工程是一项集体事业，是在毛泽东主席、周恩来总理、聂荣臻元帅等直接领导下，全国 20 多个省、市、自治区 2000 多个厂、所、院校大力协同下共同创造的成果，是集体智慧的结晶。我只做了我应该做的一份工作。虽然我有所付出，但我也从祖国母亲的微笑中获得了无比的满足。对国家的忠，就是对父母最大的孝。"

2009 年 7 月 18 日，"全国海洋宣传日"在广东珠海举行开幕式，并揭晓了新中国成立 60 周年"十大海洋事件""十大海洋人物"，黄旭华入选了"十大海洋人物"。

2014 年春节，87 岁的黄旭华入选 2013 年度"感动中国十大人物"。主持人深情地宣读颁奖词：时代到处是惊涛骇浪，你埋下头，甘心做沉默的砥柱；一穷二白的年代，你挺起胸，成为国家最大的财富。你的人生，正如深海中的潜艇，无声，但有无穷的力量。

在颁奖现场，精神矍铄的 87 岁老人黄旭华，眼前浮现起当年父亲去世时的悲戚画面，穿越时空，他仿佛看到了父亲期盼见他、却又见不到的无望哀怨的目光，他动情地说："若干年之后，我的工作可以公开了。我会在父亲的坟前大声地说，爸爸，我来看你了，我相信你也像妈妈一样谅解我。"

2019 年 1 月，黄旭华获得年度国家最高科学技术奖；同年 9 月 17 日，93 岁的黄旭华被授予"共和国勋章"。

如果在此之前，你还不熟悉黄旭华这个名字，那么从此之后，请记住他——中国第一代核潜艇总设计师！

黄旭华，他的故事告诉我们，如今祖国的强大，是因为有许许多多的人一直负重前行……

生死航程
——海军 372 潜艇官兵群体

　　"哗……"

　　掌声如海浪似的时时响起，久久不息。

　　2014 年 12 月 24 日，北京人民大会堂报告大厅内，座无虚席，济济一堂。由中宣部、总政治部、共青团中央联合举行的海军 372 潜艇官兵群体先进事迹报告会，正在这里隆重而热烈地举行。

　　这是一支什么部队？他们创造了什么事迹呢？让我们听一听几位报告人的讲述……

锻造能打仗打胜仗的过硬艇队
海军 372 潜艇支队支队长、任务指挥员：王红理

　　2014 年上半年，我作为海上指挥员，带领潜艇执行了紧急拉动和战备远航任务。

　　潜艇紧急拉动和战备远航，就是潜艇临时受命、紧急出航，执行带实战背景的演训任务。通常，一次任务时间持续数十昼夜，航程几千海里，这是近年来潜艇部队矢志强军打赢、大力开展实战化训练的重要练兵方式。

　　潜艇航行在深海大洋，往往会遭遇各种险情。海域之间存在着海水密度陡然变化的现象，形成"海中断崖"。潜艇航行到这里，就会因为海水密度变化、浮力骤减而急速下沉，这就是常说的"掉深"。

　　我们这次执行任务，就遭遇了"海中断崖"。当时我们已连续在水下航行多日，这天零点过后，正当我们准备交接班时，潜艇深度突然很快下降，值班艇长按照处置流程，第一时间进行了增速和排水等均衡操纵。通常情况下，采取这些操纵措施后，潜艇就能稳定深度正常航行，但这一次却迟迟不起作用，潜艇像被无形的大手往下拽一样，朝 3000 多米深的海底下坠。艇体因压力急剧

增加而"嘎嘎"作响，声音一阵高过一阵。

就在我们全力以赴处置掉深险情时，更大的危险接踵而来。掉深6分钟后，主机舱一根海水管路因压力陡增突然断裂，舱室大量进水，主电机被迫停车，整条艇失去了前进动力和上升的舵力，下坠的速度越来越快。艇毁人亡的灾难就在眼前。

生死关头，我迅速下达"损管警报""向所有主水柜供气"的口令！全艇官兵无论是值班的，还是休息的，都以最快速度冲向战位。不到10秒钟，所有水柜开始供气、向外排水；1分钟内，上百个阀门为限制进水而关闭，数十种电气设备因防止短路而关停；两分钟内，全艇封舱完毕；3分钟后，深度计指针终于停了下来，此时已逼近潜艇的极限深度。

我马上让声呐兵报告海面情况，确认附近没有船只后，立即下令"控制潜艇姿态，直接上浮，不要停留"。各战位迅速完成供气、排水、均衡等动作，潜艇终于安全上浮，成功脱险！

潜艇虽然保住了，但损伤很严重。海上临时党委火速动员，排除积水、擦拭设备，集中力量进行现场清理和紧急抢修。就这样，我们边修边走，继续前进。

当时，潜艇浮起不久，外军舰机就过来了，我们判断，外军舰机虽然看到了潜艇浮起，但并不清楚我们的真实意图，更不知道潜艇有故障。我们采取多种战术动作，与对手斗智斗勇，绝地反击、突破围堵，最终隐蔽进入大洋预定海区，完成任务，胜利返航。

生死攸关的三分钟

海军372潜艇舵信班班长：赵满星

我是372潜艇一名老兵，在艇上主要负责操舵。在这次任务中，我们艇从遇险到脱险，总共用了14分钟，但决定生死的，是从破损进水到掉深停止这关键的3分钟。

险情发生时，我正在操舵战位准备交接班，突然，我看到深度计指针猛地跳动，很快深度就增加了 20 多米。指挥员当即下达加速和排水口令，机电长胡强一把抓起话筒，向五舱下令："转主电机航行！" 30 秒不到，就完成了平时需要 1 分多钟才能完成的加速操纵。

所有的操作都精确无误，但潜艇深度不仅没有挽回，反而以更快的速度往下掉。突然，显示推进动力状态的车钟"铛"的一声，指针回到停车位置，潜艇失去动力了！紧接着广播传来急促的报告声："五舱破损进水！"五舱是主机舱，号称潜艇的"心脏"，在这么要命的时刻"心脏"骤停，我的心一下子揪了起来。

警报一响，全艇火速就位。有的来不及穿衣服，有的只穿了一只鞋，还有的光着脚。一眨眼工夫，主照明切断、应急灯打开、水密门关闭。舰务区队长练仕才从三舱冲过来，一边向指挥员请示使用应急高压气，一边打开供气阀门，向所有水柜供气。这是潜艇自救的最后一招。

深度计指针的转速慢了下来，渐渐停住，我马上向指挥员报告："潜艇深度不再下掉。"转眼间，潜艇从深海向海面急速冲去。由于惯性作用，潜艇上浮的速度越来越快，数千吨重的庞然大物"轰"地一下冲出海面，艇首腾空而起，又重重地砸了下来，艇内剧烈震荡，左右摇摆达 20 多度，过了好久才稳定下来。

现在回想起来，如果当时指挥口令慢一点，封闭舱室动作迟一步，应急供气晚一秒，结局就是艇毁人亡。我们之所以能够成功脱险，关键就在于大家快速反应、分秒必争、沉着熟练，最终转危为安！

在强军目标指引下逐梦深蓝

海军 372 潜艇政治委员：张学东

我们艇是一艘静音性能非常突出、有着"大洋黑洞"之称的新型潜艇，近年来，艇队紧紧围绕"听党指挥、能打胜仗、作风优良"的强军目标建艇育人，不断加强全面建设，创造了我常规潜艇的多个首次和第一。

潜艇由于它的隐蔽性，造成对手在威胁判断上的不确定性，因而形成战略战役上的威慑力，是国之利器！特殊的使命任务，铸就了潜艇兵对党的绝对忠诚。自组建以来，艇队三迁驻地、六易装备，但我们移防不移志、换装不换心，常年开展"忆光荣传统、当红色传人"系列活动，"做忠诚战士、建过硬蓝鲸"实践活动，深扎官兵"红心向党、铁心跟党、一心为党"的思想根子。

在我们艇，每个党员都要过一个特殊的生日，在他入党宣誓的纪念日重温入党誓词，艇党支部还送上特殊礼物，一张印有党徽、党旗和支部寄语的贺卡，以及一本《优秀共产党员风采录》，激励党员照着榜样学、朝着先进干。艇队还有一个传统，每次执行任务归来，我们都要把表现优异、立功受奖的官兵名字，刻在支队广场的"艇魂柱"上，把照片和事迹张贴在"荣誉墙"上，年底组织颁奖典礼时，还邀请父母妻儿参加，有效激发了官兵忠诚使命、建功深蓝的光荣感和自豪感。

这次任务中，我们能够战胜重大险情，圆满完成任务，关键在于党组织的坚强和官兵理想信念的坚定。险情面前，我们支部一班人和党员骨干个个站在排头、冲在一线，树立起党员干部的形象威信。共产党员、轮机班长原鹏伟为了抢修装备，一直铆在战位上，衣服满是油污和汗渍。为了尽快疏通排水管路，共产党员、舰务兵邹晓波6次潜入灌满海水的机舱底下，在刺骨的污水中浸泡了3个多小时，硬是用手一点一点把堵在排水口的残渣掏干净。在党员骨干的感召下，许多战士递交了火线入党申请书。面对鲜红的党旗，有4名同志在抢险一线光荣地加入了中国共产党。

让我的爱伴你远航

海军372潜艇军医卢翀妻子：曾晓燕

快三年了，我还记得第一次见面那天，他一身白色的军装，还有军人特有的阳刚帅气，一下子让我怦然心动。半年后，当他手捧鲜花，向我求婚时，我毫不迟疑地接受了。打那以后，我就多了一个称呼——潜艇军嫂。

今年，我带着刚满两个月的儿子来部队探亲。可刚到没几天，丈夫就不见了踪影，我火急火燎地四处打听，才知道他出海了，一家人的团聚又一次成了泡影。听楼上楼下的嫂子们说，丈夫什么时候走、什么时候回、干什么去了，她们从不打听。后来，在与嫂子们的交流中，我慢慢知道，嫁给潜艇兵，就要学会等待，学会分享他的苦乐。

这些年，无论是打电话还是写信，丈夫从来不谈潜艇上的事，即使在一起的时候，说到工作，他也是一语带过，给我的印象总是很神秘、很重要。有一次，支队组织家属下到潜艇里参观，我们一下子傻眼了。潜艇的空间小到转不过身，床铺也就勉强塞下一个人，大个子睡觉时只能蜷着腿，直不起腰，翻不了身。我看到这种情形，心里酸酸的，原来他们要在这样的环境里，一干就是几年、十几年，甚至几十年！

都说女人结婚是找到了依靠，但对我们来说，结婚则意味着更多的承担，当一名潜艇军嫂更要坚强。轮机兵朱召伟的爱人魏可可，从小到大都被家人呵护着，连一件重活都没干过。自从结婚后，她开始学做饭，学洗衣，带孩子，照顾生病的公公婆婆，还要下地干农活儿。她不仅把家操持得井井有条，还被评为"优秀乡村教师"。像魏可可这样的军嫂还有很多很多，我们都成了父母眼里的"假小子"，丈夫嘴边的"铁娘子"，孩子心中的"女汉子"。

这样的事听多了、见多了，我也明白了，丈夫不能陪伴家人，常年在海上奔波，为的是国家安宁，守护的是万家灯火，他们敬礼的右手属于祖国，左手才是我们幸福的港湾。

这是一个英雄故事，这是一部惊险传奇。

突发险情，他们临危不惧，创造了世界潜艇史上的奇迹；带"伤"出征，他们不辱使命，义无反顾地挺进大洋；强"敌"环伺，他们斗智斗勇，成功突破了外军舰机的围追堵截……

他们，就是海军 372 潜艇官兵群体——

在一次实战化紧急拉动和战备远航训练中，在突遇"掉深"、进水等重大险情后，指挥员沉着冷静、果断指挥，全艇官兵舍生忘死、奋力排险，克服重重困难，圆满完成后续任务。

生死航程，英雄壮歌。胸怀对党、对国家、对人民最真挚的爱，用他们的青春和热血浇铸起一道坚不可摧的水下长城！在生与死的考验面前，他们齐心协力、处变不惊，打赢了与死神的遭遇战。

那个深夜，执行战备远航任务的潜艇，这艘有着"大洋黑洞"之称的常规潜艇，正悄无声息地潜航。

深海潜航，凶险莫测，极其复杂多变的海洋水文环境，处处暗藏危机。虽然距离交更还有十几分钟，指挥员王红理已来到潜艇指挥舱内，检查值更情况。

一切看上去都是那么平静，井然有序：值更官兵有的操纵设备，有的注视仪表，有的穿梭于舱室间巡查管线……个个动作准确娴熟，人人口令清晰流畅。

此时此刻，没有人会想到，危险正一步步逼近。

"不好，'掉深'了！"正在操纵潜艇航行的舵信班副班长成云朝一声惊呼，骤然打破了指挥舱内的宁静——潜艇深度计指针突然向下大幅跳动，艇体急速下沉！

"前进二！""向中组供气！"当更指挥员刘涛迅即下达增速、补充均衡、吹除压载水舱等一系列指令。

"深度继续增大！"在成云朝焦急的报告声中，尽管实施多种应急处置，潜艇仍在加速"掉深"。

向下的洋流犹如一双无形的巨手，与惯性合力拽着潜艇向极限深度逼近。怎么办？艇舱里的气氛一下子紧张得让人透不过气来。

这里的"掉深"是指潜艇遇到海水密度突然减小，艇体变重而急剧下沉的一种现象，形象地说就是遭遇了"水下断崖"，"就像一辆疾驶的汽车，突然掉下悬崖，那种境况十分惊险。"回忆起当时的情形，潜艇艇长易辉至今仍心有余悸。

潜艇掉深是全世界海军的噩梦。有专家曾指出，50多年前，外军的一艘潜艇在深潜试验时，正是因为掉深而失事沉没，造成艇上人员全部遇难，成为世界潜艇史上的悲剧。

祸不单行！就在官兵们忙着处置掉深险情时，更大的危险接踵而至：由于压力陡然增大，主机舱一根管道突然破裂，大量海水瞬间喷入舱室。

"主机舱管路破损进水！"广播器里传来电工区队长陈祖军急促的报告声。主机舱是潜艇的心脏部位，舱内遍布各种电气设备，一旦被淹受损，就会造成动力瘫痪，甚至可能因短路引发火灾。

更可怕的是，如果进水得不到有效控制，潜艇将加速下坠……

在潜艇工作过的人都知道，潜艇有三怕，一怕掉深，二怕进水，三怕起火。在已经出现掉深惯性、舱室进水、失去动力的情况下，两种最危险、最难处置的险情叠加，对艇队官兵来说的确是一场生死考验。

"损管警报！""向所有主水柜供气！"生死关头，指挥员王红理当机立断，果断下令。

伴随着刺耳的损管警报声，全艇上下闻令而动。

——当警报骤然响起时，陈祖军、朱召伟和毛雪刚3名同志正在主机舱值班。管路爆裂进水的一刹那，陈祖军瞬间作出反应，迅速关停工作设备，按损管部署迅速封舱。

"舱里一片水雾，噪声很大，什么也看不见，也听不清指令，我立即停止主电机，断开电枢开关，关闭通风机、空调，并命令舱底的值更人员停止滑油泵、断电，"陈祖军说，"那一刻，我心里非常清楚，封舱就意味着断绝了退路，而一旦堵漏失败，我们3人没人能活着出去！"

"管路断裂后，海水以几十个大气压力喷射而出，像砂粒一样打在身上，钻心的痛。"位于舱底的轮机兵朱召伟毫不犹豫地扑上去关闭破损管路的阀门，尽管高压海水将他一次又一次冲了回来，尽管被螺杆划破的后背血流不止，但他丝毫不顾疼痛，拼尽全力摸到战位，用液操将阀门关闭，阻止了海水继续涌入。

在水雾弥漫、视线模糊的舱室里，电工班长毛雪刚从前跑到后，从上跑到下，一口气摸索着关闭大小阀门40多个，并成功向舱室供气建立反压力，延缓了进水速度……而他，整个人却被高压气体挤压得呼吸困难，耳膜刺痛，脑袋嗡嗡作响……

——当警报骤然响起时，正在休更的舰务区队长练仕才本能地从床上弹起来，光着脚冲向战位，一边向指挥员请示使用高压气，一边打开供气阀门：如果高压气供不上来，潜艇将继续往下掉，直至跌入黑暗的海底。

——当警报骤然响起时，雷弹班长曾刚一把抓住通风插板手柄，双手转得像飞速旋转的陀螺一样，20秒左右就完成了平时需要一分多钟才能完成的动作，将其完全关闭，防止损害扩散。事后，他的双臂肿得连筷子都拿不起来。

——当警报骤然响起时，不到 10 秒钟，应急供气阀门全部打开，所有水柜开始供气；一分钟内，上百个阀门关闭，数十种电气设备关停；两分钟后，全艇各舱室封舱完毕——官兵们以令人难以置信的速度，与死神赛跑。

"该做的都已做完，而这时，掉深速度虽有减缓，但受潜艇掉深惯性的影响，深度还在下降。"随艇远航的支队政治部主任何占良回忆说，"时间一秒一秒过去，每一秒都显得那么漫长、那么煎熬……"

在潜艇即将下沉到极限工作深度时，在所有人的祈盼中，掉深终于停止。紧接着，潜艇在悬停十余秒后，深度计指针缓慢回升——艇体，终于开始上浮！

可是，掉深虽已停止，死神并未走远——

"主机舱大量进水，潜艇出现大幅尾倾，如果姿态控制不好，很可能倾覆；压载水排出后，潜艇上浮速度将越来越快，最后会像过山车一样冲出海面，又重重砸回水里，很可能造成断裂；万一浮起上方有船只，潜艇一头撞上，必然艇毁人亡……"种种可能撕扯着王红理早已紧绷的神经。

然而，此时艇上的高压气已所剩不多，浮出水面的机会只有一次，就是利用供到所有水柜里的高压气产生的巨大浮力直接上浮——从这样大的深度应急浮起，别说与潜艇打了几十年交道的王红理从没干过，就是教科书里也找不到先例。

然而，此时的局面已容不得他犹豫！在确认海面安全后，王红理立即下令："控制潜艇姿态，直接上浮，不要停留！"一米、两米、三米……上浮的速度越来越快！最终，在一阵剧烈的振荡过后，潜艇像一头巨鲸跃出海面，摆脱困境！

脱险了！像电光石火一样短暂，又好似一个世纪那么漫长！

"从潜艇掉深进水到安全脱险，他们把握住了最关键的 3 分钟。面对如此复杂、如此严峻的险情，潜艇官兵能够成功处置，怎么评价都不过分。"潜艇艇长出身、在潜艇部队任职 30 多年的时任海军潜艇学院院长支天龙评价说，"这是一场生与死的较量，也是一个成功处置潜艇险情的范例，完全可以进入教案、进入课堂，使之成为海军潜艇部队一笔宝贵的财富。"

在进与退的抉择面前，他们义无反顾知难勇进，坚决把任务进行到底。

浩瀚的大洋上，波涛汹涌，海风呼啸，到处都是漆黑一片。

人与海

　　暗夜里，潜艇里这群刚刚绝境逢生的血性男儿又面临着艰难的抉择——重大险情得以排除，是申请返航、等待后方救援，还是继续执行任务？

　　"当时，潜艇虽然成功脱险，但装备受损严重，特别是主电机无法修复，潜艇机动能力受限。而后续任务时间漫长、情况复杂、充满变数，可以说挑战巨大、困难重重。"随艇执行远航任务的支队机电业务长吴千里说，"在常人看来，刚刚经历了生死考验，官兵身心俱疲，请示返航似乎成了最合理、也是最保险的选择。"

　　何去何从？大家不约而同地将目光投向海上临时党委书记、指挥员王红理。

　　王红理清楚，半路撤兵就意味着放弃任务，可作为指挥员，危险面前不敢冲，那还谈什么担当？谈什么带兵打仗、能打胜仗？

　　此时的王红理，面临30年军旅生涯中最艰难的一次抉择。他并没有着急开海上临时党委会做决定，而是召集有关人员了解情况，研究对策，经过冷静分析，决定先解决好两个问题：一是尽快恢复潜艇动力；二是使潜艇具备水下潜航能力。

　　按照部署，官兵们迅速行动起来，全力以赴抢修受损设备。

　　为了排除设备故障，动力长肖亮3次累到抽搐甚至休克，军医含着泪给他灌生理盐水，补充微量元素。可刚刚恢复清醒，肖亮就直奔战位，别人劝他休息一下，他嘶哑着说："就算是倒下，也要倒在战位上！"

　　为了尽快疏通排水管路，舱段兵邹晓波连续6次潜入管路交错、混杂着油污和杂物的舱底水中，嘴唇被冰冷的海水冻得发紫，但他硬是用手一点一点把堵在排水口的残渣掏除干净。

　　为了保证正常的充电充气，轮机技师周军生冒着50多摄氏度的高温守护着柴油机，汗流浃背的他，衣服上结了厚厚一层白色盐渍……

　　不管干部还是战士，不论职务高低，大家争先恐后、争分夺秒地一遍遍擦干电气设备上的海水，用抹布一点点地将舱底角落里的积水吸出来，反复清洁受损电气设备，用吹风机烘干成百上千条线路……

　　"所有人都在拼命干活，不时有振奋人心的消息传来。"经过十多个小时连续奋战，随着控制箱、滑油泵、空气压缩机等主要设备故障的修复，随着水下航行能力的恢复，大家心里越来越有底。

"航行条件基本具备了，其他设备也在恢复之中。大家思想统一，拧成了一股绳，劲往一处使。这期间，海上临时党委一班人深入各舱室战位，与大家交换意见，了解思想情况，进行心理疏导。官兵们坚信海上临时党委能够带领潜艇走出困境，完成后续任务。"

经过充分酝酿，险情发生后第二天，潜艇召开临时党委会。

会上，指挥员提议：鉴于装备恢复进展情况比预期要好，尽管要承担一定风险，但基本具备完成任务的条件，应继续按计划完成后续任务；只要我们能完成任务，就暂时不要给"家里"发报，以免干扰上级决心。

"我很佩服指挥员这个决定，说心里话，很难！20 多年前我们的一艘潜艇远航时，一台柴油机齿轮出现了故障，就面临可能回不来的情况。做决定那几天，当时的指挥员忧心如焚，哪个值班员下口令时声音大一点，他都会跳起来喊'什么事什么事……'"满头白发的支队雷弹业务长杨法第在接受记者采访时说，"不过，不仅那次我们没有中断任务，支队历史上也从没有任务中途回来的！"

"海上通信受限，很难将具体情况向上级汇报清楚。如果我们遇到困难就退缩，与战时临阵脱逃没什么两样。个人荣辱事小，履行使命事大。作为海上指挥员，该承担的责任我绝不推诿，该检讨的问题我回去检讨，但有一条，上级交给的任务必须坚决完成！"让王红理更有底气的是，这些年来，历经多次远航任务的考验，艇上官兵个顶个过硬。

"我们 7 名临时党委委员一致表示，海军把这么重要的任务交给我们，是对我们的信任和重托，为了任务，为了胜利，只要还有一线希望，就要做出百倍努力，坚定不移往前走！"回忆那一刻，海上临时党委副书记何占良仍历历在目。

克服一切困难，继续完成任务——海上临时党委的决定得到全艇官兵的坚决拥护！

"如果当时选择返航也能拿 3 到 4 分，可你们以智勇双全交了一份出色答卷，完全可以打'5+'。事实证明，你们的选择是正确的！"事后，海军首长对他们的担当精神给予高度评价。

纵有千难万险，也要勇往直前！

人与海

浪奔潮涌,向着使命召唤的方向,向着胜利,潜艇毅然带"伤"挺进大洋!在胜与负的较量面前,他们敢战强敌能打胜仗,成功突破对手的围追堵截。

经过连续排险、抢修装备,官兵们已经疲惫到了极点……

可急促的战斗警报一经拉响,官兵们的斗志瞬间被激发,纷纷以最快的速度冲向各自战位,做好迎战准备。

"当时,我们已连续抢修了几十个小时,又累又困,但一听到战斗警报,全身忽然就来了劲。"观通长王锋说,面对外军舰机的步步紧逼,大家毫不畏惧,斗志昂扬。

"对手近在咫尺,没有一人退缩。我们当时就想,既然有'免费'的陪练,就不能辜负人家的'美意',那就好好过过招吧!"只有敢于把对手当"磨刀石",才能砥砺雄风锐气,练就过硬本领。

潜艇通过采取一系列战术动作,与对手针锋相对,斗智斗勇,成功摆脱外军舰机的跟踪监视。

谁知,刚出包围圈,又遇"拦路虎":在经过某海区时,潜艇再次遭遇外军舰机的高强度搜索。他们综合运用一系列战术动作,悄无声息地突破了对手的围堵。

深海逢敌敢亮剑,大洋逐鹿我争雄。任务期间,潜艇单枪匹马,转战千里,先后与多批次外军反潜兵力周旋。对手也许不知道的是,像这样的较量,对潜艇官兵而言,早已是家常便饭。

有一年,潜艇赴某海域执行远航任务,刚出去没多久,外国反潜机就跟了上来。

"从离港到抵达预定海域,外军舰艇、飞机跟踪侦察,就从未消停过。但一连数天都没发现我们的踪迹,最终败兴而去。"令时任潜艇艇长的刘涛印象深刻的是,在那场较量中,官兵们无不把与对手的每一次遭遇,都当成练兵的绝好机会。

凭着一股子顽强和血性,多年来,不管是在危机四伏的深海大洋,还是面对强敌的蓄意挑衅,艇队官兵都能不畏艰险,越战越勇。

战备就是备战,出海就是待战。

潜艇官兵敢打必胜的过硬本领，源于部队多年来持续开展的实战化训练，源于部队始终保持枕戈待旦、箭在弦上的临战状态。

——几年前的一个夏天，潜艇顺利完成了一次数昼夜航行训练，可刚刚靠上码头就接到上级命令，紧急出航执行长时间水下警戒任务。官兵们几小时内即战斗出航，比规定时间缩短了一半。

——2013年年底，潜艇参加上级组织的鱼雷攻击考核，当时海区气象条件恶劣，浪高超过4米，有人担心此时发射鱼雷风险太大，万一打不好，一年就白训了，建议向上级请示延迟考核。

"考核可以选择气象，但战争绝不会因为气象而推迟！"艇党支部研究认为：只要实战需要，这个险就值得冒！

最终，潜艇以两发两中的好成绩，顺利通过考核。

一次次闯关历险，一次次实战化磨砺，一次次与强手交锋过招，让潜艇官兵练就了"强手面前头不懵、险情面前手不抖、生死面前腿不软"的底气胆识和过硬本领——

从接装入列、全训考核到形成战斗力，他们一路闯关夺隘，攻坚克难。半年完成接装，一年内完成全训形成战斗力，第二年就执行战备远航任务，创下了中国海军常规潜艇的14个首次和第一；

从潜艇水下待机时间比原来大大延长到活动范围、下潜深度、出海频率等都有新突破，他们相继创新出十多项训法战法，其中五项被上级推广。

用生命书写忠诚，用行动践行使命！

英雄的潜艇官兵们——

大洋深处跳动着你们最勇敢的心！浪花倾诉，逐梦美丽深蓝的中国海军必将铭记这一次精神无畏的生死航程！

美丽深蓝激荡着你们最宽广的梦！波涛镌刻，筑梦伟大复兴的中华儿女必将铭记这一曲热血澎湃的英雄壮歌！

南极科考事业的开拓者——郭　琨

2019 年 4 月 9 日，北京气温骤降，郊区下起了雪，部分地区积雪深度达 3 厘米。在八宝山殡仪馆告别大厅里，一个简朴而隆重的遗体告别仪式正在举行，横幅上写着醒目的八个字："郭琨同志告别仪式"。

郭琨，中国南极科考事业的开拓者、国家南极考察委员会原办公室主任，因病在北京逝世，享年 83 岁。遗体告别仪式没有特意对外公布，但大家还是从朋友间获得了消息。当年全国遴选组队的考察队队员、国家海洋局极地考察办公室等部门的工作人员闻讯赶来悼念这位"前辈"，一代代"南极人"在这里见面了。

告别厅里放映着历年一次次科考的资料和照片，那些曾经与海浪互斗、与严寒相争的青年，转瞬间成了一位位白发老人。八宝山的雨渐停了，人们心中的风雨浪潮依然呼啸。曾经共同战斗的队友在纪念册上留下姓名，胸前别上白花，走进告别厅轻声唤着——"郭队长、郭队长"……

两年前——2017 年 4 月，随着悠扬舒缓的乐曲响起，多彩的画面亦出现在观众面前，在中央电视台《朗读者》节目中，一位身着灰色上衣、酱红色坎肩的老人坐在轮椅上，缓缓地来到舞台中央。他精神矍铄，庄重慈祥。

通过主持人介绍，观众慢慢知道这位老人之所以依靠轮椅，是因为他曾七赴南极。因长期在极寒环境下工作，多年伤病导致他的双腿已无法行走。他就是耄耋之年的郭琨。在主持人的引导下，郭琨进入了模糊又清晰的回忆：行船的艰难，建站的自豪，特大冰崩的生死考验。一个个南极故事感染着观众，引起了强烈反响……

郭琨，1935 年 9 月出生，河北省涞水县人。毕业于哈尔滨军事工程学院气象专业。高级工程师、中共党员。国家南极考察委员会原办公室主任（1985 年11 月至 1994 年 2 月）、中国南极研究学术委员会原副主任、中国科学探险协会原副主席，中国科学探险协会顾问、中国科普作家协会会员。中国首次南极考察队队长，先后领导建设了中国南极长城站与中山站，并担任长城站首位站长，为中国南极科考事业做出了重大贡献。

说起南极，人们第一时间想到的，一定是憨态可掬的企鹅，空旷碧蓝的天空，波涛汹涌的巨浪，圣洁无暇的冰川，绚烂夺目的极光……对于现在的人而言，去一趟南极，不是什么难事，可是，在科学技术不发达、保障条件十分有限的四十多年前去一趟南极，不光要冒着生命危险，更是难于登天。

南极是世界各国展示综合国力和科技水平的重要舞台，考察站是一个国家在南极实质性存在的直接体现。20世纪70年代末，有十几个国家在南极建立了不少考察站，却没有一个属于中国。1981年，国家南极考察委员会成立。1983年，中国成为《南极条约》缔约国。此条约组织分为协商国和缔约国。缔约国在南极国际事务中享有发言权，但没有表决权和决策权。中国由于未在南极建立考察站被归入了缔约国。

1983年8月，郭琨等一行三人以观察员身份，第一次代表中国出席在澳大利亚堪培拉召开的第十二次《南极条约》协商国会议。会议室里，分秒都是煎熬。因为，不论那些早早加入的协商国制定了什么游戏规则，修改了什么战略协议，中国都插不上任何一句话。

中国代表在会场的座位被安排在现场后排，连桌子都没有。当会议讨论到实质性内容、进入表决议程时，会议主席敲响了手中的木槌，向包括中国代表团在内的几个人冷冷说道："请非协商国的代表退场！"

虽说这是一种会议惯例，但郭琨等人还是感觉到了遗憾和不甘。作为联合国的常任理事国，中国是在南极问题上唯一没有发言权的国家，只因中国没有踏上过南极，没有自己的科研考察站！郭琨咽不下这口气，走出会场暗暗发誓："我们一定要积极参与国际事务，在南极建立属于自己的考察站，为人类和平利用南极作出中国贡献！"

从堪培拉回来后，郭琨就像加满了油的汽车一样，立即行动起来，着手筹备中国考察队进军南极洲。然而，现实并不会因为你雄心勃勃就对你产生同情和支持。郭琨他们面对的是无情的现实：缺乏器械，缺乏资料，缺乏技术。他和国家南极考察委员会的同事们翻遍了北京的图书馆，竟连一张完整的南极地

人与海

图都找不到。

世界版图上那个茫茫白雪的南极，对中国人来说，显得那么遥不可及。就在大家心灰意冷的时候，一本民国出版的外国人写的《南北极志》出现在了一个旧书摊上。就是这本残破不堪的志书，成了第一批南极科考队员们最重要的资料，从某种角度上说，它也是中国人开启南极大门的钥匙之一。

早在 1964 年，中共中央批准成立了国家海洋局，首次把南极考察正式列入国家的议事日程。在赋予国家海洋局的六项任务中，包括"将来进行的南、北极海洋考察工作"。但那时的国家海洋局尚处于初建阶段，未来得及考虑中国南极考察问题。

直到 20 年后——1984 年 11 月 20 日，才在上海黄埔江畔，国家海洋局东海分局码头，举行了隆重欢送中国首次赴南极考察编队出征的启航仪式。海军作战部原部长、时任国家海洋局副局长的陈德鸿担任总指挥。郭琨担任南极考察队队长。

10 时，他们率领 591 人乘坐"向阳红 10"号科考船和海军"J121"救生船，满载着祖国的重托，人民的期望，开始了中华民族史上远征南极洲的处女航。此行最重要的任务，就是在南极建立考察站。

这是我国科考队第一次向地球最南端挺进，开启了中国人向南极进军的历史性航程。邓小平同志为这次开天辟地的中国南极科考亲笔题词："为人类和平利用南极做出贡献。"

南极大陆一片素净，被浩瀚的南大洋和林立的冰川所环绕，无法用语言来形容它的绝美。南极是世界上最冷的大陆，年平均温度零下 25 度，极端最低温度零下 90 度。南极一年只有两个季节，每年的 11 月中旬到次年 3 月中旬是夏季，其余的时间里，只有极度的寒冷和无边的黑夜。

当时，最让郭琨等人着急的是全中国没有一艘破冰船，而普通轮船根本无法抵御南极浮冰的巨大冲击。最后经过反复讨论，大家找到了"向阳红 10"号，它是中国自主设计制造的第一艘万吨级远洋科学考察船，可以抵抗十二级风浪，但并不具备破冰能力。登陆南极迫在眉睫，无奈之下，科考队只能决定用它来代替破冰船。没有专业装备，郭琨就参考别国经验，自己设计专业装备并联系工厂定制。

海况复杂，环境恶劣，要适应海上生活从来就不是一件容易的事情。中国首次南极考察队选择的航线，在国际上从来没人航行过，要穿越 5 个风带、4 个季节、13 个时区。郭琨一行要在海上连续航行 30 多天，才会到达唯一可停靠的港口，行驶中将要面对什么危险，谁也无法预测，任何一个环节出了差错，都有可能导致科考队船毁人亡。

"向阳红 10"号刚刚驶入深海，就遇到了南极行程中的第一个挑战——海上巨浪犹如永不停歇的过山车，常常持续十几甚至二十几个小时。吃饭遇上大浪，船体倾斜 30 多度，科考队员就会连人带菜全部滚到地上，走路时像喝醉了酒，跌跌撞撞。

后来郭琨接受采访时说："一开始，还能看到海鸥、船只，后来就是天连海，海连天，除了海水什么也看不见。出发没多久，队员就开始晕船，很多人只能整天趴在床上，不敢活动，稍微一动胃里就翻江倒海，呕吐不止，根本吃不下饭。有个队员一天呕吐十三四次，把胃里的黄水都吐出来了，四肢抽搐，只能几个人一起摁着他，给他打上一针，缓解晕船的痛苦。睡觉要把自己捆在床上，否则翻个身就会从床上掉下来。队员们编了个顺口溜来形容晕船的苦恼：一言不发，二目无光。三餐不食，四肢无力。五脏翻腾，六神无主。七上八下，九（久）卧不起，十分难受。"

1984 年 12 月 2 日，"J 121"船右主机第八缸冷却水套管支架发生了断裂事故，裂缝长达 26 厘米。他们经过整整 13 个小时的加固焊接，才使机器恢复正常运转。同时"向阳红"亦不安宁，郭琨在日记里写道：19 时 40 分，向阳红 10 号船突发故障，两部主机的六个高压油泵的油路同时堵塞，这是一次十分惊险的经历。

考察队下达停泊抢修的命令后，"向阳红 10"号船立即组织抢修，机电部门船员全部投入进去，其他部门的船员也主动参加。大家在高达 40℃闷热的机舱内，拆卸油泵，进行清洗、安装、测试、清理油柜等，一个接一个的抢修程序、紧张的劳动、闷热的舱室、刺鼻的油气味、污浊的空气……令人汗水淋漓，头晕目眩，喘不过气来，但没有一个人叫苦，没有一个人退后，最终排除了故障，保障了"向阳红 10"号船的正常航行。

依照国际惯例，经过赤道，船要在赤道举行祭祀"海神"的仪式，祷告驱

人与海

赶海魔，祈求船只平安。有的往海里扔衣服和食品，还有的往身上泼海水，洗掉身上的秽气等。

为迎接穿越赤道这激动人心的时刻，郭琨比往日早起了一个多小时，凌晨四点钟就跑上"向阳红 10"号船甲板，及早领略赤道水域的风光，目睹赤道上空太阳的出现。郭琨默默地说："太阳在这里出世，它是万物赖以生存的真神。人们曾以千篇诗文、万首歌曲歌颂太阳，如今要在日出日落的轨道上恭敬而激动地守望它、拜谒它了。"

人们聚集到甲板上，唱着各种各样的"太阳歌"。海风微拂，波平如镜，湛蓝的天空，飘浮着似乎不飞不动的云朵。太阳出世前的赤道大洋，呈现出平静、安恬、祥瑞、和美的气氛。当时钟运行至 9 时 12 分，卫星导航仪屏幕显现出纬度"零"时，两艘巨舰一齐鸣响了汽笛，四颗信号弹冲天而飞，鞭炮礼花一齐爆响，锣鼓声、欢呼声震荡天穹、大海，回鸣在赤道上空。

与此同时，万道霞光自东方喷射而出，耀天炫目。太阳顶端的弧线突然冒出海面，升腾跳荡，挂扯着熔红铁汁的黏稠，挣拉着筋络凝血的裹挟，猛然跳脱，弹跃至火红的天际，映红了万里洋面！中华腾飞巨龙在这里展示着百年梦想的冲锋。

在欢快的乐曲声中，"向阳红 10"号船举行了穿越赤道的庆祝活动：颁发了赤道纪念卡，跳化装舞、套圈、做游戏等。最引人注目的是多位队员戴着假面具，披红挂绿，在人群的包围中跳舞、扭秧歌，尽情地跳啊，唱啊！多日来的烦闷、寂寞、困难、艰苦一齐忘了。

跳啊喝啊，唱起了即兴创作的"好汉歌"：

喝了咱的酒

惊涛骇浪不低头

喝了咱的酒

大船敢往南极走

喝了咱的酒

赤道的太阳烤腊肉

喝了咱的酒

不建长城誓不休……

1984 年 12 月 3 日，两船通过国际日期变更线，亦称日界线。从东半球进入了西半球。队员们才刚刚适应颠簸的生活，另一个威胁又悄然逼近，在可以预见的 12 月 12 日，两船将进入恐怖的"魔鬼海域"——"西风带"。

这里风暴频繁、浪高涌大，终年平均风力 8 级，海浪高达 7 米以上，即使是"向阳红 10"号这样的万吨级海轮也是举步维艰，大浪大涌之凶猛程度，为之前的经历所不及。为了迎接天人之战，队员们打乒乓球，练身体，玩棋牌，增斗志。厨房也借着为队员过生日之佳机，显厨艺，加菜肴，储营养。

郭琨在 12 月 12 日的日记中如此记载："两船驶入西风带就遭到了狂风恶浪的侵袭。奔腾汹涌的波涛铺天盖地，欲将万吨级的大船吞没，忽地把船高高抬起，猛地又将船抛落浪谷。船在惊涛骇浪中剧烈地颠簸，摇晃，船体倾斜，波涛冲撞船体发出的'哐当、哐当'巨响，使人心惊胆战。"

"向阳红 10"号船船长张志挺亲自驾船，与狂风恶浪搏斗。郭琨到队员住的舱室走了一遍，感到惊奇的是，出现了"两少"：晕船的少了，呕吐的少了。看到这种情况，他特别欣慰。西风带的海况是两船启航以来最恶劣的，船的颠簸程度也是最厉害的，然而，却出现了"两少"。这是因为科考队的勇士们已经在多日的惊涛骇浪中练成了真正的"水兵"。

12 月 13 日，具有诗人性格、才华横溢的郭琨队长开始写诗了，诗中不诉苦，不说难，不以文造情，在磨难中催生出的乐观主义、革命豪情跃然纸上。他以"奔腾欢唱的大海"为题写道：

大海在欢唱
欢唱华夏儿女奔向地球底部
奔向冰雪王国
欢唱十亿人民心花怒放
美丽鲜艳的花朵
要在旷古冰原上开放
编织的一幅新的景致

人与海

要铺在南极洲大地上
大海在奔腾
波涛汹涌、惊涛骇浪
我们的胸怀像浩瀚的大海那样坦荡

能够支持郭琨队长等壮士精神昂扬的，的确不是无源之水，党的关怀可以说是无处不在。12 月 14 日，当地时间 23 时 50 分，国家南极考察委员会主任武衡从北京打来电话，慰问全体队员。武衡说："你们在西风带内，以大无畏的精神同狂风恶浪斗，同晕船斗……希望你们继续努力，战胜狂风恶浪，安安全全地通过西风带，胜利到达南极洲，圆满完成党和人民的重托！"

"请北京放心！"郭琨代表全队表示，"困难再大，我们也不怕。一定完成党和人民交给的任务！"

这次狂风暴雨的袭击持续了十多个小时，雨过天晴，大海恢复了平静。12 月 24 日，两船驶出冰峰列岸、青山逶迤的比格尔水道，通往南极波光粼粼的德雷克海峡。德雷克海峡素有"海员坟墓"的恶名，两船须在准确的天气预报指导下，躲过两个气旋风暴，迅疾穿越。

几天后——12 月 30 日，中国首次南极考察队队长郭琨身着橘红色极地防寒服，肩披同色长围巾，双手高举着火红的中华人民共和国国旗，率领着和他一样红装耀目的壮士队伍，依次登上快艇，像一条火苗跳动的火河，流向海岸，冲上乔治王岛。第一次把五星红旗插上了南极洲。

在南极夏日明亮的阳光下，在蓝色大海和如银雪地的掩映中，那是一面多么光彩夺目的红旗啊！五星红旗升在高高的旗杆上，深插进布满黑亮鹅卵石的山坡下，在欢呼的海洋里猎猎飘扬，成群的燕鸥、巨海燕、贼鸥也欢叫着飞来，加入了这一场不平常的庆典！

铮铮铁汉们在甲板上远眺，绵延的冰山就像一块块神秘、瑰丽又晶莹剔透的宝石，队员们激动地喊着"冰山、冰山"。海面上大大小小的冰山迎面而来，平台式的、圆球样的、金字塔形的、圆柱状的。形态各异，十分壮观。

大块浮冰上横卧着的海豹，仰首张望着远来的客人；企鹅从浮冰上跃入海中，向船游来，欢迎中国朋友。更蔚为奇观的是，远处海面上，有几处高达十

几米的水柱喷出，偶尔能看到露出水面像潜艇似的鲸的脊背，它们以其特有的
"水礼花"向考察队表示欢迎。整个海面活跃起来了，船上也沸腾了……

这是一次填补了自郑和下西洋至今 600 多年中国航海史空白的航程。这是
在郭琨队长率领下科考队员以实际行动实现"振兴中华，为国争光，用我们的
血肉筑成我们新的长城"誓言的硕果！

进入"南天之门"的队员们，欢呼还在口上，心中却已想着落地生根，择
地而居的大事。问题和困难接踵而来。我们来晚了一步，中国科考队原本拟定
的建站地址已插上了乌拉圭的国旗。

只能重新选择，而时间非常紧迫。这时距离夏季结束只剩下短短三个月的
时间，一旦夏季结束，海面就会开始结冰，而"向阳红 10"号不具备破冰能
力，那时候建立考察站，危险将难以估量。波兰的科考站整整建了三年才建成，
而我们的科考站，必须在三个月内建成！这是一个前所未有的挑战。

选择站址并不简单，必须有水源，地基要结实，不能处在风口。所有科考
队员全部上岸，兵分两路，重新选址。一周后，确定了菲尔德斯半岛东岸为新
址。建设的第一大难题是抢建卸货码头，因为大船无法靠岸，只能先用小艇把
500 吨建筑物资运到岸边，再转运到站。因此，必须在岸边抢建一座供小艇停
靠和汽车吊运物资的码头。科考指挥部决定组建一支 20 人的码头突击队，3 天
内完成任务。

1 月的南极，气候恶劣，冰天雪地。科考队员就着罐头吃面条还没吃完，
面条就结了冰，建站地点周围满是浮冰，"向阳红 10"号根本无法靠岸。有队
员说，在这里任何一个方向跨出去的一步，都可能是人类的第一步，也可能是
自己的最后一步。但是这些困难，难不倒勇往直前的科考队员们，591 名队员
分工合作，在风暴间隙里抢建码头。

突击队两班倒，10 人每 10 分钟一班，另外 10 人马上跳下水接替，一秒钟
也不敢耽搁。突击队员在刺骨的海水中抢锤、扶钎、打桩。冰冷的海水像毒蛇
般缠着队员们的腿，呼啸的风像尖刀般剜着队员们的脸，钻心的疼痛盘桓在每
个人的周身。岸上的临时帐篷里准备了老酒、姜汤、棉大衣和热水袋等应急御
寒物品。冻得顶不住了，就上岸进帐篷暖和一下。

郭琨回忆说："因为定下了三天的计划，所以每分钟的时间，都像垒楼的

人与海

金砖，不可或缺。轮换不只按时限，而且根据天气、风浪、劳动强度的现场状况随机而行。在雨打浪扑中，在泥泞汗水里，衣服灌水就脱衣，手套灌水就摘手套。海军战士李秀谦的手被铁锤砸破，鲜血直流，竟在水中涮一涮又干。队员们发现钢管上有大量血迹，抓住他的手一看，右手的肌腱已被砸断，把他强拉上岸做缝合手术。"

1月5日下午，经过考察队和"J121"船突击队队员们五个昼夜的奋战，中国南极长城站码头胜利建成了。这是长城站建设的一个重要工程，从这日起，不管是涨潮还是落潮，卸运物资的小艇都可以停靠码头了。解放牌吊车也可以在码头上就位，充分发挥它的作用了。120个小时，队员们把500吨物资全部运到了站点。长城站的建设全面展开！

"由于建站前期没有暖气设备，帐篷里头平时都有一尺多厚的冰雪，每天早上起床大家都成了雪人。没有人用热水刷牙洗脸，队员用融化的雪擦擦牙、擦擦脸、擦擦手，耳朵、脸、手冻伤是常有的事。"郭琨说。

这是一场争分夺秒的苦战，为了早日建成长城站，队员们"没上过山，没下过滩，没出过湾"，无暇欣赏南极大陆的壮美，始终坚守建站"阵地"。在高强度的工作下，即便帐篷被大风吹开，身上盖了一层雪，很多队员还是睡不醒。为了保证建站进度，郭琨一大早挨个儿把他们叫醒，也因此有了"郭扒皮"的外号。老队员们回忆说，如果当时没有郭琨这股"扒皮"的干劲，长城站不可能在这么短的时间内建成。

海军"J121"船指挥员赵国臣、船长于德庆、政委袁昌文看到考察队队员在长城站工地上住的是小塑料帐篷，帐篷内没有取暖设备，铺的是充气垫子，盖的是鸭绒睡袋，每天早晨起床后，鸭绒睡袋下面湿漉漉的，帐篷内也覆盖着一层冰雪。他们就从官兵床下抽出31个草垫，送到长城站。

队员们接过草垫子，都激动得流下了眼泪，与他们热烈拥抱。郭琨紧握着他们的手，十分感激地说："这是人民解放军对我们的关心和爱护，是对建设长城站的最大支持，谢谢你们！谢谢'J121'船的同志们！"

当时，苏联站站长看到中国人的干劲都会诧异地问："你们建站，一天能给你们多少钱？"

考察队员们说："我们不要钱也干，要是为了钱，你们一天给一万，我们也不给你们干！"

队员们就像愚公移山一样，没有先进的设备工具，他们就靠着自己的双手，每天睡两三个小时，在南极争分夺秒地开垦着。从完成卸货开始施工算起，仅用 26 天，考察队就在艰苦的条件下建成了长城站。如此高效率地建成一个可越冬的南极考察站，这在南极建站史上是非常罕见的。

2 月 18 日夜，中国长城站和两船上灯火辉煌，照耀得海滩和长城湾一片火红。祖国代表团和队员、海军战士一起欢度 1985 年的新春佳节，向"新长城"贺喜。武衡团长、中国驻阿根廷大使、驻智利大使夫妇特意赶来与队员同过春节。

充满人格魅力的武衡团长在数度举杯，朗朗祝词之后，兴致勃发地走上台前，召唤官兵们与他一同合唱《南极考察队员之歌》，点燃了极地的热情。随即，长城站上歌声嘹亮：

在狂暴的风雪中
我们听见了祖国的呼唤
在艰险的征途上
我们看见了亲人的笑脸
重任在肩，希望在前
为祖国争光，奋勇当先
亲爱的战友啊，忠诚的伙伴
我们考察队员
都是中华的好儿男……

2 月 20 日是大年初一，科考队举行了长城站落成仪式。时任国家南极考察委员会主任的武衡主持开幕仪式。上午 10 时整，钱志宏副团长庄严宣布："中国南极长城站落成典礼现在开始！"这时，鞭炮齐鸣，锣鼓喧天！长城站沸腾了！乔治王岛沸腾了！

"升国旗，奏国歌！"

在白茫茫的南极雪地上，在庄严的国歌声中，在队员杨雨彬、蒋维东护卫

人与海

下，郭琨队长用他那被风雪和强烈紫外线辐射吹裂灼黑的双手，将第一面五星红旗缓缓升上了南极上空。伴随着庄严的国歌，鞭炮声、锣鼓声和欢呼声响彻云霄，震撼着乔治王岛上空，震撼着南极洲上空。

大家喜极而泣，敲锣打鼓地欢呼庆祝。啊！厚厚的铜锣竟被敲破一个大洞！紧接着，郭琨被任命为中国南极长城站首任站长。

仪式结束后，在餐厅举行庆功宴。武衡团长充满感情地致辞："祖国和人民，一直关心着你们在南极建站和科学考察，不断听到你们传来胜利的喜讯。长城站距离北京17 000多千米，你们走过的路虽然不是雪山草地，但你们闯过的是波涛汹涌的大海，是极地的冰山、严寒和狂风暴雪，这是新的长征。"

郭琨想起在澳大利亚堪培拉举行的南极洲事务会议上被请出会场的屈辱，激动地说："总算不辱使命啊……"说着说着就哭了。几乎全体男儿相拥而泣。

中国南极长城站的建成，填补了我国科学事业上的一项空白，标志着我国的极地考察事业发展到一个新的阶段；为我国进一步加强国际科学技术交流与合作，为和平利用南极、造福于人类奠定了基础；对进一步加强地球物理、海洋、气象、通信技术和宇宙科学等方面的研究，对我国社会主义建设都具有重大意义。这些成就与郭琨队长的卓越领导密不可分。

然而，就在落成典礼的第二天，一场突如其来的暴风雪袭击了南极。狂风竟然有十二级以上，飞起的雪浪足足有五六米高，刚刚落成的长城站瞬间被冰雪覆盖。此时，考察队所有队员的心和长城站的命运紧紧拴在了一起，没有任何经验，没有先进设备，仅凭考察队挨寒受冻造出来的长城站能挺住吗？

这场暴风雪整整肆虐了48个小时，风雪过后，队员们欣喜地发现长城站竟然安然无恙、毫发无伤。我国第一座南极考察站经历了生死考验！事后，有人揶揄说："狂风是欢歌，冰雪是美酒，这是上天以独特的形式祝贺中国在南极的壮举吧。"

长城站建成以后，我国立刻开展了多学科的科学考察活动，并成功完成了当年建站当年越冬考察的壮举。

2017年，郭琨在央视《朗读者》舞台上自豪地说："1985年10月，第十三届《南极条约》协商国会议在比利时布鲁塞尔举行，作为中国代表团成员的我再次参会，在会期首日《南极条约》协商国举行特别会议，一致同意接纳中国成为《南极条约》协商国成员。从此我国对南极事务拥有了发言权、表决权和一票否决权。"

那次会后，郭琨和队友们先是高兴地蹦跳起来——十三届《南极条约》会议，终于洗雪当年的耻辱。继而郭琨又像孩子一样，抱头呜呜地哭了起来，悲喜交集，感慨万分。有什么比洗雪国耻更令人自豪、激动的呢？

英雄从不止步，唯有一往无前。长城站的建成并投入使用，正式开启了我国探索南极科学奥秘的篇章。它是我国有能力独立自主开展南极考察活动的标志，不仅为我国科学工作者在生物、物理、大气、通信、测绘、医学、极地工程等方面开展研究提供了场所，也为我国和别国合作交流与共同开发南极奠定了基础。

然而，这并不意味着我国的南极科考从此步入坦途。有些国家并不承认南极长城站，他们认为，如果为了科学研究，就应该到南极大陆上建站。刻不容缓，中国科学家立即投入第二座科考站的计划和建设中。

这一次，建站任务依然落在了郭琨的肩上。

四年建两站并非易事。郭琨说，当时有的国家代表断言，中国想进南极圈建考察站，是要付出代价的。面对困难，郭琨绝不服输。他就像庄子描写的鲲鹏一样，驰骋于蓝天碧海雪川之间，像夸父追日一样，有用不完的劲儿，为祖国的极地事业而永不停歇。

1988 年 11 月，中国南极考察队乘坐"极地"号科考船从青岛出发，郭琨再次披挂上阵，担任考察队队长，奔赴南极大陆。1989 年 1 月 14 日 22 时，"极地"号驶入拉斯曼丘陵地区，在前方和左侧 0.85 海里处连续发生三起特大冰崩，瞬间冲起大大小小的"蘑菇云"，冰块雪粒四分五散，天昏地暗，冰山排山倒海般向"极地"号撞过来。

一旦冰山"吻"上"极地"号，那将是灭顶之灾。刹那间，奇迹出现了，冰山竟意想不到地在离船仅两米处停了下来。虽然没有撞上，但险情并没有消除，三次冰崩使"极地"号周围十多平方千米的海面布满了浮冰，冰块挤压，船体钢板出现凹陷。海水结冰，水体膨胀，时间一长，船将被坚冰挤碎。人即使不被挤死压死，在这种严酷环境下越冬也会被饿死冻死，建设中山站的计划也会落空。

情况万分危急。郭琨回忆说："极地考察船行进中，在前方 500 米处，突然冰川以天崩地裂、排山倒海之势向船迎面扑来，翻倒在离船仅仅两三米距离处，整个船被大冰山、小冰川及冰块围住了，我们立即进入紧急战备，船员全部上甲板，有的穿上了西服，有的把胡子刮得干干净净，有的把皮鞋也擦得铮亮，有人写好了遗书，以为要船毁人亡了，在这种艰难环境里牺牲是正常的，为国家极地事业牺牲也是光荣的。总之，船的周围被大小冰山包围，动弹不得。"

"极地"号被浮冰团团围困，情况危急。考察队领导以密码电报向国务院汇报，国务委员宋健指示："确保人员安全。"

1 月 21 日，仿佛有神力相助一般，围困"极地"号 7 天的浮冰终于在船头处裂开了一个 30 米的口子。大家下决心拼死一搏，往外突围并成功，死里逃生。这个决策是正确的，两小时后，冰面裂开的口子又合上了，一直到中山站建好后返程，那个口子再也没打开。

1989 年 2 月 26 日，中国第二座南极考察站——中山站成功建成，标志着中国南极考察的重心开始由西南极向东南极转移，吹响了向南极内陆冰盖进军的号角。

在艰苦建站的同时，郭琨始终关注极地事业的宣传科普工作。为此，他写了数十部有建设性建议的著作，主要有：《海洋手册》《中国南极长城站》《白色的大陆》《中国南极科学考察画册》等。《心系长城站》是他根据亲身经历写的一部著作，其中如此描述自己对南极的特殊感情：

"每次踏上冰雪荒原的南极洲大地时，心情总是异常激动，总是异常激扬，总想把所看到的一切都一点不遗漏地印在脑海里，铭刻在心中。每当翻阅资料、照片时，都会情不自禁地回到魂牵心系的长城站、中山站的怀抱中，回到执着追求的、潜心探索的、神奇的南极怀抱……"

是啊，郭琨七赴南极，与五艘极地科学考察船结下了不解之缘。他除了搭乘"向阳红 10"号、"极地"号和"雪龙"号赴南极建立中国南极长城站、中山站，开展科学考察活动，还积极筹划北极科学考察，为我国的极地科考事业做出了不可磨灭的贡献。

还是在那次央视《朗读者》节目上，郭琨表现出了老骥伏枥、志在千里的志向。已经 82 岁的他坐在轮椅上再次发出自己内心的呐喊："事关民族荣誉、国家尊严，我就是拼了老命，也得把这件事情做好。"

2017 年 4 月，人力资源和社会保障部、国家海洋局授予郭琨等 59 人"中国极地考察先进个人"荣誉称号。

2019 年 4 月 3 日，中国南极科考事业的开拓者、奠基人郭琨在京与世长辞。两个月后——6 月 6 日，郭琨获得"2019 年度海洋人物"荣誉称号。他把毕生的精力和才华献给了祖国极地考察事业，把愚公移山的精神带到南极，铸造了"南极精神"……

如今，全世界每年约有 3 万人去南极观光旅游，其中有 10% 是龙的传人。回首几十年前，那 591 名前辈的壮举，是恍如隔世的神话。如果有一天，我们有幸去往南极观光，在冰山一角，或许还能看到当年的壮士们百折不挠的足迹。有诗赞叹：

科考队员们

在天上是一颗星

在地上是一盏灯

他们留下歪歪斜斜的脚印

给后来者

签署永久的通行证

亦能看见

那只朝夕飞翔在南极上空的

一跃九千里的鲲鹏……

第五章
蓝色聚宝盆

在我国民间，流传着一个故事——

有位名叫春花的好心妇人，救了一个奄奄一息的乞丐，乞丐病好后送给她一个乌黑的钵子，说："大嫂，我没什么可谢你的了，这个是我祖传的，你就收下吧。"

春花推辞道："哎呀，你也不容易，不用谢什么了，既然是你祖传的东西，还是自己留着做个念想吧。"

"估计这个念想，我是不能要了，老辈已经留下话，说这东西用得好，可以给人幸福，用得不好就不行了。我家就是贪心才败落的。大嫂你心肠好，留着也许有用。"

春花没把乞丐的话放在心上，随意收了起来。正好家里缺个鸡食盆子，丈夫就拿去喂鸡。不料想，鸡食再也没空过，总是满满的，他便问春花怎么回事。春花想起来那是乞丐送的，说是什么家传的，难不成还真是个宝贝？

他们试着往里面放了一层面，不一会儿就成了满满的一盆面粉，放进什么变出什么，好啊，这就是传说中的"聚宝盆"啊！有了这个宝贝的春花夫妇并未走一夜暴富路，仍然勤俭持家积德行善，经常用多出来的米面、食物去接济穷人。

自然，现实中是没有故事中的聚宝盆的，但人们往往会用"聚宝盆"来比喻埋藏宝贝矿藏的地方。比如我国柴达木盆地，有天然高山牧场660多万公顷，构成了环盆地周边的畜牧业经济区域；盆地内矿产资源富集，金属、非金属种类多、储量大、品位高，目前已探明有盐、石油、天然气等 84 种矿产资源，潜在价值逾 1 万亿元，被誉为"聚宝盆"。

在改革开放新时期，许多城市划出一块地方，招商引资，七通一平，搞起了高新技术开发区、经济贸易区、石化工业区等，制定优惠政策，专人热情服务，千方百计将一个个大项目落地，喊出的口号就是：打造当地的"聚宝盆"。

不过，包括柴达木盆地在内的这些"聚宝盆"，与浩瀚的深海大洋相比，又是"小巫见大巫"了。海洋里有鱼虾贝类等各种生物，有石油、天然气、可燃冰、锰结核矿石等各种资源，海上可以进行各国之间的贸易往来。可以说，海洋蕴藏着人类生存与发展的无尽宝藏，海洋资源丰富多彩，堪称一个硕大无朋的"蓝色聚宝盆"。

许许多多战斗在石油、渔业、海运、潮汐发电、造船、勘探、建港、海底通信战线上的"海洋人物"，就是为我们民族的崛起、国家的发展、人民的幸福奋力拼搏打造"蓝色聚宝盆"的人……

海上铁人——郝振山

众所周知，大庆油田有一个著名的劳动模范——"铁人"王进喜。

他是新中国第一批石油钻探工人，在20世纪60年代，率领1205钻井队顶风冒雪，艰苦创业，以"宁可少活二十年，拼命也要拿下大油田"的顽强意志和冲天干劲，打出了大庆第一口油井，并创造了年进尺10万米的世界钻井纪录，成为中国工业战线一面火红的旗帜。

多少个春秋过去了，"铁人"精神遍地开花，各行各业的"铁人"的传人层出不穷，从东北荒原一直延伸到了戈壁沙漠和汪洋大海。在中国海洋石油战线上，就有这样一位被誉为"海上铁人"的优秀平台经理。

他的名字叫郝振山。

自从上了海上石油钻探第一线，郝振山就与它结下了深厚的缘分。这期间，他多次放弃了回陆地机关工作的机会，放弃了无数个与家人团聚相守的日子，多次谢绝了外国公司的高薪聘请。他说他深爱着祖国辽阔的海洋，他总梦想着能从大海里打出更多的大油田献给祖国……

"我们必须证明自己，赢得尊重。"身材挺拔的郝振山就像一座大山屹立在南海石油平台的甲板上，他刚毅的目光，清澈透亮而又充满真知灼见，仿佛一眼就能看穿海底。他注视着大海上更远的前方，始终扎根茫茫大海，一干就是30多年。

从"跟着外国人干"到"掌握技术自己干"再到"走出去带领外国人干"，郝振山见证了我国海洋石油人在新中国改革开放浪潮中的华丽转身。

1989年，郝振山从石油技校毕业，加入了中国海洋石油集团有限公司。当时，我国刚刚开启对外合作，而"南海六号"是我国引进的半潜式钻井平台。最初走上海上平台的情景，他至今记忆犹新："来到平台，我的第一份工作是甲板工，负责除锈、刷漆和打扫卫生等体力活。"

虽然他只是一名普普通通的甲板工，工作简单但却很烦琐，而郝振山从未懈怠。他干活的时候有拼劲、有韧劲，懂得动脑解决问题。一个月的时间很快就过去了，他的师傅觉得这个年轻人是个可塑之才，于是提议他去做钻井工，这样一个绝好的机会却被郝振山拒绝了。他并不是不想做，而是觉得自己还没有准备好，不宜仓促上阵。他有远大的报复，更有自知之明，他认为饭要一口一口地吃，基础要一点一点地打，将来才能完成质的飞跃。

由于当时国内海洋石油战线人才匮乏，平台关键岗位都是花重金请外国人操作。"相比陆地石油，海洋石油起步晚，员工有进入平台前的培训教育，领导说，大家要学好技术，外国专家就算骂你，也得忍着。"郝振山说。

有一次，他忙完工作跑到司钻室外面看外方司钻莫里斯如何操控刹把，那位名叫莫里斯的"老外"发现后大手向外一摆："你看什么？快走开！你看得懂吗？"

这让郝振山的自尊心被深深刺痛，他暗自发誓："你手中的刹把早晚是我的！"

可是，棘手的问题来了。设备铭牌标志和工作语言都是英语，郝振山有些专业单词不认得。"我在兜里揣一个小本和一支笔，擦设备时看到不认识的外文就记下来，晚上回去查字典。拖地的时候，如果看到外国员工在操作，我也会默默记在脑子里。"他说。

白天利用送咖啡、打扫卫生的间隙去记录数据，晚上进行倒推演算，观察数据和实际情况的关联，下班后在脑海里反复回放。一次次地观察、记录、总结、验证，他像个侦探似的琢磨、破解设备功能和技术要领。随着岗位提升，他能去的范围不断变大，有时爬上平台顶部 40 米高的井架，有时下到平台底部的浮箱。同事们看他总是钻来钻去，给他起了个外号叫"耗子"。

凭着这股钻劲，郝振山很快掌握了 1600 多个专业英文单词，逐步熟悉了大大小小上百台设备和工具，迈进了海上钻井关键技术的门槛。历经 5 年的刻苦钻研，他掌握了钻井平台核心工种司钻的操作技术。

1994 年，由于聘请外国司钻人力成本太高，公司拟在内部选拔司钻，留意郝振山很久的平台中方经理姚振坤找到他。领导问他敢不敢接司钻这副担子？其实，郝振山早就有这个"野心"了。他对领导说："给我两个星期时间，就算是考试吧，如果我干不下来，就卷铺盖卷自己走人!"

两个星期后，郝振山凭借过硬的起下钻速度和井控检测等技术，得到了外籍高级队长和总监的高度认可，通过了这场考试，顺利接过刹把。1994 年 10 月，他成为"南海六号"顶替外方司钻的第一人，也是"那一代人"半潜式平台上顶替外国司钻的第一个中国人。

外方司钻也钦佩郝振山的钻劲儿，离开"南海六号"时，特意把自己的一本"秘籍"——《钻井工具手册》送给了他。从"低下头学手艺"到"挺起腰杆自己干"，这一年郝振山 25 岁，是他崭露头角的开始。

刹把是钻头的方向盘，是海上钻井平台最核心的装置。掌握刹把的司钻需要从仪表处查看下方的岩性，确定钻进等数据，保证高效钻井，同时轨迹要符合设计要求标准。司钻工作不仅技术含量高，并且关系整个钻井平台的安全，如果操作失误会发生井喷，船毁人亡。

"我们常说司钻手里三条命，包括钻井、设备、人员的安全，系于司钻一身。"郝振山说。

尝到学习甜头的郝振山，随着岗位逐渐提升，深知要学的知识越来越多，学习已经成为他的内在需要。30 多年来，他一直都是如饥似渴地学习，记了 100 多万字的学习笔记。

在后来的工作中，郝振山经过细心观察和审慎研究，还发现外国人规定的很多操控程序也存在着可优化调整的空间。他回忆起当时的情况曾这样说："比如沉锚 6 小时的规定，我们结合南海海域的特征，优化为沉锚 2 小时或者干脆不沉锚，大大节省了成本。原本给我们当师傅的外国人看了，也心服口服。"

为此，郝振山获得了"海上神钻"的美誉。

刹把掌握在自己手里，便可顶替国外专家的岗位，为国家节省大量资金，郝振山非常自豪。之后他把历经艰辛学来的技术，向后继的工人倾囊相授，这提升了中国海洋石油工人的整体技术水平。

伴随着中国海洋石油事业的跨越式发展，郝振山也实现了自己职业生涯的三大跨越，从浅海作业到深海作业，从国内到国外。

郝振山祖籍山东东营，那里是"黄河入海流"的地方。20 世纪 60 年代末，江汉油田会战的序幕拉开，一批批有志青年从祖国的四面八方聚集江汉。因为父亲调动到江汉油田搞会战，出生在湖北的郝振山，从小便跟着父辈"行走天涯"，"是一名地地道道的石油娃"。

在郝振山的血管里，流淌着石油人对祖国的热爱与忠诚。在他记忆里，最熟悉的就是长江边荒凉的江滩和江滩上一座座高高的钻塔，还有不远处低矮简陋的芦席棚子，这是他的家，也是参加石油会战的钻井工人的家。家里有个木板箱，白天是一家人的饭桌，晚上就成了他写作业的书桌。

"有条件要上，没有条件创造条件也要上！"这些"铁人"王进喜所讲的豪言壮语常常被"老石油"们挂在嘴边。在上班间隙、下班路上、吃饭前都要唱着震天动地的歌曲，仿佛他们不知道什么是苦，什么是累，浑身都有使不完的劲儿。父亲和工友们总是忙忙碌碌，头戴安全帽，整天在油田上忙得一身汗泥。

江汉平原的梅雨季很长，雨淅淅沥沥一下就是个把月。无法出去玩耍，精力旺盛、思维敏捷的郝振山就踮着脚趴在窗口好奇地观察下班的人。他们挽着裤腿，身上沾满了泥浆，有时雨大就披着蓑衣，虽然每个人看上去都很疲惫劳累，但浑身上下却充满着一股精气神儿。

上小学时，郝振山又搬回山东东营。一次，语文老师出了个作文题目《最美的人》，郝振山想了又想，最美的人有许多，但他心中"最美的人"还是石油工人。后来他兴奋地回忆说："他们的身影一直在我脑海中徘徊，那么鲜活生动，一提笔他们的故事就好像自己跑出来了。"

当石油工人的父亲常年回不了家，加上母亲患有哮喘病，10岁的郝振山扛起了家庭重担。每天上学前、放学后，他都要背着筐子去打猪草、拾柴火，周末还要下地干活。无数次，他握紧小拳头在心底默念："爸爸不在家，我是男子汉，我要帮助妈妈干活，照顾弟弟妹妹。"

转眼，郝振山即将初中毕业，父亲问他，是考高中呢，还是上技校？郝振山深知上了高中，就有机会考大学，前途更远大。但是，看着为全家人的生计操劳，已经早早有了皱纹和白发的父亲，他的心里非常不安，又一次感到作为一个儿子肩上应有的责任。"我上技校，能早点挣钱，让弟弟妹妹上大学吧。"

1986年夏天，郝振山考进了南油技校。学校内铁人王进喜的那张手握刹把的照片深深地吸引了他，在选择专业的时候，他毫不犹豫地选择了钻井专业，

人与海

成了钻井十班的一名学生，主要面对的是"海油"。郝振山说："大海才是我的人生舞台。我要像父亲那样，当一个钻井工人。我要像王铁人那样，成长为一个钢筋铁骨的硬汉子，为祖国打油找气。"

一望无际的大海给了郝振山一个追求梦想的广阔天地。第一次出海的时候，郝振山就遇上了大风，船在风浪中摇摇晃晃地航行了近 40 个小时，很多老船员都已经有些承受不住，开始出现晕船的状况，那些与郝振山一样第一次踏上甲板的很多新船员更是吐得一塌糊涂，而郝振山却把这当作人生的磨炼。面对艰难险阻，郝振山始终保持着良好的心态，在困难面前不低头，这是他日后取得成功的关键。

海洋石油开采是一项极为复杂的系统工程，被称为高科技、高风险、高投入的"三高"行业。"海洋石油钻井都在海底，每一处海域的海底情况各不相同，在海面上看不到。不仅如此，海上还有台风、海啸等突发状况，因此海洋石油开采面临的挑战跟陆地完全不一样。"

面对海洋石油开采的高风险，郝振山不仅敢于在突如其来的自然灾难面前迎难而上，还善于严细管理，掌控风险，做到万无一失。他当上"南海六号"钻井船平台高级队长时，经历过一次抢险行动。

当时，钻井平台正停泊在琼州海峡附近，忽然，海面上浪潮涌动，遭遇了恶劣的天气，强烈的冷空气猝不及防间袭来，眼前的大海风翻浪卷，海水一个劲儿地灌入了敞着口的浮箱里。人们毫无防备，情势越来越危急，钻井平台面临着沉没的巨大危险。

越是在危险面前，越是镇定沉着，这是郝振山的又一个性格特性。"突击队员，跟我上！"他在第一时间组织了十几个人的突击队，高喊着冲上去。郝振山第一个爬下悬梯，突击队员们在他的指挥下，身体泡在冰冷刺骨的海水里，扑向支撑着平台的浮箱。

每个浮箱的盖子都是将近 1 平方米、厚 2 厘米的钢板，足有三四十公斤重。在恶劣的天气中似乎更加重了。突击队员们两三个人一组，在没到腰部的海水中相互配合着进行封闭工作。大约 4 个小时过去了，在郝振山和他的突击队员们的奋力抢救下，28 个浮箱一个个被封闭起来，钻井平台安全了。

海上作业，容不得半点马虎，一旦有了疏漏，就可能牵一发而动全身，这不只要求工人们要把自己的本职工作做到位，还需要从硬件上严格把关。

2001 年，"南海六号"被送到境外一家船厂检修。在清洁完推进器后，需要上底漆与面漆，并且按照合同规定，上面漆之前必须由平台方检验底漆是否合格；由于工人没有严格按照合同执行操作，因此船厂没有通知平台，省去了这道检验。

郝振山知道后坚持一定要打掉面漆重新检验，以确保万无一失。在船厂不愿返工的情况下，郝振山据理力争："我对你有情，大海就对我们无情！没有安全，一切都等于零！"

在郝振山的坚持下，船厂最终同意了按照合同执行。

从业 30 年，郝振山总能在危急时刻力挽狂澜。"多年前，天气预报还有些滞后，我们在南海一处钻井平台上遭遇了台风。"郝振山记得有一次海上强对流，风力超过 12 级，狂风卷起滔天巨浪砸向钻井平台，拖轮开足最大马力也摇晃着走不动，因为钻井平台突兀地矗立海上，受风面积大，所以更加危险，那不是惊心动魄，而是命悬一线。

百十号井队员工的生命，还有价值十几亿的国有资产，每一个都要负责；海面下，是暗礁、海底管线，哪一个都不能碰到。哪里是最安全的地方？报告岸上已经来不及了，郝振山凭借有限的资料和丰富的经验，严密判断，果断发号施令，不能出一丝一毫差错，每一个动作都要非常精准，指挥拖轮在 12 级的强台风中精确抵达预定地点。

"一个锚抛下，平台保住了。"郝振山笑着讲完，看似云淡风轻，却长吁一口气，或许内心又在风暴的中心走了一遭。这是段尘封已久的往事，他以前不曾讲起。长年奔袭海上，郝振山不想家人担心。

"现在不同了，我们的平台早已配置了导航系统，台风预警也已有了绿、黄、红三条警戒线；我们的海洋油气勘探开发会联合多部门进行研究，每一刻钟做什么都作了精确描述；同时，我们对海的认知达到了新高度……"随着中国海洋钻井平台的高科技配置不断完善、升级，郝振山终于有了些许释然。

2005 年，郝振山来到另一座半潜式钻井平台——"南海二号"担任经理和党支部书记。"南海二号"是中国第一个半潜式钻井平台，已经运行了 30 多年。当时每次公司综合考核，"南海二号"总是排名落后。

人与海

郝振山上任平台经理前，领导让他从"南海六号"平台上带走一两个能干的好帮手，协助他改变"南海二号"的面貌。但他一个人都没带，只带了个赶上去的目标来。他相信，大家一齐努力，一定能使"南海二号"扬眉吐气，摆脱落后的名次。郝振山针对目标管理，制定了流动红旗班组劳动竞赛激励机制，带领着百余名员工努力拼搏，连续出招，不到半年，"南海二号"在公司的综合考核中升至前三名，打了一场漂亮的翻身仗。

2010年，他结合工作撰写的管理论文《流动红旗班组劳动竞赛激励机制——海上平台班组考核管理措施》，获得了中国海油创新成果转化奖的三等奖，这是中国海油系统内唯一一个基层单位员工获得此奖项，同时，该论文也在广东省石油学会2010年度学术年会中获二等奖。这年底，"南海二号"创下了连续安全生产超过千天的历史纪录，"金牌铁军"的声誉远播海外。它本不是装备最先进的平台，工人的素质也不是最优秀的，为什么能成功？郝振山说，海洋石油工人身上有军人的气质，在这支队伍组建之初，就有退役海军战士的参与，且队伍采取的一直都是半军事化管理方式。"靠石油精神和科学管理，把所有人拧成一股绳，每个人敢担当奉献，敢冲锋陷阵，形成最大的战斗力。"

在成绩面前，郝振山并没有满足，勇闯国际市场，用实力赢得信任，谱写了让"洋人"敬佩的一页。

2006年4月28日晚7点，一股强势台风迫近孟加拉湾，郝振山正指挥"南海二号"上的员工撤离平台，却在10点钟左右收到了材料主管钟文辉的报告："有两个压载舱室发生串水，平台无法正常升船。"

压载舱是保证船能沉能浮的关键部位，两个舱室间串水将会导致船不能正常浮沉，在台风欲来的危急时刻，这一问题无疑是雪上加霜。郝振山命令相关人员即刻查找串水原因，得到的结论是："两个舱室之间的阀门因老化而无法关严，要想修复必须等到船进干坞或者全浮起来才行。"

如果把人留下来随时调节压载舱的水量，以保证船体平衡，那么留守人员就会有相当大的危险；如果全员撤离，"南海二号"就可能沉没在孟加拉湾。这两种情况都是大家所不愿意看到的。郝振山想出了一条随机应变的对策："把那两个舱都抽干或都灌满，防止串水，再据此调整其他舱室的水位。"

这个思路虽然没有按照厂家的压载方案操作，却立刻得到大家的赞赏。全体员工按照这个灵活方案，齐心协力，分秒必争，终于在凌晨3点，"南海二号"达到了生存吃水状态，天将亮时，平台上所有人员都安全撤离。一位甲方监督对郝振山的机智十分佩服，如此评价郝振山："越是紧急时刻头脑越冷静，有大将之风！"

"南海二号"一鼓作气，进军缅甸，其钻探的三口井都获得了高产油气流，这让缅甸方面对中国海上油气钻探能力刮目相看。他们工作的图片和事迹被收藏进缅甸的国家历史博物馆中，成为中国海上石油工人的骄傲。缅甸能源部长伦西塔在视察平台时作出了相当高的评价："我看'南海二号'的'二'应该改成'一'，因为在孟加拉湾，你们就是No.1！"

此后，"南海二号"的租金从每天7万美元上涨到每天20万美元，反而赢得了更多国家的钻井合同。在郝振山出任经理的五年间，"南海二号"驰骋于中国的南海、东海以及印度洋，共钻井57口，创收17.05亿元，利润10.40亿元。

2007年，郝振山和他的团队在完成了东南亚海域与国际同行同台竞技任务后，接到了参加南海西部"文昌油田会战"的新任务。这个油田的投产是当年广东省的十大劳动竞赛项目之一，对"南海二号"来说也是一种挑战。

当时从印度尼西亚起程时间离开钻只剩下短短30天，时间十分紧迫。如果"南海二号"晚到一天，就会影响新文昌油田的投产。在郝振山的精心策划及领导下，全队抢抓时效，创造了"水检"纪录，终于按时完成了任务。

郝振山的团队永远在大踏步地前进，仅仅在2009年的一年中，郝振山率领"南海二号"在东海作业，就开创了四个"第一"：第一次在国内半潜式钻井平台成功应用裸眼测试技术；第一次成功实施探井压裂测试；第一次将东海地区的探井成本从每米3万多元降到每米2万元以下；第一次打出了日产千立方米的高产工业油气流……

掌握科学技术，还需要培养人才，郝振山研究出了"一二三"的金字塔培训模式。依靠先进的科学技术以及"一二三"金字塔培训模式，再运用高效的管理体制，郝振山最大限度地发挥了团队力量，在人才培养、石油开采等方面，为中国海洋石油工业的发展作出了重要贡献。

人与海

在他担任"南海二号"平台经理的五年时间里,"南海二号"为世界上最先进的深水钻井平台"海洋石油981"等单位培养输送了120多名高技能、高岗位人才,其中包含金牌司钻、技能标兵等人员,"南海二号"由此被赞誉为海上的"黄埔军校"。仅2009年郝振山团队就向兄弟平台输送了19名工程师以上的专业人才。

郝振山在"下海与登天同样难"的海洋石油行业,始终瞄准世界第一,敢于同国际一流石油公司较量,不仅成为"海上神钻",还打造了一支战无不胜的海上铁军。在他身上集中体现了中国海油"敢闯新路,勇担责任,善于学习,包容创新"的企业精神。

2010年,中国海油石油气产量超过5000万吨,大庆油田用不到16年实现了5000万吨的产量,而海洋石油实现5000万吨这一目标整整用了53年,其中的艰辛不言而喻,郝振山则在2010年被评为"全国劳动模范",有"海上铁人"之称,他的身上闪耀着王进喜那一代石油人勇于拼搏的身影。

2019年9月25日,郝振山获得了"最美奋斗者"的殊荣!有人问他最难忘的奋斗瞬间是什么?郝振山动情地说,随着年代的变化,有不一样的感受。第一个印象比较深刻的是从"洋专家"手里,抢过了刹把,接替了司钻岗位;第二个难忘的是带着"南海二号"平台远征缅甸、印度尼西亚,展示我们海上钻井人的风采,为祖国争光;第三个难忘点是"铁打的营盘流水的兵"能独当一面和海外远征。在郝振山的心底已经筑牢了"南海二号"平台,并焊接着"战天斗地,与海共舞"八个大字,他早已将自己的奋斗和广大一线海上石油工人的血肉紧密相连在一起。

参加完在京举行的"最美奋斗者"表彰大会后,郝振山又马不停蹄回到工作岗位,开启了新的奋斗征程。

踏着时代奋进的节拍,每位追梦人都在不停奔跑、勇敢超越,寻找着属于自己的幸福彼岸和梦想远方。尽管追梦途中不是一帆风顺,但是他们逆风而行、向阳而生。用郝振山的话说,他只是在践行着当年成为一名光荣的石油工人时许下的承诺——"我为祖国献石油!"

在郝振山的办公室里,整齐地存放着一套工服,他说:"一线需要,拎包就上。"

铁骨柔情，展现人格魅力。一个善于管理团队的人，仅仅靠铁的纪律和管理是不够的。郝振山是"海上铁人"，但他依然拥有侠骨柔情的一面。他侠义情肠，对待队员就像对待兄弟一样。

他平时腰杆笔直，走路昂首挺胸，说话干脆利落，笑起来声如洪钟。许多人第一次见到这位"铁军"带头人的时候，都会问这样一个问题："您当过兵吧？"这是因为大家都会被他身上那种钢铁般的气质所吸引。其实，郝振山并没有当过兵，但他这种军人气质也许是源于广阔的大海，得益于"铁人"王进喜的拼搏精神，郝振山把"铁人精神"传承给了更多的"80后""90后"。

年轻员工杨勇说："郝经理最爱听的歌是《我爱这蓝色的海洋》，他时常跟我们说，要想享受工作，干出成就，首先得热爱自己工作的这片天地；《奠基者》《亮剑》这些电视剧，可以说是我们的'必修课'，郝经理不但推荐我们看，还要求我们写出观后感……"

郝振山说到关于兄弟们的话题，他总会有讲不完的故事，最后还要加上一句："怎么样，咱们的队伍厉害吧？"随即放声大笑。然而，谈到他自己时，他总觉得"没什么可说的"。

在海上漂泊了几十年，郝振山深深地体会到员工们浓烈的思家之情。春节期间，他往往自己坚守岗位，让有困难的员工先回家探亲。他对待出海员工的父母，就好比自己的双亲一样，如果他们病了，郝振山都会亲切问候和关怀。

为了促进员工的夫妻感情，他还将"哄老婆"作为思想工作来抓，郝振山曾特意买来玫瑰花分给平台兄弟们，让他们回家献给妻子。只有真心把大家当成兄弟，才会让大家有更高的集体荣誉感，工作起来才能更有动力。

2007年，公司要推荐郝振山参评总公司劳动模范，郝振山觉得这个荣誉不是个人的，而是集体的，于是找领导商量，"工作都是大家做的，推荐'南海二号'这个集体行不行？"最终，"南海二号"凭借出色的业绩顺利当选总公司先进集体。

郝振山把"南海二号"打造成了一支远近闻名的海上铁军。不仅如此，他还把团队的亲和力带到海外和所在国的当地"洋员工"打成一片，把友谊的种子撒在他们心中。他从心底把这些当地的雇工当作一家人，常说："不管员工是黑皮肤还是黄皮肤，在'南海二号'，都是自家兄弟。"

人与海

　　根据中国海油与所在国签订的合同，"南海二号"在海外作业期间必须雇用一些当地员工。而在印度尼西亚的海域作业，大多数当地员工都是穆斯林，每天要做祷告。为了照顾这些"洋员工"，郝振山想方设法在寸土寸金的平台上腾出了一个 10 平方米的房间，专门作为他们的祈祷室。这一举动使当地员工深刻体会到了这个团队对他们的文化尊重。

　　每年 10 月是穆斯林的斋月，按照伊斯兰教规，当地雇员在日出至日落期间不能进食。2006 年的 10 月，"南海二号"的作业正开展得如火如荼。当地雇员从事的大都是高强度的体力劳动，在滴水不进的情况下肯定无法完成这样的工作，他们的身体也会难以承受这样的负荷。针对这种情况，郝振山事先做了周密的安排和细致的思想工作。

　　斋月期间，印度尼西亚员工只从事一些相对轻松的辅助性工作，他们的工作岗位全部由中方员工顶替。这是一份发自内心的尊重，郝振山凭借这份尊重和当地雇员成了很好的朋友。

　　有一次，郝振山应邀参加一位当地代理商儿子的婚礼。他特意买了一件当地人眼中的"正装"，当他穿着"直筒裙"式的民族服装出现在婚礼上时，那位平日里能说会道的代理商激动得不知说什么好，直道"谢谢"，并对亲朋好友介绍"这是我的中国 BOSS"。郝振山入乡随俗的举动深深打动了这位代理商。从这以后，每逢这位代理商提供服务时就更多地考虑"南海二号"的利益，提出了不少好的建议。

　　为了使员工之间的关系更加融洽，郝振山提议每个月举办一次员工生日聚会。第一次生日聚会时，中方员工金学义和缅方员工 Min Htoo 是这次聚会共同的主角。当天的聚会现场点缀着一串串彩灯，大家一起为两位主角唱起了"生日歌"，气氛非常热烈。

　　当郝振山把亲笔留言的贺卡送到两位员工手里时，Min Htoo 高兴得说不出话来，兴奋得把贺卡拿到嘴边亲了好几下。那一天，所有人的脸上都洋溢着快乐，欢笑声飘出餐厅，飘出平台，回荡在孟加拉湾碧蓝的海面上。在这种亲如兄弟般的真诚和友谊面前，当地雇员都爱上了这里的平台。不少"洋员工"在休假期未满时就要求提前回来上班。他们操着并不熟练的汉语真诚地说："中国朋友好，'南海二号'比家好。"

逐梦新时代，奋斗新征程。2018 年，郝振山成为第十三届全国政协委员。他说："政协委员不是官衔，不是荣誉，是一份沉甸甸的使命和责任。这份责任激励着我带着感情、充满激情地去做一名敢担当、能担当的政协委员。"

站在更高的舞台，郝振山秉持着对油气能源行业的热爱，长期关注并思考如何保障国家发展的能源安全问题。"现在我国的油气能源近 70% 靠进口，油气不仅关乎国民生活，还是工业的'血液'，也是'原材料'，我们的工业要发展，经济要发展就离不开石油。"他聚焦能源领域改革等热点话题，特别是着眼油气行业面临的难题和挑战，从"能源领域改革攻坚""大力推动绿色发展""保护中开发，开发中保护"等多个方面建言献策。

针对用海矛盾成为渤海油田增储上产重要制约的问题，郝振山积极奔走、调研，抓住主要矛盾点，提交了关于和谐用海的提案，希望渤海油田更好地助力增储上产，保障国家能源安全。随着提案的提出，交通运输部等中央部门主动对接中国海油，达成多方联调机制，促成渤海、南海多个勘探项目顺利上马、投产，效果显著。渤海油田 2021 年原油产量超 3000 万吨，成为我国第一大原油生产基地。我国海洋原油产量增量已连续三年占全国原油总增量的一半以上，2020 年和 2021 年更是达到全国原油总增量的 80% 左右，成为国内油气增储上产主力军和重要增长极，将能源饭碗端得更稳、更紧，为国家能源安全保障作出了积极贡献。

2020 年 9 月，随着国家"双碳"目标的提出，郝振山心怀"国之大者"，紧跟国家战略，以更加长远的眼光思考和谋划中国海油的"绿色未来"。这一次，他将调研课题放在了海洋能源综合利用开发、加速中国海油绿色低碳转型。郝振山提到，一直以来，我们海上平台发电都采用透平发电机组自发电为主的供电模式，中国海油首个海上油田群岸电应用示范项目于 2021 年在渤海油田建成投产，并已在蓬莱油田群和文昌油田群开展风机接入电网的方案设计和前期研究工作。也许在不久的将来，海上平台油气勘探开发的动力源将由海上风电提供，真正实现"绿色驱动"。

同时，郝振山也发现，我国海洋能源综合开发尚缺乏统一规划。海洋油气、海上风电目前是作为独立资源开发，资源开发规划和批复主体不同，海域利用

人与海

效率和项目整体效益不足。带着这些问题和针对性的建议，2022 年 3 月，郝振山带着他的《关于积极推进海上风电与海洋油气等海洋能源综合开发利用的建议》参加全国第十三届第五次政协委员会议。提案内容引来中央电视台、人民网、《科技日报》《工人日报》《中国电力报》等众多重要媒体的广泛关注，引起业内广泛热议。

时光荏苒，中国海油在 2022 年迎来了 40 周岁生日，当年首个顶替外方司钻的小伙子郝振山已然两鬓斑白，现在他就任中海油田服务股份有限公司深圳分公司党委书记、总经理，是"海上铁人"，是中央企业最美奋斗者，是全国优秀共产党员、全国第十三届政协委员。面对这些荣誉，他很自谦，他说他只是中国海油千千万万碧海丹心、能源报国的一分子，翻开中国海油的历史，就是一部"为祖国找油、为民族争气"的奋斗史。改革开放之初，我国开启海门与西方石油公司合作时，无论技术、装备，还是资金、人才，中国海洋石油工业起步都比西方国家晚了近百年。无数海油年轻人凭着一股不服输的劲头加入中国海油，奋斗是他们共同的时代表情。

一路走来，郝振山将自己的青春，人生的大半辈子时间都献给了大海，陪在亲人身边的时间就很少了。但他并不是不在乎自己的家人，而是为了国家而忽略了自己的小家。他在海外的时候，面对大洋彼岸的亲人，曾真情流露说过："在海上，听到年近七旬的父母生病时最担心；回家后，看到幼小的女儿那陌生的眼神最难受。"其中展现了多少酸涩，更辉映了多少坚强。

妻子钟双梅已经记不清他有多少个春节没有在家过了，她说："平时即使休假回到家，只要作业没结束，他的心就还在工作船上。"钟双梅有个愿望，那就是亲眼去看看"南海二号"，"每次船靠岸，我们都不忍心去，怕打扰他工作"。他的女儿郝雨长大以后，跟郝振山的感情变得很好，完全没有了郝振山所说的"陌生"两个字，开始敬佩她经常离家在外的父亲。郝雨对父亲的敬佩和崇拜可以说渗透到了生活中的各个角落。

"我看见过各种时刻的海，黎明时分的辉光、落霞中的璀璨；领略过我国东海的扑面冷风，也感受过孟加拉湾钻井平台上超过 70℃ 的甲板温度；拥抱过海的平静浪漫，也经历过台风海啸的暴虐……"郝振山对海的热爱不减。

"大力发展蓝色经济，保护海洋环境，建设海洋强国。"郝振山深情地说：

"每一代石油人都有自己的使命，如果说我们的国家是一列火车，那么王进喜等老一辈石油人的使命就是启动，让火车跑起来；而我们这一代石油人的使命就是提速，让火车跑得更快更稳。现在，我和弟兄们正为了这个目标奋力拼搏。作为'蓝色国土'的耕耘者，在海上打井找油漂了 30 多年，对大海，我离不开，也放不下，梦里都和大海一起共舞。"

船舶，让城市更美好——南大庆

早在十年前，上海世界博览会的名气响彻海内外。这是中国人第一次举办世界博览会，参展国家众多，展品精彩纷呈，人气盛况空前。那座引人注目、整体通红的中国馆，是华夏大地的象征，令世人惊叹。

你可知道，在世博园区西南角，有一个占地 5000 平方米的庞然大物巍然矗立，这就是中国船舶馆，一个吸引参观者眼球的海洋世界，同样震撼世界。

这个中国船舶馆是集中展示我国海洋经济、海洋装备建设的唯一央企馆。180 多根"龙之脊"组成船身龙骨，突出船舶馆的企业形象，貌似巨船化石，历史气质昭然若现；又似龙的脊梁，借喻中华民族工业坚强的龙精神。它展现了船舶的过去、现在与未来，表达了船舶工业对城市发展和人类美好生活的责任、奉献、期待与展望。这个馆的建设是在江南造船厂的总经理南大庆勇于担当大梁、精心谋略与指挥下建造的。

南大庆，中国共产党党员，1982 年 2 月参加工作，研究生学历，研究员级高级工程师，曾任上海市第十四届人民代表大会代表，2010 年度海洋人物，曾任江南造船（集团）公司董事长、总经理，江南长兴重工有限责任公司董事长，中国船舶工业集团公司党组成员、副总经理等职务。南大庆是中国船舶业发展的功臣之一。

如果你在清晨踏上长兴岛，就会看到在长达 8 千米的海岸线上，一艘艘正在修造的船舶停靠在巨大的船坞中。迎着冉冉升起的朝阳，5000 多名江南造船人汇聚在这里，"加油！加油！加油！"海浪拍打海岸，浪花飞舞，中国船舶业欣欣向荣的景象离不开江南造船（集团）公司总经理南大庆的领导与辛苦付出。

新中国成立初期，中国造船业几近荒废。1949 年全国船厂从业人员不到 2 万人，造船总吨位不足 1 万吨。改革开放之前，我国船舶工业主要侧重发展军品，民用船舶出口一直发展缓慢，从 1952 年到 1978 年的 27 年间总共才出口船舶 16 万载重吨。1977 年 12 月，邓小平提出"船舶工业要积极地引进国外先进技术，中国的船舶要出口，要打进国际市场"的战略决策，使中国造船业从此走上了振兴之路。

"要强国，必经略海洋；要强军，必提振海军"。从 20 世纪 80 年代初到 21 世纪初，南大庆伴随着改革开放的脚步一路走来，从基层普通员工到中层技术管理者，最后又成为中国船舶业界的重要领导，为共和国船舶工业以及海洋国防建设挥洒着青春和汗水。

他行走的足迹，印证着呕心沥血的船业故事，意味深长，闪烁在中国造船业的蔚蓝天空中……

1959 年 8 月，南大庆出生在浸润千年齐鲁文化的山东省泰安市。泰安在山东省的中部，是一座历史悠久、风光美丽、山环水绕、气候宜人的城市，雄居五岳之首的泰山屹立在这里。

泰安有着浓郁的文化气息，是中华文明的发源与传承之地，儒家文化在这里流淌了两千多年，无数文人墨客留下的千古名诗滋润着他成长，齐鲁大地的黄土地让他有了山东人的伟岸、朴实、执着、坚韧与忠实。

经过寒窗苦读，1978 年 3 月，南大庆成为上海交通大学船舶工程专业的大学生，从此，命运把他和中国船舶事业紧紧地连接在一起，仿佛他为船而生。"会当凌绝顶，一览众山小"，他不断超越自己。在学校，他秉承校训精神，心系天下大事，除了认真学习专业知识，还经常了解国际局势，深知国家在海军实力上远不如欧美一些发达国家，还有很大差距要去追赶，他希望将来自己能为共和国海洋事业的发展尽一份力。

1982 年 2 月，23 岁的南大庆走出校门，来到了上海中华造船厂。中华造船厂的前身是创建于 1926 年的中华造船机器厂，是由杨俊生老先生创办的中国第一家民办造船企业。上海解放后，中华造船机器厂实行了公私合营，经过多次改制改名，1966 年 11 月更名为东方红造船厂，1973 年 1 月又重新定名为中华造船厂。

对于刚毕业的学生来说，船舶制造业的一切都是新鲜的，但当时的造船条件也是相当艰苦的。当年，没过多久，一起分配来的同学有的开始唉声叹气，叫苦叫累。南大庆却从不抱怨，他知道，自己才刚刚迈出船舶生涯的第一步。他开始从车间技术员做起，对待工作一丝不苟，认真把好每一道关。他始终任劳任怨，积极投入，努力掌握实践知识，提高操作技能，获得领导的好评。

知不足而奋进。良好的开端是成功的一半，也许那个时候，南大庆根本不会想到有朝一日自己会担任江南造船厂的总经理职务，但他总感觉有一种使命在召唤着他，要他马不停蹄研究船舶制造业。他不分昼夜，勤勤恳恳，一步一个脚印地踏实工作，积累实战经验，稚嫩的肩膀在一次次历练中逐渐挑起了重担。为了充实和提高自己的知识和能力，南大庆分别于 1987 年 5 月到 1989 年 6 月以及 1990 年 5 月到 12 月，两次脱产攻读工商管理硕士。

正因为南大庆不舍昼夜的奋进，孜孜不倦的求知，无私无畏的担当，1993 年 4 月，他晋升为设计研究所船体二室副主任，一年以后成为中华造船厂设计研究所副所长，后来又担任爱德华造船有限公司总经理助理。1995 年 8 月，鉴于在科研与管理方面的突出贡献，南大庆走上了领导岗位，担任了中华造船厂的副厂长，主抓造船生产工作。之后又先后被任命为沪东中华造船（集团）有限公司副总经理，上海外高桥造船有限公司副总经理、总工程师。2004 年 2 月至 2006 年 1 月由组织统一安排到四川省宜宾市挂职锻炼，任宜宾市委常委、副市长。其中，他担任中华造船厂副厂长的成长历程完全和中国船舶事业的快速发展同步。

华夏儿女多奇志。中华造船厂的脱胎换骨，和南大庆的努力是分不开的。中华造船厂这个民国时期创立的老厂，改革开放以来，犹如老树吐出了新芽，焕发出勃勃生机。经过历年的基本建设和技术改造，中华造船厂已成为中国船舶工业总公司所属的大型骨干企业，已经能够建造 2 万吨级以下远洋和近海多用途集装箱货船、客船、油船、气垫船、石油钻井平台、各类工程船舶、导弹驱逐舰、大中型登陆舰等军用舰艇以及重型机械设备等，发展成了一家综合性的造船企业。

进入 21 世纪，全球的海洋大国都意识到这是一个"海洋世纪"。海洋中蕴藏着丰富而宝贵的资源矿藏，要开发这些矿藏，就要有先进的造船技术，而振兴海军、保卫国家的海洋权益，同样需要有高质量的舰船作为装备支撑。

海洋强国的使命与任务清晰地摆在了中国造船业的面前。南大庆正是在这个关键的时候，于2006年初被调任中国船舶工业集团公司总部工作，先后任经济运行部主任、公司的副总工程师。2007年4月出任江南造船（集团）有限责任公司副董事长、总经理。

博览群书的南大庆深知，中国在木制船历史上是走在世界最前列的。明朝郑和七下西洋的庞大船队是当时世界水平最高的远洋船队，充分展示出我国当时的先进造船水平，更显现了中国古代造船业的辉煌。清晚期成立上海江南机器制造总局和福建船政局，并由中国人自行制造出第一艘轮船"黄鹄"号，标志着中国近代以钢质机动船舶为主的船舶工业的诞生。随着工业革命的兴起，西方的造船技术开始超越东方，中国船舶制造业逐渐落后于世界。尤其近代中国"北洋水师"全军覆没的惨痛教训令南大庆时刻警醒自己，前事不忘后事之师，唯有把造船发展好，才是最好的报效祖国，才能洗雪历史耻辱。

南大庆领导的江南造船厂，是中国船舶业的佼佼者，有着150年辉煌的历史。早在第一次世界大战末期，就为美国海军制造过万吨运输巨轮。100多年来，江南造船厂创造了近百个"中国第一"，制造了千余艘战舰，为中华民族工业的发展作出了巨大贡献。

2002年上海世博会申办成功，江南造船厂正好位于世博浦西规划园内，为了支持上海世博会的举办，江南造船厂在中国船舶工业集团公司领导下，服从服务于大局，认真履行大型国企的社会责任，开始了江南造船厂被誉为"惊天动地"的大搬迁。2005年，在长江口长兴岛上，规划面积12平方千米的江南长兴造船基地一期工程正式开工建设。

2007年，在江南造船厂搬迁、建厂的重要历史转折关头，南大庆走马上任，开始担任这家百年造船企业的领军人物。作为一家有着百年历史、社会影响重大的造船企业领航者，南大庆忠诚履行自己应有的责任和使命，在海洋强国和造船报国的信念支持下，开拓创新，攻坚克难，竭尽全力驾驭着具有百年历史的江南造船这艘巨轮从长兴岛启航，开始新的航程。

2008年1月，江南造船厂离开了生息百年的黄浦江畔，悄无声息地完成了被誉为"惊天动地"的百年江南搬迁壮举。江南造船长兴岛新厂，它具备了承建我国国防建设所需要的各类舰船的硬件设施能力，已经能够满足现在和将来海军装备发展对建造能力的需求。

然而，南大庆明白，一个具有先进硬件设施能力的企业，必须建立与之相适应的先进管理模式与运行体系，只有两手硬才能使企业的能力得到最大最有效的发挥。他满怀信心地向江南造船厂员工提出：现在的江南造船厂已经站在了一个非常好的发展平台上，我们当下要做的就是建立现代造船生产与管理模式，要通过学习创新，提升管理，健全标准，优化流程，以更强、更好、更优的舰船制造能力，来服务于海军转型、装备建设和建设海洋强国的需要。他身体力行地带领江南造船厂员工脚踏实地，一步一步地去实现自强目标。

江南造船厂为军而生，为军而长，为军而发展。南大庆始终牢记江南造船厂以军为本的责任使命，提出了要把江南造船厂发展成为中国第一军工造船企业的奋斗目标。在搬迁长兴岛后，他始终强调：建造军用舰船是我们军工企业对国防建设的一种责任，是国家赋予我们的职责，这是最崇高的使命，也是我们江南造船厂不断发展壮大的不竭源泉和动力。我们要牢记军品第一，不断强化企业员工的军品意识，在军品生产、经营、管理等各方面提出了严格的要求。在南大庆的带领下，搬迁后的江南造船厂，员工上下同心协力，不断提升海军舰船装备研制能力，不断交付海军所需要的舰船装备，不断为海军转型发展并走向深蓝作出新的贡献。

2008年，南大庆兼任了上海江南长兴重工有限责任公司董事长。他以此为契机，在中国船舶工业集团主要领导的大力支持下，积极推动江南造船厂与江南长兴重工有限责任公司的重组融合，全力为承建海军大型舰船装备奠定基础，为开拓国际超大型民用船舶市场创造条件。后来，我们看到一艘接着一艘的万吨巨轮从这里下海，成为江南造船厂的骄傲。

2009年东方卫视的一期节目中，南大庆接受了记者专访，回答了江南造船厂是否能建造航空母舰的问题。他说，江南造船厂已经具备了建造中国海军所需的各种水下、水上，包括战略型舰艇项目的硬件能力。他同时表示：江南造船厂已经为承建航空母舰做好了准备。建造中国自己的航空母舰是江南造船厂这一百年军工企业全体员工梦寐以求的夙愿，之前由于种种客观因素的制约，江南造船厂不具备条件与能力，今天江南造船厂做好了准备！

披荆斩棘、扬帆远航，南大庆面对的挑战不是建造轻量级的战舰，而是中国的航空母舰。第二次世界大战以来，航空母舰成为展示一国海军实力的真正体现。自民国以来，中国人就一直迫切希望能够拥有自己的航空母舰，但由于技术条件以及经济等因素的限制，这一夙愿多年未能实现。

随着近年来南海局势紧张，中国以前只是从俄罗斯引进了"瓦良格"号航空母舰，这一航母的引进也激励着江南造船厂尽快、尽早、尽力制造出自己的新航母。

上海世博会计划建立中国船舶馆，这是集中展示我国海洋经济、海洋装备建设的唯一央企馆，但是能不能在各国游客面前完美展现出中国造船业的强劲实力，对江南造船厂来说仍然是一个极大的考验。

中国船舶馆的位置恰好就是江南造船厂的旧址。故地重游，南大庆感慨万千，他深知这次世博会不同寻常，为此他撰写了各种建馆纲要，把船舶馆的展览理念传达给每一个工作人员。而这个理念就是要在百年江南造船厂旧址建设一个现代化的展示馆，庄重地将我们海洋经济的成就以及海洋装备方面的发展成果展示给世人。

作为江南造船厂的总经理，南大庆再一次挑起了建造中国船舶馆的大梁。他深知建好世博会中国船舶馆是"江南人"的共同心愿，也是中国造船人的期望。他深知上海世博会是造船人展示海洋装备发展成就、弘扬海洋文化、提高海洋意识的绝佳机会。

南大庆肩负着振兴中华航海造船业使命。怀着对大海、对海船、对航海事业、对海员兄弟们的深厚情感，他用键盘敲击出一篇篇用心血智慧写出的建馆理念、纲要，并落实在建馆中，让观众饱览船业发展的历史荟萃，观馆联想起茫茫无涯的大海与航海轶事。

2009年2月12日，中国船舶馆全面施工，仅仅用了一年的时间，建造队伍就以优质高效的工作保质保量地完成了旧厂改造、主展馆建设、景观斜廊、景观绿化、影片拍摄、多媒体制作、影音设备安装调试等重大项目。

2010年2月，建筑、消防、机电、装饰、环境等项目顺利通过了验收，一个占地面积达2万多平方米、主展馆7000多平方米的中国船舶馆出现在世人面前。中国船舶馆是世博园区展示馆面积最大、结构最复杂、展项最多的企业馆。

人与海

它的建造既体现出一流的建设速度，在质量方面也无可挑剔，充分反映了江南造船厂高效率和严要求的特色。

"船史大道"通过明代郑和下西洋的船只模型等，展示了中国千年造船历史。中国船舶馆投入运行至胜利闭馆期间，接待了大量的国内外游客，参观人数高达680万，在世博浦西园区名列第一。面对海内外接踵而至的参观人群，有效调节秩序就成为一大难题。如何让游客高兴而来，满意而去，这对中国船舶馆是一个严峻的考验。如何确保世博会期间运行阶段，以一流的服务质量、可靠平稳的运行来满足观众的观博愿望，面对这一重任，南大庆进行了周密部署。他日夜奔波，亲自到实地考察，积极与工作人员商讨，提出了改进意见和要求。首先是安全问题，安全隐患不可忽略。

南大庆从理念着手，编写了《服务工作规范》《突发事件应急预案》等20多种执行手册，请来会展管理专家，对运行团队人员进行微笑服务和服务理念培训，把"以人为本"的服务理念落到实处。他要求每一个工作人员面对游客都要面带微笑，让游客有一种宾至如归的感觉。

他又从细微处入手，做好对游客的引导工作。在中国船舶馆试运行阶段，源源不断的客流量令工作人员应接不暇。于是，在细致统计分析的基础上，采取了入口处控制参观者放行量，从原来每10分钟放行100人，提高到每3分钟放行120人。展馆内则加强引导，维护安全。由于参观者年龄、身体状况等各不相同，对于老人、残疾人等特殊人群，南大庆安排导览人员予以优先快速入馆，服务人员给予搀扶等帮助。保安、导览人员要随时关注乘客的需要，灵活安排自己的服务内容。

为了让游客更好地了解船舶馆，更多地了解海洋相关知识，南大庆还特别重视宣传推介活动。船舶馆专门成立了一个小组，负责把船舶馆的特色介绍给游客，这种推荐宣传的方式果然很受欢迎，令船舶馆人气大增。

为了让全国大、中、小学生更多地关注世博、参与世博，更好地认识船舶、喜爱船舶，了解中国船舶业艰辛曲折历程的发展，激发学生学习科技知识的兴趣，增强学生的想象力和创造力，中国船舶馆主办方和上海市造船工程学会共同主办了《难忘的世博会中国船舶馆》征文比赛。在一定程度上起到了宣传推广作用。

中国船舶馆的精彩表现，赢得了国人的一致好评，也给外国友人留下了深刻印象，船舶馆以良好的服务理念、热情的服务态度以及传播海洋文化的宗旨，让世界了解了中国历史悠久的海洋文化，同时也向人民群众传输了各种海洋知识，对于提高全民的海洋意识有极大的帮助。

2010年12月，南大庆又被任命为中国船舶工业集团公司党组成员、副总经理。纵观南大庆走过的近40年船舶生涯，可以看到中国船舶制造业在改革开放发展中的缩影。2011年中国造船居世界首位，三大指标——造船完工量、新接订单量、手持订单量以载重吨计分别在6800万吨、3700万吨、1.6亿吨左右，继续居全球首位，中国船舶工业集团公司增强科技创新、加快产品调整结构，在海洋工程装备、高技术船舶研发建造领域以及主流船型优化方面，取得了多项"零"的突破。这一切成就的获得来之不易，克服了数不清的艰难险阻，凝聚着包括南大庆在内的所有造船人的心血和汗水。

在这新的"海洋的世纪"，南大庆所在的中国船舶工业集团公司把战略目标瞄准了海洋，聚焦海工装备市场需求热点，积极储备人才技术，开展自主研发和技术集成创新，海工装备产品不断丰富，成功建造了一系列重点海工装备等，并向世界知名海洋工程装备总承包商持续迈进。

但是，南大庆等造船业人清醒地看到，尽管中国船舶业在面对国际船舶市场持续低迷的情况下取得了如此辉煌的成就，可在高端船舶研发和制造方面，在科技含量、设计和技术等方面，与世界造船强国日本和韩国还有一定差距。例如，发达国家船舶配套国产化率已达90%以上，目前我国船舶配套国产化率远不如发达国家。中国船舶业要在更高的起点上实现新的跨越，还有很长的路要走。

在"十二五"规划的指引下，南大庆和他的团队带领江南造船厂向更宽更高处发展。2011年，在"世界海洋日暨全国海洋宣传日"庆典上，南大庆成为"2010年度海洋人物"，我们期待江南造船厂建造出更多的战舰保卫祖国的海疆，走向深蓝的海洋。

大海后浪推前浪，生生不息。南大庆为船业而生，我们祝愿他和江南造船厂基业长青，节节开花，硕果累累，不断为深蓝海军和海洋强国建设作出更新、更大的贡献……

南海深处钻井声——邓明川

在百度搜索中输入"981 钻井平台",显示有 207 万条相关内容——自 2012 年在南海首钻成功,"海洋石油 981"每一次勘测与转场都成了新闻焦点。

"没办法,这是 981 啊!"一位海洋工业专家告诉记者,这编号本身即"自带光环":"9"代表钻井船,"8"代表深水,而"1"代表第一艘,这是我国迈向深水油气资源的第一步。其现实意义不言而喻。

邓明川就是这艘"981"战舰的首任"掌舵人"。

在蔚蓝的海天之上,在直升机飞旋的铁翼下,邓明川俯瞰着南海深处的"海洋石油 981"平台。巨舰挺立,像龙的传人般英姿勃发,推进器卷起朵朵浪花向四周飞溅。水下 1490 米,钻头正静静地等待开钻的号令。邓明川和他的团队已经备战了三年。

在一定意义上,邓明川他们手中旋进南海深水的那些钻杆,钻出来的是中华民族百年的志气,宣示的是中国的主权。这是中国海洋油气开发史上石破天惊的一刻,全世界为之瞩目。

2012 年 5 月,我国首艘第六代 3000 米深水半潜式钻井平台"海洋石油 981"胜利完成南海首钻,这是我国石油公司首次独立进行的深水油气勘探开发,也使我国成为第一个在南海自营勘探开发深水油气资源的国家。

现场轰鸣的钻头声,在南海深幽处回响。邓明川和兄弟们的欢声和着泪水,滚滚而下,撒向大海。那一刻,百余条汉子用眼泪表达胜利的喜悦,用欢笑倾诉上千个日夜不为人知的压力与无畏的付出。

首钻成功后,邓明川妻子龙海蓉说:"两年多,邓明川第一次在家睡了个踏实觉,他很高兴,就是打心底欣慰的样子。"

如果说南海上有一支战无不胜的"深海奇兵",那么邓明川就是这支奇兵的领航人。这支奇兵是维护我国国家权益和开采我国南海矿产资源的斗士。南海被公认为"聚宝盆",其中石油储量估计达 550 亿吨,天然气 20

万亿立方米。

从国际同行开发深水能源算起，邓明川他们已经期盼了近20年。当时，邓明川和团队成员摩拳擦掌。当1998年邓明川大学毕业成为"南海二号"平台的一名甲板工时，国外钻井水深已接近2000米，而国内最深不到300米。那时候，面对深海油气资源，海洋石油人只能望洋兴叹。2012年5月9日，"海洋石油981"的钻头探进地层。画面通过媒体传遍大江南北，宣示着中国成为凭借自己的能力勘探南海深水油气的国家。

上天难，入地更难，深水则难上加难。深水油气勘探不仅要面临恶劣的自然环境，而且在高温高压条件下，钢铁管柱软如面条，对勘探装备的要求尤其高。突破瓶颈获得成功，如果说海洋石油人延续的是"铁人精神"，那么邓明川就是将这种精神发扬到极致的人。

1998年，从未走出过家乡的四川娃邓明川第一次坐着直升机从空中见到大海，南海波涛汹涌，蔚蓝耀眼，强烈震撼着这个山里娃的内心世界。刚刚大学毕业的邓明川眼前为之一亮，这万顷的大海就是他追寻的方向，大海深处就是他所学专业的用武之地。

他暗下决心要将自己的生命扎根在大海深处。邓明川的第一个岗位是甲板工，这是海洋钻井平台上最普通的岗位，重复劳动多、体力消耗大。盛夏烈日灼烤着平台，甲板温度高达50多摄氏度，邓明川擦地板、搬货物，不出几分钟，厚重的工服就会被汗水湿透。

一个班十几个小时下来，有人累得筋疲力尽，倒头就睡，邓明川却躺在床上自言自语、念念有词，他在思考着钻井平台的点点滴滴，并从中找出开拓进取的更好通道，即使在这种环境下，邓明川依然坚持学习。他在工作中观察到平台的一些核心岗位被外国人把持，设备说明和操作手册也都是英文的，想向这些外国人请教问题的时候，他们总是有意无意地避讳关键信息。

邓明川很不服气地说："谁说我们干不了？外国人能干的我们也可以，我不相信我们比他们差。"他始终憋着一口气。于是，不论工作多么辛苦，一下班他就抱着厚厚的英文钻井设计资料和每天的作业指令学习、琢磨、探究，一字一句地背，几个月熟记了上万字的英文材料，不仅过了语言关，也熟悉了钻井程序。他知不足而奋进的学习劲头也感染着周围的队友。

人与海

上天总是宠爱有准备的人。邓明川一步一个脚印，从甲板工到钻工，从司钻到高级队长，很快，邓明川成为中国海油最年轻的平台经理之一。

他是怎样成长起来的呢？

在四川盆地东北部距南充市 18 千米之外的嘉陵江中游东岸，有个名叫东观镇的小镇，这里素有川北"鱼米之乡""丝绸之乡""柑橘之乡"的美誉，1975 年邓明川就出生在这个美丽的小镇。

纯朴的自然风光塑造了邓明川阳光、向上、执着的品格。他从小乐于助人，学习刻苦，扎扎实实，善于思考，凡事都要问个究竟。在老师同学眼里，他是个谦逊内敛，朴实善良，低调随和的好学生。1994 年，19 岁的邓明川考取了西南石油大学，成为一名石油工程系石油工程专业的大学生。

四年大学生涯，转眼而过。1998 年，23 岁的他迈出校园，踏上了工作岗位。在那个青春可以随处安放的年代，邓明川怀着一腔热血毅然走向了海洋油气开发岗位，一心想着要去最艰苦的地方，干出一番事业。

初次见到大海，领略大海的魅力，他精神极度高昂，并兴奋地向亲友们诉说大海带给他的视觉感受和冲击力，向恋人讲述对大海的神往。然而，随之而来的是日复一日的繁重劳动。邓明川心里很清楚，他没有盲目自信的资本。大学四年所学的书本上的东西根本不够用，到了钻井平台上还需要更多的实战经验。

不管是思路、技术、环境，还是其他方面，对邓明川来说都是一片空白，一切需要从头开始。有人说："那么苦，体力劳动多，他又那么瘦小，放着轻松的岗位不挑，自找苦吃，不知道他怎么想的？"面对疑问，邓明川淡然一笑。

烈日盛夏，整个人仿佛炙烤在火炉里，用邓明川的话说就是打个鸡蛋放在甲板上一会儿就熟了。争分夺秒的成长，使他坚信，笃定前行，珍惜时间，上天定会给出他收获的喜悦。

没有在深夜品读信念的人，怎么去品味人生？邓明川的人生就是从深夜挑灯夜读开始的。一个班 12 小时下来，纵使练就钢铁不坏之身，也无法抵挡浑身的疲倦，但他凭借内心深处强大的精神力量，支撑着自己在海上钻井平台坚守如初。

甲板上若干个苦累交织的深夜，传来工友们的阵阵鼾声，他却独自享受着属于自己的宁静，默默徜徉在钻井设计和作业指令的英文材料里，经过日积月累的学习，他逐渐走进了钻井世界奥妙无穷的乐趣里。

2004 年，邓明川随一支修井团队赴印度尼西亚海域作业，成为最早一批走出国门的中国海上钻井人。2006 年 8 月，中海油田服务股份有限公司（以下简称"中海油服"）派出一支 20 人的远征队来到里海，邓明川在伊朗"阿尔擘沙"平台担当管理者，为"阿尔擘沙"量身定做了一套管理制度、检验规范和操作规程，派到现场的管理人员也是有经验、懂技术、善管理的精兵强将。

"经过 20 多年的发展，我们从虚心向外国钻井人学习，到逐步接手平台上所有的关键岗位，已经完全有信心、有能力管理国外的平台。"邓明川说，"海上钻井是国际化的高端行业，我们也相信自己的管理标准和操作技术适用于伊朗。赢得尊重，要用本事说话。"

作业中，正当本地工人束手无策时，邓明川组织国内队伍做示范，所有步骤井井有条，从井架到泵舱，他们似乎比伊朗工人更熟悉这座平台。此后，邓明川每天组织一次培训，伊朗的第一支半潜式钻井平台操作团队逐渐成形。"伊朗方面越来越离不开我们。"邓明川说。

时间飞速前行，十年海上生涯，风雨兼程，不过弹指一挥间。不知不觉，邓明川走上海上钻井工作岗位已经十年了，他的足迹遍布钻井平台的甲板、钻台、井架……

2007 年 10 月，年仅 32 岁的邓明川首次攀上了事业的第一个高峰，被任命为钻井平台经理，执掌当时国内最好的常规水深半潜式平台"南海五号"，他不仅创下了当时公司在这一岗位上最年轻平台经理的纪录，而且将这项纪录保持了两年。

2008 年，一条振奋人心的消息在钻井人之间传播开来：中国海油投资建设的 3000 米深水半潜式钻井平台已在上海外高桥开建。一次，邓明川跟同事相聚时，有人又提起这个话题："能到深水钻井平台工作，那才算真正的海上钻井人。""只是我们谁也没有经验啊。""没有经验，那我们就去'西方'取经。"邓明川说。他所说的"西方"是挪威籍的"西方大力神"钻井平台。

这座世界上最先进的第六代深水半潜式钻井平台首次作业井位就位于南海

的荔湾3-1气田。此时，邓明川已接到一项任务——为"西方大力神"招募操作工。虽然招募的大多数是低岗位人员，但邓明川还是以全部的热情遴选合适的员工。他的心里有方向，尽可能地从国内、从海油人中去招募。

"他们都是深水的未来，今后我们自己的深水平台也要靠他们。"在国际化平台的历练中，这批国内深水钻井作业的"先行者"逐渐站稳了脚跟。他们中的很多人后来成为"海洋石油981"作业团队的骨干，他们在挪威钻井平台上形成的严谨思想更是体现在"海洋石油981"钻井作业中的每个细微之处。

他是秣马厉兵的带兵人。2009年，邓明川正式就任"海洋石油981"生产准备组负责人，开始系统地组建平台作业队伍。在"海洋石油981"之前，中国海上钻井平台最大的作业水深只有500米，要实现从500米到3000米的跨越，留给邓明川的时间只有不到三年。

面对深水作业经验几乎为零的巨大考验，要实现由浅水到深水、再到超深水的跨越，谈何容易？"海洋石油981"团队只能摸索前行。面对国人的期待和国际同行的怀疑，第一任平台经理邓明川喊出"尊重是靠实力赢回来的"口号。

邓明川深知，作为队伍的领头雁，一定要打造出一支善管理、懂技术、精操作的深水作业队伍。然而摆在他面前的是深水人才的短缺，技术和经验的不足。

"深水钻井不能缺装备，也不能缺人；有人有装备后，还要有机结合，置于科学的作业体系内才能正常运行。"邓明川说。为中国海油深水钻井培养一批人才、搭建一套体系，成了他肩上最重的担子。深水钻井平台比一般的半潜式平台多了动力定位系统和自航系统，然而动力定位、电仪、轮机等几个岗位都没有人才基础。

邓明川一面组织自主培养，一面四处求贤，在全行业物色人选。三年间，邓明川成功"挖"来近十位核心技术人才，高级动力定位操作师盖凤喜就是其中一位。他曾在国际知名石油公司从事动力定位工作十年以上，是这一领域难得的人才。古有"三顾茅庐"，今有邓明川晓之以理，动之以情，约盖凤喜见面数次，电话联系更是不计其数，用了半年多时间成功将其招进"海洋石油981"团队。

苦练本领，打造一流深水奇兵。"不破楼兰终不还！"邓明川将这句誓言铭记在心。

为尽快掌握核心技术，邓明川和团队从平台建造期就开始介入。他带领平均年龄仅 30 岁的钻井团队人员在集装箱改造的办公室里啃外文资料、学技术，并对首钻可能发生的各种情况进行了深度模拟分析，制定了 164 个工作程序、848 个操作规程和 1020 个保养规程，摸清了 1500 多台设备的"脾性"，用短短三年时间消化了世界发展近 20 年的深水钻井技术，学习资料有 20 多吨重，摞起来能装满 8 个集装箱。

为突破技术封锁，他们登上相似的外籍深水钻井平台学习，顶着外国人的白眼"偷师学艺"，甚至除夕夜也没停下忙碌的脚步。为实现中国深水首钻成功，他们有的将婚期一拖再拖，有的错过了妻子的临盆、孩子的生日，有的为了让家里有困难的同事能够回家，主动放弃休假……

邓明川和兄弟们一起，吃住在平台。他以身作则，提出了"边学习、边实践、边积累、边沉淀、边提高"的工作思路以及全程跟踪、考核的"全员登高计划"，从半潜式平台抽调骨干到"海洋石油 981"学习，推行"一岗双人"的培养模式；采取"1+1"的学习交流方式，每天一个学习项目，每天一次交流会。

邓明川利用一切可以利用的资源提升员工的技能水平，他要求"知识当天消化，问题不能过夜"。"全员登高计划"大大缩短了人才培养周期，在不到三年的时间共开展了 980 项培训，平台所有员工完全胜任了深水作业岗位。

后来，"海洋石油 981"还为中国海油后续深水钻井平台输送了近 20 名高级岗位人才，成为中国海油培养深水钻井人才的"黄埔军校"。

不管是在生产准备阶段，平台建造阶段，还是在作业当中，平台都遇到了很多问题，邓明川对这些问题如何解决，心里也是没底的。用他的话说全凭一种感觉和热情去做。为保首钻成功，邓明川带着兄弟们在一线舍身忘我地奋战，他们相信成功已经不远了。

由于连续作战，使本来就清瘦的邓明川，一下子瘦了一二十斤。妻子龙海蓉记得，2011 年春天带着女儿去上海看望他，一见面第一眼见到消瘦的邓明川时，眼泪刷的一下就流了下来。

人与海

"我们结婚十多年来，遇到很多困难，我都不会特别伤心，但这次我真的很难过，我很担心他的身体！"龙海蓉说，"我对团队中的很多人都熟悉，也清楚地知道他们是怎样一路走来的。首钻开始以前，压力不仅是邓明川有，团队中的很多人都顶着前所未有的压力与责任。"说话间，她的眼里噙满了泪水。

首钻的日子就要到了，大家更加努力地拼搏。邓明川和他的团队攻克了一个又一个难题，做好了人员、物资和体系等各方面的准备。"首钻前大概有半个月的时间，邓经理一直都在平台上。有一些本该我做的事情，他也帮我分担了。包括紧急时更换一些设备，是他带着兄弟们攻下来的。"刘超回忆说，"准备开钻了，到了最紧张的时候，大家每天平均工作时间达到了 16 ~ 18 个小时，工作结束后基本上是倒头就睡觉。睡几个小时，起来接着干活儿。"

上天在眷顾邓明川及团队的同时也为他们设置了一些障碍，但正是由于前期的精细准备，当遇到突发状况时，邓明川和他的团队经受住了考验。

"海洋石油 981"运营费高昂，这座海上钢铁城市的顺利运转，牵动着每一位平台员工的心。邓明川经常问自己两个问题：风险评估到位没有？配件齐全了没有？从新加坡到挪威，从作业者到公司高层，他协调着各种资源，保证前线的兄弟们没有后顾之忧。尽管第一仗已经打响，但平台设备还处于磨合期。

回想 2011 年台风"梅花"登陆前，邓明川等人在船厂的会议室召开了一次电话会议，大家讨论如何避免台风的袭击，平台现场经理刘超被邓明川的敬业精神深深打动。"当时邓经理与钻井事业部、工程项目组一直在讨论，商量怎么避免平台免遭台风侵袭，他拿着手机，中途换了两块电池，打了两个多小时电话。"邓明川的敬业精神和责任心，感染着身边的每一个人。"大家看到了他的付出，其他人的士气也就起来了，齐心协力，事情也就好做了。"刘超感慨地说。

2012 年春节前夕，恰逢平台进入钻前准备，正处于最后的攻关时刻，不容丝毫懈怠，员工却只能面对茫茫大海，向着家的方向遥祝亲人节日愉快。邓明川放弃了和家人共度春节的机会，他始终与坚守岗位的员工们在海上共渡难关。有些员工一直忙到大年三十才匆匆赶回自己家中，大年初一刚过就又回到了工作岗位。

2012 年 7 月 17 日，"海洋石油 981"第二口井作业期间，2 号、3 号中压配电板突发失电故障，平台50%的定位动力瞬间消失，随时有失控移位的风险。接到消息后，正在湛江开会的邓明川立即动员了平台定位系统、电站和柴油机的厂商。他连夜赶到珠海，第二天一早就带他们登上平台。

由于故障发生前毫无预兆，无经验可循，几大厂商的维修师琢磨了三天，也没有任何头绪。海上变天如翻掌。此时台风已经生成，预测路径直奔作业井位而来。如果不能在台风到来前准确查出故障并完成修复，后果将不堪设想。

在南海的狂风恶浪中战斗了十多年，邓明川深知这片海域"脾气"暴烈且变化多端。他提出一个大胆的思路："厂商只熟悉各自生产的设备，如果设备本身没有故障，会不会是系统界面之间的问题？"邓明川相信，经过三年的勤学苦练和第一口井的实操锻炼，"海洋石油981"团队比谁都更熟悉这座平台。他立即成立以动力定位、电仪、轮机几个专业为主的故障处理突击队。

经过十五次模拟试验和四天四夜的连续奋战，他们最终在台风来临前排除了故障。平台员工都说，邓经理总是在关键时刻最沉着，最冷静，最善于解决问题。只要邓经理在作业现场，干活就有底气。

刘超记得最惊险的一次是发现天车滑轮装反了。"我们是晚上才发现了这个问题，当时马上就召集大家一起讨论如何处理。从钻台到天车滑轮高约几十米，要爬到上面干活儿，可想难度有多大。"刘超说。做完风险评估后，已经很晚了，邓明川亲自带着大家干，一直忙碌到凌晨，才顺利地解决了问题，避免了严重后果的发生。

逐风踏浪，精彩应对。台风是海洋石油行业的"大敌"。南海台风多发，且多有"土台风"，行踪诡异，难以预测，给深水钻井作业带来了巨大风险，自2012年钻井平台投入运营以来，"海洋石油981"团队共经受了近20次大大小小的台风"洗礼"。面对突如其来的土台风，"海洋石油981"以科学方式勇敢面对，在台风间隙抢修、作业、应急，平台员工被淋成"落汤鸡"是常有的事情。

令国人为之骄傲的是，"海洋石油981"前四口井平均停工时间率仅为1.33%，远远优于国际同类型平台运行初期停工时间率的30%。2013年邓明川被评为"2012年度海洋人物"；同年，"海洋石油981"获评"全国工人先锋号"；2015年"海洋石油981"作业团队被评为"2014年度海洋人物"；2016

人与海

年，"海洋石油981"钻井平台获得"中国质量奖"……敢为中国争先，敢与世界争雄。正如邓明川所言：荣誉、尊严、尊重是靠实力赢回来的！

"海洋石油981"已经实现平稳运行，将肩负我国深水能源开发、提高能源保障、维护国家海洋资源权益的重任继续前行。后来，邓明川从"海洋石油981"首任平台经理岗位上卸任，服从组织需要，担任中海油服墨西哥公司总裁，远赴墨西哥湾，带队走上了国际竞争的大舞台。

离开前，领导询问邓明川有何想法，老实、能干、不善于表达感情的他出乎领导意料地仅说了一句："我唯一舍不得的就是我的那帮兄弟。"在海上作业，一个钻井平台就是一个巨大的海上实体。

整个团队面临各种困难时，大家同舟共济。"川哥"，是"海洋石油981"钻井平台上的兄弟们私下里对邓明川的亲切称呼。平台上的所有人都亲如兄弟，是一起下过海的生死之交。在足球场大小的平台上，他们并肩奋战了1000多个日夜。

刘超说："川哥和他的兄弟们之间建立了纯真浓厚、患难与共的感情。就好像一个船上的蚂蚱，相依为命，大家都拧成了一股绳。"

"正是这些兄弟在海上同舟共济，才有了海洋石油首钻的成功。情感是人世间最宝贵的东西，只有在患难的时候才能见分晓。如果说这帮兄弟们也舍不得我离开，我才觉得这是我干这个项目最大的收获。"邓明川说。

得知邓明川要调走了，"海洋石油981"钻井平台的兄弟们忍不住流泪。刘超说："不知道那一刻心里是什么滋味，真可谓五味杂陈。纠结也好，为他有新的发展喜悦也好，反正大家痛痛快快地喝了一场酒。那场酒，多少个兄弟聚在一起，喝得酣畅，痛快，大家抱头痛哭，各种感觉都有了。依依不舍，难说再见。"

醇香的美酒倒了一杯又一杯，怎么也道不尽他们同舟共济的经历。"我不想说再见，相见时难别亦难。我不想说再见，心里有许多话，还没说完。"这一晚，深圳的夜空中，一起投入的心血化作无数首动人的歌曲，回荡着兄弟们情浓于水的深情。

邓明川走后，由刘超接任"海洋石油981"钻井平台经理。邓明川的做事风格和思维方法都已深深地刻印在他的头脑中。很多时候，他们在平台上遇到问题时，都会自然不自然地想，如果邓总在，他会怎么做？刘超和队员把跟随邓明川在一起学到的宝贵经验浸到了骨子里。

虽然和这帮兄弟相隔万水千山，但距离隔不断兄弟情深。每当刘超遇到难题或是拿不定主意的时候，他都会联系"川哥"，希望得到他的指点和建议。而每次两人通话时，邓明川也会关切地询问兄弟们的工作情况。

一路走来，邓明川就是"深海奇兵"里那头不知疲倦的"老黄牛"，几乎没有什么豪言壮语，更多的是朴实执着的行动，从中却体现出一种昂扬向上的"海上铁人"精神。

到了墨西哥湾这片世界海上油气勘探开发最活跃的地区，又是一番新的局面。在地球的另一半，作为全球海洋油气主产区，墨西哥湾海洋油气工业由欧美人主导，面对不同的市场及技术规范，他又拿出不服输的劲头，任期内大力开拓墨西哥湾海工市场，同墨西哥国油等美洲油气公司建立战略合作关系，先后从国内成功动员一套模块钻机、2艘自升式钻井平台赴墨西哥湾执行长期作业合同，实现中国海油8套海洋钻井装备在墨西哥湾同时作业，海洋钻井装备市场占有率位居墨西哥市场第二。

邓明川到海外履职新的岗位，原本答应陪女儿过生日这个小小的承诺，几年来一直未能兑现。"要干，就得干出一番事业！"掩起对家人的愧疚，邓明川憧憬地说起新的梦想："有一天，中国海油的旗帜在四海五洋飘扬，那多好……"

而后，邓明川担任中海油服钻井事业部总经理，负责中国海油最大的装备业务板块的全面运营。他在任期内组织中国海油旗下"南海九号""兴旺号"等中深水钻井装备依次投产，高效的接船、投产形成"样板工程"，在获得业界高度称赞的同时，也使得我国深水钻井技术、装备梯队建设进一步完善，我国以"海洋石油981"为代表的深水钻井船队屹立在世界东方。

2016年，面对突发的行业寒冬，邓明川狠抓运营管理，装备运维DOWN-TIME指标平均为1.5小时每平台月、平台员工OHSA指标平均仅为0.08，远优于业界水平。凭借过硬实力，钻井事业部在全球油价低点深化海外市场开拓，成功开拓俄罗斯钻井市场，顺利组织"南海九号"鄂霍次克海完成两口探井，是该海域纬度最高探井，其间组织攻关解决水下防喷器"冰堵"及全球供应链

人与海

等业界难题，使中国成为全世界唯一在此海域有限作业时间窗口连钻两井的国家。同时，他组织"南海八号"征战北极喀拉海，历时 85 天，克服天气、装备、陆基保障等世界难题，顺利完成作业，使中国成为继美国、俄罗斯、挪威之后的"北极石油勘探俱乐部"第四个国家。至 2017 年，钻井事业部管理 41 艘钻井平台、5 套模块钻机，规模位居世界第二、亚洲第一。市场成功覆盖美洲、亚太、西非、北欧、中东、远东。

邓明川永远未曾躺在昨天的"功劳簿"上，2018 年底，他又担起了重任——国务院国资委组织专门运营海工装备的国海公司，负责价值超过 1000 亿元的中央企业 173 个海工装备资产的运营盘活。他作为总经理也是该公司的 001 号员工，又和当年从零开始接"海洋石油 981"钻井平台一样，组织来自 6 家中央企业的员工，开始了新一轮创业。

妻子龙海蓉又打包起了行囊：湛江、深圳、墨西哥、燕郊，这次到北京又一次无怨无悔地搬家，一次次的分别和漂泊，是她作为一个海洋人家属对丈夫事业无声却是最有力的支持……

"直接面对大海组织平台生产，和当前在幕后负责海工资产运营相比，工作区别还是蛮大的，但本质都是服务国家海洋开发，我的使命从未变化……"邓明川谈起他的新工作，眼睛还是那样坚毅有神。

国海公司仅有 30 余名员工，是典型的"小团队""重资产"公司，任务艰巨，使命光荣。30 余名员工来自五湖四海的十余家企业，文化底蕴、工作方式甚至地域差异都为团队融合带来挑战，如何打造一个精干高效的团队，是摆在邓明川面前的第一道难题。

邓明川服务了海洋大半辈子，"蓝色梦想"是让他坚持到现在的最大动力，"筑梦"是团队的第一要务。他带头分析国家海洋强国建设部署，分解公司重点任务，不断凝聚共识。又通过打造企业核心价值观，把国海团队"拴在了一条船上"，为建设"国内领先、国际知名的专业化海工资产管理公司"凝心聚力。

截至目前，国海公司很好地完成了《中央企业海工装备资产三年行动方案》，工作绩效超出了预期，当初的 173 个库存海工资产，目前整体盘活率达 88.5%，助力我国海工装备制造产业重回健康可持续发展轨道。

　　"这些年我们还有一个重要财富，就是形成了一套以经营性租赁为特征的资产全生命周期管理技术标准体系，确保资产得到妥善维保，确保国家重器的安全。"国海公司员工陈文礼介绍，国海公司作为业界规模最大的海工装备资产管理公司，走出了一条"中国特色"之路。

　　"邓总带领我们运营着60余个海工装备，其中为中国海油、中国石油、中国石化、中国电建等提供装备近40个，全部为主流型号新型装备，有力保障了国家海洋油气及海上新能源开发需求。"国海公司员工王升对干好国海事业，服务国家战略，开发海洋资源，建设海洋强国信心满满。

　　"我们正从摸爬滚打的学生，慢慢开始引导全球海工潮流。邓总作为全国海洋人物，身体力行奉献海洋事业，他引导我们站在国家海工行业健康可持续发展角度，把国海公司建设成精干高效的高品质海工装备管理运营平台和共创共享的产业链协同发展交流合作平台，服务国家战略、服务全产业链条的资产管理公司。"国海公司员工曲海龙讲到，国海团队在"海洋人物"带领下，矢志贡献国家海洋事业。

　　这么多年来，邓明川辗转多个岗位，但都是在海洋工程战线，从未褪去"海洋人物"本色：忠于职守，献身海洋。

　　对于未来，邓明川很喜欢《西游记》中唐僧在取经路上经常说的一句话："赶路要紧"。他说："对于已经发生的事情就让它过去，我更看重的是现在需要做什么事。所以，还是'赶路要紧'。"

海运巨轮掌舵人——许立荣

新春致辞

（2016 年 2 月 16 日）

许立荣

同志们：

今天是新集团第一天正式运营。在过去的半年多时间里，我们两大集团的广大干部员工对重组改革给予了积极的支持、深刻的理解，使我们很顺利地完成了两大集团合为一个集团的重组改革方案。现在，这个改革方案从计划转入了实施。今天，是新集团扬帆起航的第一天，也是我们万里长征的第一步。集团重组改革的路还很长，面对的困难和挑战还很多。凤凰涅槃、浴火重生！要想让中国远洋海运集团这艘世界巨轮能够顺利地驶向彼岸，实现改革重组的目标，我们一定要不畏痛苦、执着追求、齐心协力。墙由砖砌，事凭人做，只要新集团 12 万员工共同努力，我们就一定能够实现重组改革的目标。

今天是新集团的第一天，祝新集团开工大吉！我们未来的事业神圣、使命光荣、责任重大，让我们团结起来，共同努力，一道绘制新蓝图、一道实现新梦想！

最后，祝 12 万员工猴年万福金安、事事顺意、家庭幸福！

2016 年春节之际，首任中国远洋海运集团有限公司（中远海运）董事长、党组书记许立荣，向全体员工发出了贺词。情真意切，感动人心。这个行业巨头完成了重组后，开始了首航。

这一年，中远海运的产业布局优化调整为"6+1"产业集群，从资产和业务层面，积极推进和实施各核心板块、支持单元的专业化重组。在国际航运市场长期低迷的形势下，中远海运当年实现利润 160 亿元，超额完成预期目标。2017 年集团实现利润近 200 亿元，航运主业扭亏为盈。

至此，中远海运成功"逆袭"，浴火重生。许立荣，成为驾驶中国航运业巨轮驶向世界舞台的"掌舵人"。

2016 年 2 月 18 日，这家由中国远洋运输（集团）总公司（中远集团）与中国海运（集团）总公司（中海集团）两大航运中央企业合并重组而成的中远海运，在上海正式挂牌成立。操盘这场划时代"航运联姻"的关键人物，是中远海运首任董事长、党组书记许立荣。

18 岁时，许立荣从上海远洋开始了航海生涯，历经海上磨炼，26 岁成长为中国最年轻的船长。当时的他一定想不到多年后将执掌中远海运。从 2008 年至今，世界航运市场运力过剩，航运企业持续承受着巨大的生存压力。重组之前，中远集团和中海集团都拥有集装箱、邮轮、散货等主船队，并配置物流、码头、修造船等延伸板块，业务重叠，产业布局、业务架构和经营模式雷同，总体资产利用效率不高，规模效应难以释放。国际航运市场陷入萎靡后，更是双双造成"大而不强"。

2015 年 8 月，在党中央大力支持下，两大集团改革重组大幕开启，其复杂程度让业界咋舌。整体来看，两集团总资产超过 6000 亿元，员工近 12 万人。如此大规模的人员和资产重组，难度可想而知。

2016 年 1 月 4 日，许立荣肩负起这一历史使命。然而，这家重组后的航母型企业董事长并不好当。彼时，航运市场正面临寒冬，所有人是否认同这次重组，重组能否挽企业危机于狂澜？如何设计顶层的重组方案，是满足于简单的"1+1"合并，还是从根本上解决企业的可持续发展？这是关键问题，也是最难解决的问题。

站在海洋强国、航运强国的高度，许立荣深切地认识到，重组整合不能是简单的"1+1"合并，做成"大中远"或是"大中海"，更不能"穿新鞋、走老路"，而是做强做优的战略选择，要把经营管理模式创新作为一条主线，以深度创新求最大改革红利。对于重组过程，原中远海运战略与企业管理本部总

人与海

经理冯波鸣历历在目，他用"如履薄冰、如临深渊"来形容自己当时的感受。

在他的记忆里，许立荣上任伊始，以其超前的眼光和超凡的魄力，果断决定以战略为先进行重组，从方案设计阶段就为集团的发展奠定了基调。

"董事长始终强调，新集团现在要做的不是做大，而是做强，如果只是简单的公司合并，新成立的中远海运无法在当前一蹶不振的市场上获得优秀业绩。"冯波鸣说。许立荣将整合重点放在主要业务板块重组上。他没有采取简单的吸收式合并方案，而是坚持采取"拆开来、合起来"深度融合式的整合，对难度最大、至关重要的两大集团的四家上市公司重新定位，特别是将原来作为集装箱运输的上市平台创造性地转变为新支柱业务——航运金融的上市平台，并通过大规模的资产置换来实现。最终，中远海运完成涉及 74 项交易、600 多亿元资产、3.8 万员工的"史上最复杂交易"。

跟随许立荣工作了十多年，冯波鸣很敬重这位领导。"对董事长来说，其实选择这个方案面临很大的风险。"他解释说，所有的中介和律师事务所从来都没碰到过这么大的上市公司交易，创造了资本市场的先例，资产重组的过程量大，等于是整个资产重新配置。"如果股东不同意，方案通不过，就等于改革不成功。"

实践证明，许立荣的决策是正确的。2016 年，在他的带领下，中远海运通过重组，在运营规模上实现了"四个世界第一"：船队综合运力 8532 万载重吨/1114 艘；干散货自有船队运力 3352 万载重吨/365 艘；油轮船队运力 1785 万载重吨/120 艘；杂货特种船队运力 300 万载重吨。"六个世界前列"：在全球的集装箱码头超过 46 个，泊位数超过 190 个，集装箱吞吐量 9000 万标准箱，排名世界第二；全球船舶燃料销量超过 2500 万吨，排名世界第二；集装箱租赁规模超过 270 万标准箱，居世界第三；集装箱船队规模 158 万标准箱，居世界第四；海洋工程装备制造接单规模以及船舶代理业务稳居世界前列。

通过 2016 年以来的一系列成功重组交易，中远海运成功实现战略转型，以其为主要平台的融资租赁、投资、航运自保险、银行和财务公司等航运金融业务也得到快速发展，新集团着力打造的中国领先、国际一流、具有航运物流特色的综合供应链服务集团已初步形成。

2016 年、2017 年，许立荣着力推进总部及各业务板块重组整合工作，先后完成了总部、集装箱、散货、能源、港口、金融、物流、装备制造、海外网络和中远海控等 20 多项重大改革重组项目。单单海外的重组，集团十大海外区域公司整合，就涉及 104 个国家，185 家公司。同时，还打造了集装箱运输、码头经营、航运金融、油气运输四大上市平台。

按照中央企业深化改革的走向和要求，新集团改变原有两大集团总部"运营管控"和"大总部、小产业"的管理模式，确立了新总部"战略管控型"的定位，以及"定战略、配班子、管资源、抓考核、防风险"五大职能，逐步建立"小总部+大产业"的新型管理模式。

许立荣创造性地确立了集团总部"职能部门+共享中心+特设机构"的新模式，强化战略管控和共享服务，避免机构臃肿、职能交叉，职能部门人员从改革前的 504 人缩减到 249 人。在重组过程中，新集团推进直属企业规范董事会建设，对核心产业实施差异化授权管理，一举改变了高度集权的管理模式，大大提高了投资决策的效率。

按照国务院国资委要求，中远海运还提出了"压缩法人层级至 5 级、管理层级至 4 级，消减法人公司 20%"的"瘦身健体"工作目标。截至 2017 年上半年，集团清理关闭 376 家法人单位，管理层级压减为 4 级。"压减"工作被国资委评为先进典型。

"规模不是重组整合的最终目的。"许立荣在接受多家媒体采访时表示，重组不仅仅是规模上的合并，还是业务布局上的深层次优化。在"做小总部"的同时，新集团积极创造条件，特别是通过建立健全现代企业制度来"做大产业"。

冯波鸣介绍说，新集团的产业布局优化调整为"6+1"产业集群，即包括航运、物流、金融、装备制造、航运服务、社会化产业以及开展基于"互联网+"相关业务的商业模式创新。借助重组，因势而谋，前瞻性布局航运上下游多元产业，打造全球领先的综合物流供应链服务商。

在新的产业集群发展战略下，中远海运的码头与集装箱运输划入了一个事业群，并明确"以码头为点，以航线为线，以集运和物流为面，共同打造全球服务网络"。由此，集运和码头两个板块能够相互融合、相互促进、协同发展。新集团还融合了原中远集团、中海集团旗下的优质金融资产，打造了"航运+

金融"的业务发展模式,通过产融结合,深度挖掘协同效应,让处于惊涛骇浪中的航运业周期性风险迎刃而解。

把规模优势转化为规模效益,在国际竞争力、全球资源配置、可持续发展上达到最强,这是许立荣带领中远海运巨轮冲出周期性魔咒的破局之策。

面对6000多亿资产和十几万员工的重托,许立荣壮士断腕的改革决心,力推深改快改,以深度创新、深度融合、深度协同的"重构式"整合谋求最大改革红利,创造了资本市场重组的优秀案例,成就中国现代企业改革重组的杰出样本。

任何并购重组,打破企业文化差异、融合团队都是难题。许立荣提出"四个一"的核心理念,即"打造一个优秀团队、建设一个和谐文化、确立一个奋斗目标、构筑一个伟大梦想",作为铸造集团"6+1"产业格局的精神动力和文化统领的"灯塔",得到了广大干部员工的高度认同。全集团上下士气高涨,理解改革、拥护改革、支持改革的氛围已经形成,并对新集团的未来充满希望。这为改革重组的顺利推进奠定了坚实的文化基础。

放眼国际,大型航运物流企业集团重组整合往往需要经历3~5年,特别是重组前期普遍面临着较为严重的客户散失、骨干流失和效益损失。中远集团、中海集团两大航运央企资产庞大、人员众多、全球经营、业务复杂,在短短半年时间内就完成了新集团的平稳快速组建,又利用不到一年的时间实现了主要业务板块的深度整合,协同效应、效益迅速体现。

如果说坚如磐石的战略定力是成功的基石,那么全球拓展的雄心壮志就是领航者的基因。在许立荣的大手笔布局下,中远海运快速打通中国融入全球经济的海陆运输通道,全球化版图跃然成型。

重组之后,中远海运行业地位和国际话语权明显提升。收购对于推进我国"一带一路"倡议具有重要意义的希腊比雷埃夫斯港67%的股权和新加坡、荷兰、阿拉伯联合酋长国、意大利的码头股权;与国际知名班轮公司组成具有重要影响力的"海洋联盟",全面超越"2M"(马士基和地中海航运),成为全球最大的集装箱航运联盟;旗下船舶作为第一艘通过新巴拿马运河的船舶受到世界瞩目;连续15年成功主办具有"海事达沃斯"美誉的"国际海运年会"等。

随着区域市场、新兴市场、第三国市场的不断开拓，从全球承运向承运全球，中远海运不断改变世界航运业发展格局，国际影响力、控制力、竞争力持续扩大，已成为航运业东方平衡西方的重要力量。

2016 年 5 月 18 日，亚洲船东论坛第 25 届年会在上海举行，许立荣作为本届年会的轮值主席发表了致辞。这也是中远海运成立后首次在国际大会亮相，他代表中国，更代表亚洲向全世界发声。

2016 年 6 月 26 日，举世瞩目的巴拿马运河新船闸开通启用仪式隆重举行。中远海运旗下的"中远海运巴拿马"轮成为第一艘、也是当天唯一一艘通过新建船闸的新巴拿马型船舶，被载入国际航运史册。

当满载带有"COSCO"（中远海运企业英文缩写）和"CHINA SHIPPING"（中国海运）标志集装箱的"中远海运巴拿马"轮披着朝霞平稳驶入第一级船闸时，在热烈的掌声中，许立荣代表中远海运向巴拿马总统巴雷拉赠送纪念船模，巴雷拉总统向许立荣授予新运河开通纪念银牌。首航巴拿马活动，是中远海运的品牌第一次出现在国际视野中，引发世界关注。

2016 年 11 月 3 日，有"海事达沃斯"之誉的第 15 届国际海运年会召开。尽管时处航运寒冬，但此次盛会却并没有想象中的萧条，参会人员来源、人数等多项指标均创下历届年会之最。许立荣在会上给出的共享经济、产业链整合、跨界融合以及技术突破四条改革路径，在众多业内人士看来一针见血，抓住了问题的本质。

面对长期极度低迷的国际航运市场，中远海运利用主办年会的契机，提出共建"国际航运新生态"，倡导理性竞争、高效服务。来自航运产业链的各方代表共同启动"国际航运合作机制"签约仪式，承诺通过多种渠道开展合作，包括重塑行业规则、鼓励价值创新、坚持理性自律等，并发布"合作机制"倡议书，引起巨大反响和广泛共鸣。

中远海运还牵头组织了与法国达飞轮船以及我国台湾长荣海运股份有限公司、香港东方海外国际有限公司成立"海洋联盟"。该联盟的组建，将主导行业规则制定，主动掌握国内、国际话语权，引领行业健康发展。同时，还牵头 37 家单位成立了"中国海工联盟"，联盟集合了我国海工装备"产学研金融"产业链上的优质资源，着力推动中国深海海工装备技术进步和产业化发展。

人与海

2016 年 12 月 9 日，中远海运牵头法国达飞轮船、PSA 新加坡国际港务集团、阿联酋迪拜环球港务集团、我国台湾长荣海运、香港东方海外、香港和记黄埔有限公司（和黄）和上海国际港务（集团）股份有限公司、宁波舟山港集团有限公司、青岛港（集团）有限公司、广州港集团国际港务（集团）股份有限公司等国内外 17 家著名港航运企业在海南博鳌举行"共建港航合作新生态"座谈会。与会各方就探索新型商业模式、打造港航生态共同体、促进行业健康可持续发展的前景规划进行了充分探讨，并共同发布"打造港航生态共同体：博鳌共识"，再次在国内外引起强烈反响。

许立荣在会上表示，作为国际航运生态圈的一员，中远海运致力于与大家一起共建国际航运新生态，共享经济、跨界融合、共同发展，在相互的产业链上互相合作，共渡难关，得到了全球行业的普遍认可。给中远海运公共关系本部总经理许超留下深刻印象的是，"董事长特别善于利用国际化平台，对外推介、宣传新集团"。

"中远海运作为目前业内最大的综合类航运公司，我们不会以规模来伤害市场，一定会对行业负责、对客户负责，严格自律，与大家一道来维护良性的产业生态。"许立荣在第 15 届国际海运（中国）年会演讲中发出了这样的郑重承诺，显示出了中远海运作为国际航运业巨头该有的担当。承诺也打消了诸多同行的顾虑，提振了整个航运业的信心。而这已经不是许立荣第一次发出这样的声音。

在许多认识许立荣的人眼里，他是个乐观的务实派。即便世界航运市场形势从 2008 年开始就变得十分严峻，并且难见起色，许立荣依然坚信一切都只是暂时的，航运寒冬给了世界航运业一次深化改革的机会。

2016 年 10 月 16 日，金砖国家领导人第八次会晤如期在印度果阿举行。许立荣作为金砖国家工商理事会中方主席，参加了与金砖五国国家领导人的见面会。在这次会议上，许立荣带去的依然是信心。许立荣说："每个国家都有一个产业调整的过程，金砖五国也面临着产业的调整，但这不是问题。现在不管是发达国家，还是发展中国家，增长比较快的国家，要做的都是加快产业调整的步伐。即便目前碰到一点小小的困难，但是我个人还是非常有信心，困难不影响未来整体的发展。"

2016年年底，媒体为许立荣的行动足迹画了一个路线表：几乎每两天就有一个大活动，其中见证了20多个集团的业务重组或新公司成立，出席了23次国际国内重大公开活动及会议。重大活动和出访有时候一天3场，参加了20多场战略合作签约，发表公开演讲十余场，会见或拜访客户及合作伙伴超过70次……

许超经常陪同许立荣拜访国际大客户和战略合作伙伴，在他看来，许立荣是个十足的"工作狂"。"跟着董事长出差，实在是累，董事长的所有时间都在工作，排得非常满，"他说，"在这种超负荷的工作强度下，董事长依然坚持学习，不忘练内功，不断开拓创新。"

达则兼济天下。

中远海运集团重组以来，许立荣以领航者开放包容的胸襟，主张跨界融合，发展共享经济，深化战略合作，纵横于国际舞台，发出更多中国声音，成为推动国际航运新生态建设的倡导者和力行者。

在他的努力下，中国航运业重回健康有序、可持续增长的轨道，与全球合作伙伴携手共创新价值，并逐步参与国际航运业规则制定，国际话语权前所未有。

传承国际化基因，中远海运不断加快布局跨国经营网络，全球化经营、全球化市场、全球化资本、全球化客户、全球化人才、全球化交流，10大区域、1050家机构、59个码头、263条航线，覆盖160个国家1500多个港口，全球化版图跃然成型。积极投身"一带一路"建设，比雷埃夫斯港等港口码头精准布局，中欧陆海快线等物流通道联通全球，新兴市场、区域市场、第三国市场精耕细作，南北极商业运输破冰远航，"点、线、面、极"立体化网络纵横天下，海洋联盟、GSBN、IRIS-4、5G港口等信息化、数字化系统为全球化加持赋能，集团产业链上下游协同效应不断凸显，全球承运向承运全球加快转变。中远海运已经成为一家具有国际影响力、竞争力的全球化公司。

当海洋注定成为孕育大国的摇篮，航海家的家国担当成为重要因素。许立荣将航运强国作为矢志不渝的事业追求，让中远海运在融入国家战略、履行央企责任中彰显"大国顶梁柱"的报国之志和"航运国家队"的精神底色。

人与海

从 2016 年 2 月 18 日宣告成立，中远海运肩负党和国家殷切厚望，肩负习近平总书记"航运强国"重要嘱托，拔锚起航、扬帆出海。重组五年来，集团把毫不动摇地坚持党的领导、加强党的建设作为重要法宝，践行"三做"理念，不忘初心，传承"脉"与"本"；政治引领，牢筑"根"和"魂"。五年来，许立荣"海运即国运"的战略担当常怀心中，"为祖国远航"的家国情怀从未懈怠。从"一带一路"的全面布局到"双循环"的深度链接，从京津冀、长三角、粤港澳的全面参与到海南自贸港、西部大通道、浦东大开发的深度融入，从博鳌亚洲论坛的主场支撑到中国国际进口博览会的全力服务……彰显"大国顶梁柱"的报国之志和"航运国家队"的精神底色。五年来，中远海运两次迎来习近平总书记莅临视察的"高光时刻"，总书记的谆谆教导，让许立荣和全体中远海运人倍感振奋、备受鼓舞。"航运强国是我们始终坚守的使命担当和矢志不渝的事业追求，必须锚定目标，坚定航运报国的正确航向！"许立荣的话语坚定铿锵。

2016 年 12 月 18 日，上海陆家嘴金融城，2016 年度航运界最受关注的中国航运 100 人榜单揭晓，许立荣以中远海运董事长的身份蝉联榜首。同日，英国《劳氏日报》发布 2016 年全球航运 100 大影响力人物排行榜，许立荣排名第一。《劳氏日报》评论说，许立荣在一个异常艰难的时期促成了中远集团与中海集团的重组。2018 年 12 月 18 日，在庆祝改革开放 40 周年大会上，许立荣作为远洋运输体制改革的推动者，荣膺"改革先锋"称号，登上主席台接受"改革先锋"奖章和证书，并受到习近平总书记等党和国家领导人的亲切接见。

作为远洋运输体制改革的推动者，许立荣在担任上海航运交易所首任总裁期间，打造了我国第一个国家级水运交易市场，成为我国最早对外开放的航运交易窗口。他直接策划指挥了中远集装箱货运体制改革，引领中国集装箱运输事业的发展，有力推动了中国外贸运输改革，为更多中国企业"走出去"搭建了桥梁。他成功领导全球最大航运企业改革重组，带领中国远洋海运集团积极落实"海上丝绸之路"建设任务，探索国际合作新模式，加快推进码头产业国际化经营，着力打造中国融入全球经济的海洋运输通道和物流通道，为"一带一路"建设提供有力保障。

"作为'掌舵人'，许立荣功不可没。"中远海运党组工作部部长刘海涛用

"举重若轻"来形容许立荣的"大刀阔斧","董事长身先士卒，带领干部职工顺利推进千头万绪的各项改革，改革效应凸显，新集团在国际上的地位和话语权也大大提高了。"

改革重组赋予了中远海运改变国际航运格局的历史性机遇，中远海运为国家在世界经济版图中"落棋布子"贡献了协同和"共济"的力量。作为中国经济全球化的参与者、助力者，致力于打造中国融入全球经济的海洋运输通道和物流通道，中远海运勇于担当，引领中国航运破浪前行，成为中国经济走向全球的重要支撑。

全球贸易的90%靠海运完成，海运不仅是国家海洋事业的支柱，也是国际贸易、国家战略的支撑。激增的"中国制造"出口和原材料采购运输，必须有强大的中国海运作保障。我国要建设海洋强国，建设"一带一路"和实现中华民族的伟大复兴，需要打通我国融入全球经济的大通道，也需要拥有一支实力强大、具有世界影响力的国家航运物流企业，而这正是中远海运最大的优势。"一带一路"高质量发展、保障能源安全，提升自身国际竞争力，许立荣带领中远海运加快"走出去"步伐，快速推进海外业务改革重组和全球化发展。

新集团显示出布局"海上丝绸之路"的班轮、干散货轮、油轮、特种杂货船队以及港口码头的强大实力，显示出联通"一带一路"、提供海铁联运和跨境运输的强大综合物流实力，码头、集装箱、物流业务形成了点、线、面网状布局。

中远海运涉及"海上丝绸之路"的船舶运输集装箱主要航线达195条，投资经营的集装箱码头绝大多数分布在"海上丝绸之路"沿线区域。码头业务已成功在"一带一路"沿线的新加坡、比利时、荷兰、德国、希腊和土耳其等国家进行了布局。海运业务也在积极开拓南海旅游市场。2016年4月，中远海运携手香港中旅（集团）有限公司（今中国旅游集团公司）、中国交通建设股份有限公司在三沙市合资成立邮轮企业，进军西沙邮轮市场，主营海上客货运输、邮轮旅游等业务，拥有"南海之梦"轮。

随着"南海之梦"轮的投入使用，企业转型迈出了重要一步。许立荣在2016年6月视察"南海之梦"轮时表示，发展南海旅游产业是践行国家"一带一路"倡议，也是中远海运"6+1"产业集群中社会化产业集群的重要内容。

中远海运还扩大了极地航道商业化运营，并积极拓展"一带一路"沿线市场，以推动航运和物流行业的降本增效。

2016 年 7 月 16 日，油刷一新的中远海运"北极航行先锋"——"永盛"轮，满载风电设备等货物，在岸基人员目光的期待中，昂首起航，第三次奔赴北极东北航道，前往英国。2013 年，"永盛"轮成为成功首航北极东北航道的中国商船，并于 2015 年成功再航北极东北航道，开辟了中国往返欧洲的新航线。引人注目的是，此次北极之旅采用"永盛+"模式，即"永盛"轮继续采用"北极往返"的形式航行，中远海运另有至少两艘船利用冰区航行窗口期实施单航次单向航行。据统计，中远海运从 2013 年首航北极至今，共派出 26 艘船舶完成 56 个北极航次，总共节省航行里程 218 119 海里，节省船期 734 天，减少燃油消耗 19 784 吨，减少二氧化碳排放 62 718 吨，进一步扩大了北极东北航道商业化运营的规模，积累了丰富的极区、冰区航行经验，初步建立了常态化的运营模式。

据许立荣介绍，从长远来看，作为潜在发展中的国际航线，通航前景明朗的北极东北航线可为"丝绸之路经济带"提供一条新的海上通道，与陆上交通的布局形成配合，对现有"一带一路"交通网络形成有益的拓展和补充。

2016 年 11 月 3 日，"永盛"轮满载考察站建设物资，起程前往南极，为巴西南极科考站重建项目提供物流服务。这是我国首次由商船承运极地科学考察站建设物资，也开创了中国商船首航南极的先河。据了解，巴西南极科考站项目是全球首个南极商业项目。由此，中远海运也成为全球唯一走过南北极、运营南北极航线的航运公司。在率先开辟北极东北航道并不断扩大运营规模之后，"永盛"轮的南极之旅也开启了对南极水域的探索。作为全球最大的综合航运企业，中远海运的服务网络遍布全球，基本覆盖了"一带一路"海内外区域。

作为一名资深海运人，许立荣对全球航运业有着深刻的理解。

中远海运作为国务院国有资产监督管理委员会管理的大型央企，许立荣不只是这家"世界 500 强"企业的管理者，也是国家发展战略的积极参与者与坚定实施者。而与航运业联系最为紧密的无疑是 2013 年国家出台的"一带一路"倡议。

在他心里，"一带一路"倡议覆盖亚太经济圈和欧洲经济圈，对于集团来说是巨大的发展机遇。中远海运选择在集运、码头和邮轮方面实现资产的彻底整合，就是要优化全球战略布局。

许立荣说，未来中远海运集团在"一带一路"沿线国家的投资项目，将以码头与物流项目为主要方向。业务主要分三块：一是"海上丝绸之路"的船舶运输，即亚欧之间的集装箱班轮运输以及中东、远东的石油运输；二是"陆上丝绸之路"的综合物流业务，重点是跨越欧亚大陆的海铁联运；三是"一带一路"沿线的港口码头投资业务。

"'海上丝绸之路'的点由码头构成，线则需要靠集装箱航线来串联。新集团整合之后，新的集装箱航运集群就形成了大集装箱航运、大码头运营的概念。"许立荣的下一步设想是将重点布局"海上丝绸之路"的新兴市场和战略要地，积极探索国际合作新模式，加快推进码头产业国际化经营，与船舶的运输业和产业链上下游相互促进和协同发展，打造中国融入全球经济的海洋运输通道和物流通道，为"海上丝绸之路"建设提供有力保障，为中国经济走向全球化提供重要支撑。

时至今日，中远海运重整扬帆5年，改革发展不断深化，重组效应持续凸显，集团品牌优化升级，企业影响力、行业话语权、核心竞争力迅速提升。从五年前的"向你走来"，中远海运在航运低迷与产业变革交困中寻求突围，在世纪疫情与百年变局交织下直面挑战。五年来的"大道之行"，以只争朝夕的姿态跑赢市场、跑赢变革、跑赢时代，跑出了国有企业的加速度，跑出了中国航运的新飞跃。五年来，实现了跨越式的历史性增长。集团营业收入累计实现13 522亿元，年均复合增长率超过8%；利润总额累计实现1103亿元，年均复合增长23.8%；净利润累计实现720亿元，年均复合增长26%；集团上市公司市值达到3260亿元，比重组时上涨92%；集团资产总额从重组时的5930亿元，达到2020年底的8534亿元，增长44%。

五年来，实施前瞻性的战略布局，成功收购东方海外，创造了双品牌协同运营新模式，投资回报率37.8%，夯实集装箱业务半壁江山；成功收购胜狮货柜，占有全球造箱市场份额35%，在用箱需求飙升时占据先机、赢得主动；成功拓展金融保险租赁业务，推进产融结合，优化产业结构，为未来发展谋篇布局、夯基垒台。五年来，集团在中央企业经营业绩考核和党建责任制考核中蝉联 A 级，在《财富》世界 500 强排名中连年攀升，在全球最受信赖公司航运企业中独占鳌头，企业在驶向卓越的航道上开足马力、全速前进！

而这一切，源自毫不迟疑、义无反顾、快马加鞭的改革勇气，源自改革重组过程中前所未有的战略推动力、行动执行力、文化凝聚力和效益攻坚力。

27 岁时，许立荣成为当时中国最年轻的船长。后来历任上海远洋运输公司管理一处副处长、总经理助理、总经理，上远货运公司副总经理、总经理兼党委书记，上海航运交易所总裁、党委书记，中远集装箱运输有限公司（上远公司）总经理、党委委员、党委副书记，中国远洋运输（集团）总公司副总裁、工会主席、党组成员，中国海运（集团）总公司董事长、党组书记等职，最终成为中远海运这艘巨轮的舵手。在海上风浪的无常变化中，许立荣领悟到："只有依靠顽强的信念，乐观积极的人生态度，才能闯过一个又一个风浪的阻挠，渡过一个又一个难关。"

在许立荣的名片上，前缀依然是"Captain"（船长）。这是他一生最值得铭记的荣耀。

唯改革者进，唯创新者强。在许立荣的带领下，中远海运推动一轮轮重组改革、经历一件件大事要事，翻越一段段重要里程，取得了一个个非凡成就，让中远海运这艘巨轮驶向世界一流。

2021 年 11 月 1 日，许立荣光荣退休。中远海运集团总部员工自发组织欢送，并在大屏幕上打出四个大字：因您而荣。

第六章
可下五洋捉鳖

未知世界奥妙无穷

人类求索永无止境

南极北极珠峰高极

潜海深极看我蛟龙

这是长篇报告文学《第四极——中国"蛟龙"号挑战深海》扉页上的题记，鲜明而深刻地反映了我国研制载人潜水器"蛟龙"号的重大意义。

星移斗转，沧海桑田。经过千百万年甚而亿万年的演变，作为主宰地球的万物之灵长——人，远远不满足于本身生存的这片大陆，需要不断向极地开拓。而今，茫茫地球上的最南极、最北极，还有最高极——号称第三极的珠穆朗玛峰，都留下了人类探索的足迹。然而，还有一个"极"很少涉足，那就是数千米乃至上万米以下的海底深处，即世界最深极——第四极！

2012 年 6 月 24 日，中国载人深海潜水器"蛟龙"号在太平洋马里亚纳海沟创造了同类型潜水器深潜 7020 米的世界纪录。同一天，中国神舟九号飞船实现了与空间站手控交会对接，潜航员与航天员互致祝福。好啊！"神舟"上天，"蛟龙"入海。一天之内诞生两项奇迹，举国振奋，世界瞩目。是梦想、是宏图、是雄心壮志引领着中华民族永不停歇的探索步伐。身为中华儿女无不为这伟大的壮举感到骄傲和自豪！

早在 1965 年 5 月，开国领袖毛泽东就曾在《重上井冈山》一词中，吟诵

人与海

出这样的诗句："风雷动，旌旗奋，是人寰。三十八年过去，弹指一挥间。可上九天揽月，可下五洋捉鳖，谈笑凯歌还。世上无难事，只要肯登攀。"

如今，在神州儿女众志成城的不懈努力下，这些预言都成为现实。奇迹是怎样创造的？在国家海洋局的支持下，我跟随"蛟龙"号远赴西北太平洋，亲临深海科学考察现场。作为中国作家深入"蛟龙"探海现场的第一人，我经历了台风大浪的考验，深入体验海上生活，采访了许多科学家、深潜英雄和海洋工作者，讴歌了华夏儿女建设海洋强国的奋斗精神。

其中，浓墨重彩地描写了科技部、中科院、国家海洋局、中国大洋矿产资源研究开发协会、中国船舶集团等单位，同心协力，团结奋战，历经十年研发、海试中国载人潜水器"蛟龙"号的历程。同时，也表现了人类只有不屈不挠探索未知世界，努力征服一个个极点，才能永远立于不败之地的奋斗精神。第四极——中国"蛟龙"号潜得越深，就证明中华民族攀登科学的高峰越高！

在探索未知世界的征程上，正稳步走来一支创造性的力量——浪漫而又富有激情的中国人！两项世界纪录，两项高科技成果，都值得大书特书。迈向太空，可以眼观六路耳听八方，而深达数千米的海底，漆黑一团，水下压力巨大。迄今为止，人类探索深海的范例屈指可数。美国、俄罗斯等科技大国也仅载三人深潜到 6500 米左右，唯有中国"蛟龙"号深潜超过 7000 米，为实现宏伟而壮丽的"中国梦"迈出了坚实有力的一步。

为此，历年的"海洋人物"评选中，"蛟龙"号团队有多人入选，"蛟龙"号自主集成创新的海洋高科技装备，也成为受到表彰最多的项目之一……

深潜院士——徐芑南

东方不亮西方亮。这句俗语十分形象地说明了我们赖以生存的地球特性：一刻不停地自转和公转。当中国人还在紧张工作的大白日里，西半球的美国则与中国相差 13 个小时，已是繁星满天，夜幕笼罩了。

2002 年年初的一个晚上，忙碌了一天的人们正准备上床休息，一个来自中国的越洋电话打到美国某地。接电话的是一位老人，他的名字叫徐芑南，中国船舶重工集团公司 702 研究所研究员。此时，他已退休 6 年，与老伴方之芬来到在美国定居的儿子家里安度晚年。可这一个电话，让他的生命之树绽开了新花……

中国工程院院士、曾任中船重工 702 研究所所长的吴有生教授在电话中告诉徐芑南："老伙计，7000 米载人潜水器立项了！我们想来想去，还是要请你出山，这个总设计师非你莫属！"

"是吗？太好了！"对徐芑南而言，潜水器是他永远割舍不下的情缘，在此之前，有缆的无缆的，无人的载人的，几乎所有种类的潜水器，他都做过。而做大深度载人潜水器，则是他多年的夙愿："我一定参加。不过，我年龄大了，做个顾问就行了。"

放下电话，徐芑南激动地在房间里走来走去，招呼妻子、儿子马上订机票，恨不得第二天就要回国。可家人们担心，他已经 66 岁了，而且患有心脏病、高血压、偏头痛等多种疾病，只有一只眼睛仅存光感。当初参加 6000 米水下机器人的海试归来，查出一天心脏早搏 1600 多次，是需要安心休养的时候了。

"盼了多年的项目终于通过了，是令人高兴，可你身体行吗？"妻子方之芬与他同在 702 研究所工作过，深知丈夫的心愿，更了解病痛对他的折磨，一时间处在了两难之中。

"爸，你就别逞强了。如果累坏了身体，自己受罪不说，还会影响了项目进程。我们不同意你回去。"儿子和媳妇坚决表示反对。

人与海

徐芑南摆摆手，说："你们啊，只知其一不知其二，我一思考潜水器，头就不痛了，血压也不高了，只要能为国家做好潜水器，我身上就感觉舒坦。"

一时间，谁也说服不了谁。

夜深人静，月亮升起来了，又大又圆。徐芑南夫妻俩一丝睡意也没有，还在你一言我一语悄声谈论着。方之芬毕业于华东理工大学，身上兼备科学家和贤妻主妇的两方面素养，这些年不但把家务全部担当起来，还为丈夫的科研事业做了大量辅佐工作。大深度载人潜水器终于立项了，她同样欢欣鼓舞。只是丈夫的身体，令她充满了担忧！

"我知道这个机遇太重要了，不过……"方之芬欲言又止。她想起了曾为发展中国水下机器人奋斗过的蒋新松院士，正是在66岁那年积劳成疾突然离世的，如鲠在喉的话终于出口了："芑南，今年你也是66岁了，而且身体又不好。虽说蒋院士身后获得了很多荣誉，可我就是想要一个健康的你啊……"

刚说完这句，方之芬就后悔了，怎能"胡乱"联系呢？然而徐芑南非常理解相濡以沫半个世纪的妻子的心情：一句看似"不吉利"的话埋藏着多么深厚的爱啊！他拉过妻子的手，紧紧握着："别担心，如果不让我参加，我成天思虑这件事，可能更不利于身体。咱们把这个项目做好了，过世的新松老兄，还有许多前辈的在天之灵都会高兴的。再说，我不是有你嘛！你就是我的幸运星啊！"

"你呀……"方之芬被丈夫的一席话打开了心结，脸上多云转晴了。

徐芑南走到落地窗前，拉开厚厚的窗帘，一缕明亮的月光照进了卧室，犹如家乡伸来了一双热切的手。他回身向妻子点点头，又指了指窗外。方之芬会意地一笑，轻轻过来依偎在丈夫的臂弯里。两人久久凝望着窗外的圆月，心儿已经回到了长江之畔、太湖之滨……

两天后，徐芑南和老伴说服儿子、媳妇帮助办好手续，放弃了安逸休闲的晚年生活，携手飞回国内，投身到7000米载人潜水器的研发与试验之中。

按说，国家"863计划"对于一个项目的总设计师是有年龄要求的——60岁以内在职工程技术人员。徐芑南已做好了当顾问的准备，只要能参加这个项目就行。可大家分析来分析去，觉得做总设计师的两个基本素质，一是业务全面，二是协调能力强，这些正是徐芑南所具备的。

早在 20 世纪 90 年代初，负责组织攻关的总体组组长刘峰就通过研发无人自主式潜水器结识了徐芑南，深为他的学识、人品所折服。7000 米载人潜水器重大专项刚一获批，刘峰首先想到了这位老专家，力促其担任总设计师。可徐总工已退休多年，聘任事宜操作起来并不容易。求贤若渴的刘峰便直接给时任702 研究所所长的郗焕秋打电话，半开玩笑半认真地说："你们要是不把徐总请出来，这个项目就不知花落谁家了！"

"呵呵，你不用激将法，英雄所见略同，我们早就想到他了。"

果然，徐芑南答应"出山"后，中船重工 702 研究所和项目总体组联名向主管部门打报告，科技部领导慎重研究后破格批准：聘任已经 66 岁的徐芑南为"7000 米载人潜水器总设计师"。这一任职，就是整整十个春秋……

有人说，徐芑南的人生高度，几乎可以用中国深海潜水器的下潜深度来衡量：600 米、1000 米、3000 米、6000 米、7000 米！可以说，中国载人深潜每前进一步都有他的杰出贡献，他的梦想随着潜水器的下潜，不断深入到更蓝更深的海域。

是啊，世间能有多少这样厚重的人生呢？从风华正茂的少年，到鬓发染霜的古稀，从普通的潜艇兵到世界级载人潜水器的总设计师，贯穿徐芑南整个人生旅程的只有一条主线——深潜！让祖国的潜水器潜入海底，去领略那充满奥秘的海底画卷，去探寻那无穷无尽的海底宝藏。

徐芑南是浙江省宁波市镇海区人，1936 年 3 月出生，此时正是"国破山河在，城春草木深"的战争年代。镇海地处甬江入海口一带，招宝山被称为"浙东第一山"，地势险要，历代为海防要地。鸦片战争时，钦差大臣裕谦监防督战，在此顽强地抵抗英国侵略军。最后，强敌攻破了镇海城防，裕谦投海殉国。这种有海无防、落后挨打的屈辱，深深印在徐芑南的心灵里，他从小立下了好好学习、将来科学报国的志向。

1953 年 2 月 19 日，毛泽东主席视察东海舰队"长江舰"，亲切接见年轻的水兵，合影留念，并挥笔写下了振奋人心的题词："为了反对帝国主义的侵略，我们一定要建立强大的海军！"这年，刚满 17 岁的徐芑南正巧从上海南洋模范中学毕业，深受鼓舞，更加坚定了为保卫海疆当一名造船工程师的理想。他如

人与海

愿考入了上海交通大学船舶系。

四年半的大学生活，使徐芑南打下了扎实的理论功底。毕业时，他填报的分配志愿是船舶设计所或造船厂，一心想亲手为国家造大船。不料，他却被分配到了中国船舶科学研究中心（702研究所前身），他以为只是研究单位，找到管分配的老师想换一换。老师说："研究也要设计，人家想去还去不了呢！你去了就知道了。"

"是吗，那我服从分配。"当时，我国海军建设和国防科研事业发展迅速，但基础薄弱、技术落后，急需科技攻关。来到中国船舶科学研究中心后，徐芑南被派去做潜艇试验。本来他的毕业设计是"水面舰船"，这一下要改变方向了，可想到国家的需要，徐芑南毫无二话，由此他的事业就从水上潜入到水下。

说来有意思，被分配研究潜艇的徐芑南，此前还没见过真正的潜艇，所有关于潜艇的知识都来自书本。他意识到，年轻人光有勇气还不够，更重要的是底气，这个底气来自对知识的积累。他主动请缨下基层，来到青岛的海军潜艇基地，当上了一名"舰务兵"。徐芑南每天的工作，就是在适当的时候把一些阀门打开或者关上。其余时间，他一点儿也没闲着，在潜艇上跑前跑后，把各个舱段都摸了个滚瓜烂熟。一个月飞快地过去了，他觉得不过瘾，又要求延长时间……

青岛是一座美丽的海滨城市，红瓦绿树，碧海蓝天，迷人的汇泉湾海水浴场，雄奇的海上第一名山——崂山，人们一般都要去观光游览。可这些丝毫引不起青年徐芑南的兴趣，他百倍珍惜这次"当兵"的机会，一步也舍不得离开潜艇基地。至今回想起来，徐芑南仍然觉得这是他人生中一段非常重要的时光："我终于知道我干的是什么，该怎么干了，连看图纸的感觉都大不一样了。"

当徐芑南建立起对潜艇的认识并准备大干一场时，载人深潜技术突飞猛进。美国、苏联等国家已经开始向大洋深处进发了，年轻的徐芑南着急啊，他在工作之余找了很多外文资料来看，从中寻找灵感和思路。

就在那非常年代里，徐芑南主持创建了最大的深海模拟试验设备群。这是潜艇耐压壳设计研究必不可少的实验设备，而当时西方对我国实行严密的技术封锁。人手少忙不过来，很多时候，他都要完成几个人的任务。从行车指挥、设备安装、实验测试，到写分析报告，一个人全包了，慢慢成了个"多面手"。

凭借资料上美国海军实验室的一张照片，徐芑南和课题组成员绞尽脑汁，在工人师傅们的支持下，只用了三年时间，就自行研制出了我国第一台当时国际先进结构形式的卡环密封压力筒设备。20 世纪 70 年代，他又开创性地提出了双层壳、定比压力的新结构形式，并支持建成了我国最大压力筒设备及系统——其压力达 25 兆帕、直径达 3.2 米、高 9 米，为我国水下舰船和潜水器结构研究奠定了试验基础。

20 世纪 80 年代，美国、法国、苏联、日本先后研制出 4000 米至 6500 米级的深海载人潜水器。而我国海洋工程也在大力发展，徐芑南作为总设计师，带领中船重工 702 研究所等 5 个单位的技术骨干，成功完成了我国第一台单人常压潜水器和双功能常压潜水器的研制，达到当时国际同类产品的先进水平。

80 年代末，徐芑南被任命为中国船舶工业总公司总设计师，提出了赶超国际先进水平，攻克具有光纤通信的缆控水下机器人技术方案。这就是以援救为主、兼顾海洋油气开发的大功率作业型缆控无人潜水器。从 1992 年起，徐芑南受"863 计划"自动化领域首席科学家蒋新松之邀，又担任了 6000 米自主水下机器人的总设计师，项目一举成功。

"无人、载人，有缆、无缆……几乎所有种类的潜水器，我都做过了。唯一想做而没机会做的，就是大深度的载人深潜器。"徐芑南不无遗憾地说。

经过一番艰辛曲折的研发历程，7000 米载人潜水器终于自主设计、总装联调成功，接下来就是去接受大海的考验了。

2009 年，科技部、国家海洋局下达海试任务时，7000 米载人潜水器总设计师徐芑南已经 74 岁了，妻子方之芬也已 68 岁，按说不能再出海了。可为了能够亲眼看到自己多年的努力变为现实，徐芑南坚决要求上船："作为总设计师，如果不参加试验，那是不完整的，也是不能交工的！"

"你在现场那当然好了，可是你的身体……"

"没问题。不让我去倒可能牵肠挂肚、出事的。呵呵……"

海试领导小组破例批准，徐芑南夫妇成为此次海试中年龄最大的队员，而且是带着一大堆药品和氧气袋上船的。他们与年轻人一样开会学习、探讨技术细节、穿上救生衣参加逃生演练。在锚地躲避"莫拉克"台风之际，方之芬老师克服晕船和生活上的不便，一边照顾着徐芑南的身体，一边担负着试验日志

人与海

和文件管理工作，还经常写文章投稿给《海试快报》，鼓舞大家的斗志。

此外，海试团队中还有三位年过 60 岁的老科学家，702 研究所的 68 岁研究员许广清，62 岁的张桂宝和 61 岁的华怡益。他们与徐芑南夫妇一样，老骥伏枥，志在千里，多年来为我国载人潜水器的研制辛勤劳作，面临海试又不顾年高体弱主动请战，把年轻人扶上马送一程。如此年高还亲临海试前线，既体现了他们极强的事业心，又说明试验充分需要他们的经验和知识。登船后，他们严格要求自己，认真准备操作，赢得了大家的尊敬。

海试现场指挥部和临时党委格外关心这些老科学家，专门安排船医随时掌握他们的身体状况，服务员和炊事班则照顾好他们的生活。一有空，刘心成书记、刘峰总指挥、技术咨询组组长于教授、船长政委等人便去看望这些老同志，征求意见，使他们生活工作得愉快舒心。

2009 年 10 月 3 日，恰巧是中华民族的传统节日——中秋节。"人逢喜事精神爽，月到中秋分外明。"参加我国载人潜水器海试的队员们，怀着对祖国母亲的热爱，带着国庆、中秋双节的喜悦，一大早就迎着朝霞，披着晨露，奋战在南海 1000 米等深线附近的"C2"海区里，进行"和谐"号 1000 米水深第一次下潜试验。

大家的心情都很激动。根据国际惯例，1000 米海水以下叫深海，5000 米海水以下叫深渊。下潜超过 1000 米才是真正意义上的深潜，目前世界上只有美国、法国、俄罗斯和日本四个国家有此能力。我们如果能够成功，就创造了一项共和国的新纪录，也一跃成为国际深海俱乐部的一员了。

浩瀚的南海，没有了昔日"凯萨娜"强台风带来的狰狞，蔚蓝的海面微波荡漾，温柔得似一只小绵羊，热情地迎接这些耕涛牧海的人们。当天计划进行 8 项试验：无动力下潜上浮、1000 米深度潜水器姿态调整、航行功能验证、测深侧扫声呐、6971 应急通信、布放纪念物、高速水声通信等。执行下潜任务的是突破 300 米的原班人马——于教授、叶聪和杨波。

早晨 7 时，现场指挥部发布"各就各位"指令，在后甲板上举行了简短的出征仪式。三位试航员穿着蓝色的专用连体服装，胸前印有鲜红的五星国旗图案，英姿飒爽地站成一排。

现场总指挥刘峰有力地一挥手，发出命令："载人潜水器1000米试验现在开始，试航员进舱！"

"是！"试航员们健步登上潜水器平台，依次入舱。在进舱的瞬间，每人都回首向欢送的人们招手，那是表达对完成任务的坚定决心和必胜信念。

远处波涛里，担负警戒任务的中国海监72、76、77船部署在"向阳红09"船周围半径5海里范围内，各船雷达开机，警惕地搜索着海面，护卫着"向阳红09"母船和已经在水下的"和谐"号。

很快，一连串喜讯通过水声通信系统不断传来："'向九向九'，'和谐'报告：潜深200米、500米、600米、800米、900米……"每一次报告都引起母船上阵阵掌声。

9时17分，主驾驶叶聪响亮的声音再次传来："我们到达1109米深度，身体状态良好，潜水器一切正常！"

"好啊！我们成功了！"母船上现场指挥部、潜器控制室、准备室、值勤甲板上，甚而包括驾驶台、实验室、厨房等各个部位都一片沸腾。掌声、欢呼声，冲天而起，久久不息。此时，鬓发染霜的徐芑南总设计师走进现场指挥部，所有人员起立鼓掌，向这位7000米载人潜水器设计制造的领军人致敬。刘心成、刘峰等人情不自禁地迎上前去，与徐老紧紧拥抱在一起……

这位退休之后再出征的科技老帅——徐芑南，为中国深潜事业立下了汗马功劳，在2013年被评为"十佳全国优秀科技工作者"，同年当选为中国工程院院士，时年已经77岁，是历届当选院士中年龄最大的一位，因其专门研究下潜海底装备，又被称为"深潜院士"。

一声龙吼惊大洋——中国载人深潜海试团队

"这是一支勇于挑战压力的队伍，这是一个不断刷新深度的团队。狭窄空间，高度重压，他们创造了世界奇迹；深潜五洋，历时 8 载，他们将中国制造烙印在寂寥深邃的海洋。他们便是由全国 100 多名科技人员、潜航员和船舶技术保障人员组成的中国载人深潜海试团队。"

2011 年 6 月 8 日，在第三个"世界海洋日"和第四个"全国海洋宣传日"开幕式上，主持人郑重地宣布：中国载人深潜海试团队获得"2010 年度海洋人物"荣誉称号。

江苏无锡，是中国载人潜水器"蛟龙"号的诞生地，也是中国载人深潜海试团队启航的地方……

负责研制总装、联调"蛟龙"号的中国船舶重工集团有限公司第 702 研究所就坐落在这里。它依山傍水，逶迤绵延数华里，规模宏大、设施配套齐全，堪称船舶研究机构的远东之最。高大宏伟的科研大楼楼顶上树立着八个醒目的大字：兴船报国，创新超越。

这个研究所有着光荣的历史。1951 年建立于上海黄浦江畔，原名中国船舶研究中心，主要从事船舶及海洋工程领域的水动力学、结构力学及振动、噪声、抗冲击等相关技术的应用基础研究，以及高性能船舶与水下工程的研究设计开发。吴有声、徐秉汉、徐芑南等著名科学家都在此工作。1965 年总部搬迁至无锡，设有上海分部和青岛分部。

几十年来，702 研究所坚持科技创新，成功研制了小水线面双体船、水翼船、援潜救生设备、高速游艇、潜水器等多种高科技产品。许多科研成果转化为产品应用于船舶设计、建造和标准规范的编制中，为我国船舶和海洋工程事业作出了重要贡献。这里设有两个国家级重点实验室，两个国家级检测中心，一个国家能源海洋工程装备研发中心和一个省级重点实验室。拥有中国工程院院士两名，享受国务院政府津贴专家 42 名。1997 年起连续获得"江苏省文明单位"称号。

2002 年 10 月 17 日，一向宁静的 702 研究所大院热闹起来了，来自北京、沈阳、武汉、南京、杭州、广州、青岛等地的科学精英云集这里，参加一个具有里程碑意义的会议。

在办公大楼庄重而宽敞的会议室里，时任国家海洋局副局长的倪岳峰、中国大洋协会理事长陈炳鑫、秘书长毛彬，科技部高新技术司司长冯记春，中船重工 702 研究所所长郜焕秋等领导，以及中科院声学所、中科院沈阳自动化研究所和中船重工 702 研究所、701 研究所等单位的科研人员济济一堂。

红底黄字的会标高悬在主席台上方："7000 米载人潜水器"总体组和总师组成立大会。原来，国家"863 计划"重大专项组、中国大洋协会已经正式下文批准两个组的组成人员名单，今天特意在这里宣告成立。

总体组组长为刘峰，成员是徐芑南、万正权、张艾群、吴崇建和朱维庆。总师组由徐芑南任总设计师、万正权任副总设计师（后改为时任 702 研究所所长、研究员崔维成）、王晓辉（沈阳自动化研究所水下机器人室主任、研究员）任控制系统副总设计师、朱敏（中科院声学所副研究员）任声学系统副总设计师、吴崇建（时任 701 研究所所长、研究员）任水面支持系统副总设计师、刘涛（702 研究所副研究员）任结构设计副总设计师、胡震（702 研究所水下工程室主任、副研究员）任动力与设备副总设计师。

主持人宣布："现在请总体组成员上台领取聘书！"

年富力强的刘峰第一个走上前来，从毛彬秘书长手中接过大红聘书，紧紧握手，转过身来面对全场，迎来一片热烈的掌声。可是，细心人发现他只是笑了一下，很快就眉头微皱。他心里清楚，这不是表彰或获奖的证书，而是一纸"军令状"啊！

由此，"7000 米载人潜水器项目"正式拉开了序幕，那时载人潜水器还没有起名"蛟龙"号，2009 年初次海试叫过"和谐"号，直到 2010 年，进行 3000 米海试时，才正式命名为"蛟龙"号。整个海试群体称作"中国载人深潜海试团队"。

历时四年不凡的海试历程，他们群策群力，艰苦奋战，克服了种种难以想象的困难，分别在我国南海海域成功进行了 1000 米深、3000 米深试验后，转战西太平洋马里亚纳海沟，战胜了极度恶劣的天气海况，一举拿下 5000 米深度的海试，迎来了向终极目标 7000 米深度的挑战。

全中国乃至全世界瞩目的一天终于到来了！

2012 年 6 月 24 日，在浩瀚的西北太平洋马里亚纳海沟海域，东经 141 度 58.50 分、北纬 10 度 59.50 分，中国"蛟龙"号载人潜水器开始正式冲击 7000 米深度。早晨 6 时 30 分，大雨如注，海浪翻飞，现场指挥部和临时党委在功勋卓著的试验母船——"向阳红 09"船值勤甲板上，冒雨举行试航员出征仪式。

夜幕还没有完全退去，明晃晃的甲板大灯亮如白昼，一条写有"中国载人潜水器 7000 米海试试航员出征仪式"的大红横幅格外光彩夺目。从 2002 年立项，直至 2012 年海试，经过风风雨雨、坎坎坷坷，闯过一道道难关，"7000 米"的梦想终于将在今天成为现实了！

指挥部和临时党委的所有成员，身穿蓝色海试队服，头戴安全帽，整齐列队，久久注视着横幅上的十几个大字，感慨万千，神情激动。三位重任在肩的试航员："蛟龙"号主任设计师、首席试航员叶聪，中科学沈阳自动化研究所副研究员刘开周，中科院声学研究所副研究员杨波，站在队前，左胸前的五星红旗标志分外醒目，映照着他们年轻的脸庞一片红光。

出征仪式由海试团队临时党委刘心成书记主持。

现场指挥部刘峰总指挥脸色凝重而坚毅，向即将第一次冲击 7000 米（总第 49 潜次）深度的三位试航员做了简短动员，随即一挥手："现在我宣布，试航员出发！"

现场指挥部、临时党委成员与他们一一握手、紧紧拥抱，此时没有了言语，只是用手在背上重重拍了几下。这是重托，也是祝愿。

三位试航员健步登上维护平台，依次进舱。主驾驶叶聪最后一个进去，特意回身招了一下手，显示出一定要完成任务的信心和决心。雨虽然很大，但所有送行人员没有撤离现场，各个岗位继续按照部署开展工作，人们的衣服淋透了，内心里却充满了阳光和期盼。

7 时整，指挥部宣布"各就各位"。轨道车移动、拆除限位销、挂主缆、起吊、A 架外摆、挂龙头缆、布放入水、解缆等动作一气呵成。潜水器逐渐漂离母船尾部。不远处，"海洋六号"船在担负警戒任务。

自从5000米海试，"蛟龙"号被公开报道以来，为防止各方媒体信息来源不明，报道混乱，海试团队建立了新闻发布制度，由临时党委书记刘心成代表现场指挥部做发言人。现在，他第一次向随船采访的媒体记者权威发布："'蛟龙'号7时29分入水，7时33分建立声学数字通信，现在正以每分钟41米的速度下潜，潜水器设备正常，试航员状态良好。"此时此刻，中央电视台正在视频连线直播。

现场指挥部屏幕上的数据不断跳动着：1000米、2000米、6000米，随着深度的增加，刘心成的心情更加凝重。出征以来漂洋过海，迎"玛娃"台风而不畏，遇"古超"气旋尤奋勇。可变压载、推力器等遭遇深海高压几次受挫，团队逆境而上，挑战极限，一路拼杀。哽咽、泪水、走麦城交替出现，鲜花、贺信、掌声一路同行。当想到……他不敢多想，也没有时间多想了。10时05分，刘峰总指挥提醒道："老兄，该做第二次权威发布了。"

"好。"刘心成核对了一下数据，清了清嗓子，对记者们说："'蛟龙'号于10时04分下潜到6000米深度，目前以每分钟35米速度下潜。潜航员叶聪报告设备正常，人员状态良好。"

指挥部鸦雀无声。大家目不转睛，紧紧地盯着显示屏，有人还不时地揉揉眼睛，唯恐看不清闪烁变化的数字：6900米、6935米、6970米……10时55分，"7005米"跳出画面，指挥部一片欢腾，掌声久久不息。这是中国，不，是全世界搭载三人深潜的新纪录诞生！刘峰与刘心成情不自禁地站起来，双手紧紧握在了一起，久久没有松开。

总指挥眼睛又一次湿润了，而临时党委书记极力抑制住心中的激动，他要时刻发布新闻，让公众看到"蛟龙"号海试团队敢于斗争、勇获全胜的精神风貌。而恰恰就在这一天，正在太空中遨游的我国"神舟九号"飞船，即将实现与此前发射的太空舱"天宫一号"手控交会对接。如果同一天成功，那么中国人将创造"上天入海"的两大奇迹！

激动人心的一刻即将到来！

就在此时，深海中传来主驾驶叶聪的报告："'向九'！'向九'！'蛟龙'号于北京时间2012年6月24日9时07分，下潜到马里亚纳海沟7020米深度，成功坐底。潜航员叶聪、刘开周、杨波祝愿景海鹏、刘旺、刘洋三位航天员与'天宫一号'对接顺利！祝愿我国载人航天、载人深潜事业取得辉煌成就！"

好啊！这是中华民族昂首挺胸的时刻！这是中华儿女扬眉吐气的一天！47年前，中华人民共和国的开国领袖毛泽东主席曾在一首词里展望的梦想"可上九天揽月，可下五洋捉鳖，谈笑凯歌还"，如今，竟在今天变成了现实，全国人民、世界华人，乃至五大洲的朋友们怎能不欣喜若狂、无比振奋呢！

刘心成激动得声音有些颤抖："大家都听到了，我就不用再发布了。刚才，我们的'蛟龙'号创造了历史！"

现场的新华社、中央电视台、《科技日报》《中国海洋报》记者谁也顾不上抬头，双手正飞快地敲打着笔记本电脑的键盘，要在第一时间将这激动人心的重磅新闻发布出去。

更加令人称奇的是，当晚中央电视台新闻联播，在报道"蛟龙"号深潜7000米和"神舟九号"与"天宫一号"手控交会对接成功的消息时，有一段航天员祝福潜航员的报道：只见航天员景海鹏、刘旺、刘洋身穿蓝色航天服，胸前印有同样鲜红的国旗标志，飘浮在"天宫一号"轨道舱内，由指挥长景海鹏代表三人一字一顿地说："我们三位航天员向在太平洋下潜7020米深度的深潜员叶聪、刘开周、杨波表示祝贺，祝愿我国载人深潜事业取得辉煌成就！"

由此，中国两大高科技新成就随着电波传遍全世界。每一个黄皮肤、黑头发的中国人无不感到由衷的自豪！原来，经过中央电视台与北京航天指挥控制中心联系，潜航员的祝福被及时送到远在太空飞行的"神舟九号"飞船上。景海鹏等三名航天员，心领神会，也在第一时间做了回应，传回地面的指控中心和中央电视台。

海天呼应，这是历史性的对接！在7020米海底的中国潜航员与远在太空的中国航天员互致祝福、互相激励，意义非同寻常，影响波及世界，极大地鼓舞了国人的精神和士气，提升了国家形象和地位。

那么，这绝妙一笔是刻意所为，还是纯属巧合？事后，曾有许多人就此一事问询海试团队。实事求是地说：既不是刻意，也并非巧合，而是勤劳智慧勇敢的中国人，在中国共产党的坚强领导下，艰苦奋斗、团结拼搏到今天的一个必然成果！

自从"蛟龙"号到马里亚纳海域实施 7000 米级第一潜之后，海试团队又在 6 月 19 日由唐嘉陵、于杭、张东升小组执潜，进行了 7000 米级海试第二次下潜试验。最大下潜深度 6965.25 米，完成了近底巡航、均衡、定深航行、灯光调试、摄像及海底微地形地貌测量、三次坐底、沉积物取样、水样取样、布放标志物等作业。标志物上印着"中国载人深潜　蛟龙号　第 47 次下潜"字样。坐底地点与计划完全吻合，说明了"蛟龙"号水下导航、定位能力十分优秀。

然而，这也给外界带来一些不解和疑问：为什么"蛟龙"号都到了 6960 多米，就差几十米了，不去冲击 7000 米深度呢？难道是潜水器出了问题，还是海底不适合继续下潜？一时间众说纷纭，莫衷一是。总之是认为错过了一个一步到位的好机会，令人遗憾和惋惜。

实际上，这是根据国家海洋局和科技部批复的"蛟龙号载人潜水器 7000 米级海试方案"，稳扎稳打，有意而为之。为了打消人们的疑虑，现场指挥部决定举行一个媒体通气会，说明详情，以释悬念。

会议在"向阳红 09"船会议室举行，由新闻发言人刘心成书记主持。刘峰总指挥首先通报了第三次下潜计划，而后解释说："为什么没有直接潜到 7000 米主要有三个原因。一是海试领导小组批准的下潜计划是'4+2'，即 4 个有效潜次，2 个备用潜次，按照 5000 米、6000 米、7000 米顺序进行，前三个潜次都不过 7000 米，我们完全按照计划执行；二是在 6000 米深度有 200 多个项目需要测试、试验或验证，第二次下潜时可调压载系统和高度计就出现故障，未能通过测试；三是 7000 米下潜前需要与北京协调好，可能上级会有一些安排，必须要有计划，协调进行。目前来看，如无特殊情况，我们准备在 6 月 25 日第四次下潜时，冲击 7000 米……"

接着，刘心成补充道："特别是第二次下潜到 6965 米后，国内各种渠道不断质疑，综合起来有三个方面。一是为我们没有达到 7000 米深度感到惋惜；二是埋怨为什么不到 7000 米；三是认为试验可能不顺利。这些议论说明社会对试验非常关注，对中国载人深潜事业非常关心，也说明我们的宣传工作还没有完全到位。'严谨求实'是我们团队践行并凝练的中国载人深潜精神，我们不但这样说，更是这样做。海试不仅仅是一个深度，而是扎扎实实，一步一个脚印，发现问题及时解决，以便将来更好地应用。为了排除可调压载系统海水泵控制

人与海

电路板故障，电力与配电小组工作到凌晨3点，这就是拼搏奉献。我们的团队绝对不允许试验结束了，问题没有暴露而潜伏下来。这些年，我们都是本着这样的科学态度一路走来的。明天的试验还是重复第二次下潜试验的内容，包括对可调压载系统和高度计排故后的验证，深度还不超过7000米，所以请媒体的朋友们把海试团队严谨求实的负责精神和科学态度解读给广大公众。"

这时，时任国家海洋局局长刘赐贵通过视频与现场指挥部进行交流。刘局长特别说道："今天的下潜很顺利，向你们再次表示祝贺。有一个事情与你们商量，原来准备在6月25日下潜7000米深度，这一天是星期一，大家都在上班。如果能在24日做，起到的社会宣传效果会更好，当然要以现场情况为准，如果准备来不及就不要勉强，还是要安全第一。"

刘峰看了看旁边的刘心成，答道："好的，刘局长，我们研究一下，争取提前一天。"

由此可见，第一个提出在6月24日突破7000米的，是国家海洋局的领导们。不过他们还没想到能有通信手段与太空对话。而远离祖国的海试团队，看不到电视新闻，也没有手机网络信号，只是通过北海分局信息中心发给船上的国内新闻摘要，知道我国在6月16日成功发射"神舟九号"载人飞船了，其他一无所知。加上海试任务非常紧张，天天都是工作日，没有星期几的概念，也无心关注其他事情。

当晚指挥部会议上，总指挥刘峰传达了刘局长讲话精神，要求大家实事求是，看看到底能不能把第一次下潜7000米深度，提前一天实施。

负责潜水器本体的副总指挥崔维成首先发言："我觉得可以。虽然目前可调压载有些故障，但只是影响到上浮速度，对其他试验项目没有影响。"

专家咨询组组长于教授接着说："从技术角度分析，可调压载故障不影响其他试验。目前'蛟龙'号各项设备表现良好，从全局考虑，我同意24日进行7000米下潜。"

与会人员纷纷表示赞同。最后刘峰说："那好，我们就按照24日下潜7000米的时间节点来准备！"

会后，现场指挥部将新方案上报北京，得到批准后，立即通告全队人员。就在这天晚上10时许，随船采访的新华社记者罗沙跑到刘心成房间，欣喜而神秘地说："刘书记,我们社里刚传来一个消息:'神舟九号'与'天宫一号'太空手控交会对接也是在 6 月 24 日,跟咱们冲击 7000 米在同一天。"

刘心成顿时眼睛一亮,心说:这太巧了!

罗沙接着说:"我看可以运作一个深海潜航员与太空航天员对话的场景,那将特别有意义。"

"我看行,走,找总指挥说说去。"他们立马到刘峰房间。

刘峰听后也觉得是个好事:"这个想法不错,但直接对话恐怕要首先解决声学通信问题。小罗,你赶紧把朱敏叫来商量商量。"

朱敏是"蛟龙"号声学系统负责人,更是声学专家,闻言思忖了一下说:"潜航员与母船通话是水声通信,而地面与航天员通话是无线电通信,原理不一样,直接对话在技术上有难度。不过,可以通过航天中心'中转'来实现。"

年轻的罗沙当即表示,新华社、中央电视台都可以承担中转角色。事情就这样确定下来,大家分头准备。

6 月 24 日那天,叶聪怀揣三位潜航员对三位航天员的祝福词下潜,到达深海 7020 米时,他通过水声通信将照片和语音传输到"向阳红 09"船现场指挥部,央视小组直接视频连线到中央电视台,又被转送到北京航天指挥控制中心,再由他们传送至太空的"神舟九号"飞船。

不久,同样的办法传回三位航天员在太空对深潜员的祝福,双方深受鼓舞。这些视频都在第一时间播报给全国人民,乃至全世界,起到了极大的振奋和轰动效应,成为一段里程碑式的永恒的历史佳话。

茫茫太空,幽幽深海,中国人来了!

此时,身在北京海试陆基保障中心的刘赐贵局长通过视频连线,与马里亚纳海沟 7020 米深度坐底的"蛟龙"号试航员进行了对话。

他欣悦而激动地说:"叶聪、刘开周、杨波,你们好!首先我代表国家海洋局和海试领导小组,对你们成功下潜到 7020 米深度表示热烈祝贺!我们一直在关注下潜过程,感到激动和自豪。通过媒体报道,全国人民都在关注你们。希望你们再接再厉,在下一步的试验中取得更大成绩,确保海试圆满成功!"

叶聪代表三位试航员回答:"我们在 7020 米的海底,听到刘局长的讲话很清晰,感到很亲切。我们在坐底期间进行了布放标志物、取水样、照相、录像等作业。三位试航员状态非常好。我们为'蛟龙'号感到骄傲。感谢各位领导和关心、支持深潜事业的朋友们!"

通话也是通过"中转"实现的:北京的音视频通过卫星传输至"向阳红09"船指挥部,朱敏研究员在喇叭前放置一个话筒,将音频调制成水声信号发送给"蛟龙"号,然后再还原成声音,音频转换的质量和效果都很好。

"蛟龙"号在水下进行两次坐底,取得两个非保压水样和一个保压水样,布放了标志物。返航途中进行了可调压载系统复核,注排水功能正常,完成了预定试验任务,于17时26分浮出水面,18时12分回收至母船。试航员出舱时,展示了带到马里亚纳海沟的国旗,记者们的"长枪短炮"一片闪光。

值勤甲板的横幅已经更换为"中国载人潜水器下潜7000米试航员凯旋仪式"。刘心成书记主持凯旋仪式。叶聪代表刘开周、杨波大声报告:"我们三位试航员完成第49潜次试验任务,成功下潜到7020米深度,安全顺利返航,向你报到!"

刘峰总指挥说:"你们辛苦了,欢迎你们,感谢你们!"

刘心成宣布:"向英雄的试航员们献花!"

《科技日报》女记者陈瑜身着一袭连衣裙,手捧鲜艳的绢花,在一片响亮的掌声中,将绢花分别献给三位试航员并与他们拥抱。"向阳红09"船陈崇明政委把已经打开保险的香槟酒递给试航员。他们拔出瓶塞,奋力摇动,酒花喷薄而出,洒向队员们,洒向海天之间。

2013年5月17日,首都北京,人民大会堂。

高大宽敞的西大厅里灯光明亮、金碧辉煌,洋溢着一片喜悦的气氛。一支身穿海蓝色服装、胸前印着鲜红国旗标志的团队,怀着激动的心情来到这里,排成整齐队列等候着。他们就是胜利完成中国7000米级载人潜水器"蛟龙"号研发、海试任务的科学家、工程师、潜航员和技术保障人员……

随着一阵阵热烈的掌声,中共中央总书记、国家主席、中央军委主席习近平,中共中央政治局常委、国务院总理李克强等党和国家领导人走进大厅,微笑着与站在第一排的代表们一一握手、交谈。

这是令全国海洋工作者倍感振奋、深受鼓舞的一天。

中共中央、国务院决定授予"蛟龙"号载人潜水器 7000 米级海试团队"载人深潜英雄集体"荣誉称号，授予叶聪、傅文韬、唐嘉陵、崔维成、杨波、刘开周、张东升等同志"载人深潜英雄"荣誉称号。今天，在人民大会堂隆重举行表彰大会。会前，习近平总书记等领导人亲切会见了深潜先进单位和先进工作者代表。

总书记微笑着向大家招手致意，代表党中央、国务院，向胜利完成"蛟龙"号载人深潜海试任务的广大科技工作者、干部职工表示热烈祝贺和诚挚问候，勉励大家团结拼搏、开拓奋进，继续推动我国海洋事业不断取得新突破，为建设海洋强国作出更大成绩。

他关切地询问"载人深潜英雄"叶聪、傅文韬等人的工作和身体情况，当看到潜航员唐嘉陵时，说："你这么年轻，多大了？"

曾经几十次下潜深海脸不变色心不跳的小唐，此时此刻却激动得没有听清问话，而是立正答道："报告总书记，我们最深下潜到 7062 米。"可见他满脑子全是深潜了。

旁边的叶聪不愧是大几岁的老大哥，显得从容多了，马上代他回答："唐嘉陵今年 29 岁，是'五四奖章'获得者。"

"我说怎么面熟，原来咱们在前几天的五四青年座谈会上坐对面呢！"总书记亲切地说。

会见结束后，这成了大家与小唐善意的玩笑话题。

实际上，自从 7000 米级海试成功之后，"蛟龙"号载人潜水器及其海试团队就已成了国人心目中的明星。

一年后——2014 年 6 月至 8 月，我随同"蛟龙"号的母船"向阳红 09"船，去太平洋进行试验性应用科学考察。经历了种种艰辛而有趣的磨砺，"向阳红 09"船取得了丰硕的科研成果，于 8 月上旬回到祖国。

"向阳红 09"船停靠在上海外锚地，等待引水员上船进入长江，明天就可到达江阴苏南码头了。届时会把"蛟龙"号卸载，运往它位于无锡的出生地——中船重工 702 研究所，维修保养，等待下一次出征，大部分队员也将在此下船，所以指挥部和临时党委决定，晚上会餐，祝贺"蛟龙"号 2014—2015

人与海

年航次第一航段胜利归来，同时也是全体队员最后的大团聚。

　　啊！说来真是不敢相信，似乎欢送我们出航的那一天就在昨天，其实屈指一算，竟然已经过了50多天了。由于连续遇到台风大浪的阻拦，原本计划40天的航程，延长了近半个月，大家更是归心似箭，对这"最后"的晚餐也愈加感慨和珍惜。

　　等到我们按时到达聚会地点后，发现往常熟悉的餐厅已经变了一个样子，焕然一新，餐桌上都铺上了干净的台布，上面摆满了丰盛的菜肴，白酒、啤酒、红酒更是一应俱全。要知道，与深海大洋打交道的人们都是豪放且有酒量的。平时不常喝酒，此刻可以放开了。

　　我作为特邀嘉宾被安排与总指挥、临时党委书记以及首席科学家等人一起坐在主桌。时间一到，刘心成书记首先站起来激情地开场："全体队员们，经过了50多个日日夜夜，行程9000多海里，我们终于胜利回来了！今天举行会餐，是祝贺也是感谢！下面请总指挥代表指挥部和临时党委致辞，大家欢迎。"

　　一阵热烈的掌声响起来，刘峰总指挥举杯起身，发表了热情洋溢的讲话："同志们，兄弟们，我们自从6月25日从江阴起航，历经了东海、南海，直到西北太平洋，战胜了三次台风干扰，在采薇海山区、马尔库斯-威克海山区，'蛟龙'号下潜了10次，最深达到5500多米，取得了丰硕的科研成果。这期间，全体队员都兢兢业业，发扬深潜精神，才保证了今天安全顺利地凯旋，我代表指挥部和临时党委谢谢大家！来，干杯！"

　　干杯！全体人员一齐起立，高高举杯，忽然不知谁带头，全场一声大吼："好噢——好噢——噢——"那声音，如火山爆发时喷涌而出的岩浆般热烈，又像飓风袭来时惊天动地的海啸，连绵不断的回声，似乎把舱外的海水都搅得波飞浪舞。

　　过去我也曾在不同场合看到、听到人们庆祝某事而大喊干杯，不过那只是短暂的"一嗓子"。而此刻决然不同，所有科考队员们——包括总指挥、党委书记、专家，以及前后甲板的工作人员、水手船员们都振臂高呼，久久不停……

　　我感到十分震撼新奇，旁边一位老队员告诉我，2009年夏秋之际，"蛟龙"号首次离开总装联调车间，到南海进行1000米级海试，遇到了种种艰难险阻，差一点"夭折"。可坚强的海试团队,牢记祖国嘱托,战高温,斗台风,百折不挠,团结奋战,解决了一个个难题,闯过了一道道难关,胜利地达到了试验目标,迈进了只有美国、法国、俄罗斯、日本人才有资格加入的国际深潜俱乐部。因为 1000 米以下,才是国际上公认的深海。

就在那年返航会餐时,大家干杯不约而同地大吼了起来,那是把憋在心中多日的闷气、怨气,以及终于成功的豪气、志气一齐喷发出来,其间不少人眼里冒出了泪花。

此后,在"蛟龙"号深潜 3000 米、5000 米,直至 7000 米海域大获成功的庆功宴上,大声怒吼便成了"蛟龙"团队的传统。他们自豪地称之为"龙吼"。

好一个"龙吼"啊!

这不只是"蛟龙"研发和科考团队的吼声,也是海洋战线为建设海洋强国发出的吼声,更是为实现中华民族伟大复兴而正在奋发努力、和平崛起的"中国龙"的吼声啊!刹那间,我联想起此次随同"蛟龙"探海的一幕幕难忘场景,热血沸腾、激情澎湃,一首七绝如电光石火般照亮了眼帘。

我当即端起酒杯站起来,说现场写了一首诗献给大家。临时党委书记刘心成马上要求全场安静,倾听我即席赋诗。我清了清嗓子,一边思索一边朗诵:

蛟龙探海谱新章,科考应用创辉煌。

高歌凯旋从头越,一声龙吼惊大洋!

好啊!好!

整个餐厅瞬时沸腾了,大家大声叫好,用力鼓掌,看得出来,他们完全默会了此诗的意境,前三句都是铺垫,也是事实,从海试到应用谱写了"蛟龙"号的新篇章,深潜科学考察的成效较过去翻了多少倍,本次航段旗开得胜,还有新的高峰等待攀登,而最后一句"一声龙吼惊大洋"道出了中华儿女的心声。

这是东方睡狮醒来发出的怒吼,这是神州巨龙腾飞发出的怒吼!

令人屈辱的近代海洋史一去不复返,昂首腾飞的"中国龙"一鸣惊世人!总指挥、党委书记和科考队员纷纷举杯敬酒:"写得太好了,这就是蛟龙探海的写照和意义!"我本来不胜酒力,此时全丢在了脑后,一饮而尽……

来自海底 7000 米的十八大代表——傅文韬

美丽的杭州西湖，清清的湖水微波荡漾。进入初秋，正是游湖赏景的好季节，兴致勃勃的游人络绎不绝。这天傍晚，一个小伙子独自来到湖畔，却没有一般游客的兴致，他眉头微皱，似乎心事重重。

他的名字叫傅文韬，一年前毕业于兰州理工大学通信工程专业，曾应聘到深圳某企业工作，因表现出色，不久就干到部长了。可他从小志向远大，不满足这样一眼望到头的生活。恰巧曾经的大学女友在浙江某高校读研究生，小傅干脆辞职来到了杭州，一边兼职打工，一边复习准备考研，换一种活法。然而，考研大军浩浩荡荡，不一定成功，换句话说，即使读研拿到了硕士学位，也无法确定将开始怎样的人生之旅。

2006 年 9 月的一天，小傅转了一圈回到住处，打开电脑上网浏览，突然发现了一则中国大洋协会、国家海洋局北海分局发布的"载人潜水器潜航员选拔公告"，条件是：①具有中华人民共和国国籍，热爱祖国，拥护中国共产党的领导，热爱海洋事业，志愿成为我国载人潜水器潜航员。②男性年龄在 22 至 35 周岁之间，身高在 165 厘米至 176 厘米之间，裸眼视力 0.8 或矫正视力在 1.0 以上。③全日制高等院校本科及以上学历，专业限定为电子科学与技术、信息与通信工程、船舶与海洋工程及相关专业。④身体健康……

深海潜航员，这个新鲜而又富有挑战性的职业，使傅文韬眼前一亮，虽说家乡在湖南省益阳市，并不是海边长大的孩子，但他早年读过的科幻小说《海底两万里》及诸多海洋作品，给他带来了种种兴奋和好奇，到大海上乘风破浪，探索海底世界的无穷奥秘，让他充满了向往。如果能够成功，就是国家海洋工作者了，命运将从此打开一条新路。自己符合应试条件，他当即决定报名！

"当时感兴趣的人不少，最后报名的却不是很多，主要还是因为这个事情在中国还处于起步阶段。一想到要下到几百乃至几千米的海底去，大家都觉得风险太高。"

　　傅文韬回忆报名参加潜航员选拔时的情景，依然历历在目："在我看来，科学探索本身就是挑战风险，必须要有先行者站出来。我政治条件不错，高三时就入了党；身心素质也很好，上大学时体育成绩名列前茅……"

　　无论从形象还是口才来说，傅文韬都是一个棒小伙，如果从事演艺事业，也具有"明星范儿"的潜质。

　　他思维敏捷，身手矫健，尤为重要的是喜欢去探求未知而有兴趣的领域。

　　整整一个上午，围绕着深潜事业，漫谈着关于人生、社会和国家的话题……

　　报名不久，傅文韬接到了通知，材料通过了审查，近日须前往位于青岛的国家海洋局北海分局——中国大洋协会委托他们代为选拔管理首批潜航员，参加面试和身体检测。此时距离研究生考试也只有一个月了，他心里有点打鼓，万一通宵达旦的测试影响了考研……但转念一想，机会难得，还是要去试一试。

　　傅文韬生于 1982 年，此时正是中国改革开放的新时期，父母早早就做起了小生意。等到小文韬该上小学了，举家从农村搬迁到岳阳市，经营夜宵买卖。小文韬比同龄的孩子懂事早，每天放学做完作业，就跑去帮忙摆桌子、洗碗筷。妈妈不让他干，说全家没有大学生，你要考上大学。为他取的学名，就包含着"文韬武略"的期望。

　　他听了父母的话，心里多了一份责任感。加倍努力，好好学习，绝不能让父母失望。他说到做到，中考时一跃考上了省重点高中——岳阳一中，还在高三时加入了中国共产党。只是高考时天不遂人愿，离重点分数线只差一分，没有进入理想的大学。由此他认识到，人的命运需要自己一分一分地去努力争取。所以，面临潜航员的考核，他做好了充分的准备。

　　"那一次，我们一共去了 15 个人，包括哈工程（哈尔滨工程大学）的唐嘉陵。接连考了一周多，各种测试，身体的，心理的，大概有 100 多项。"傅文韬对我说："许老师，你想象不到多么严格，据说是比照航天员选拔的。印象最深的是抗压测试，把候选者关进高压氧舱中，压力设定成相当于 18 米水深的水平，必须在里面撑 45 分钟才算合格。在高压的环境下，耳膜一阵阵剧痛，差一点就受不了了，我还是咬牙挺了过来，但很多人在这个环节就被淘汰了。"

　　考核结束，傅文韬回到杭州继续准备考研。一个多月过去了，潜航员的事

人与海

杳无音讯，他以为没戏了，心里难掩失落。2006年12月25日这天，正是圣诞节，好友张罗着过节。可傅文韬没有心思，斜倚在宿舍床上，捧着一本英语教材复习。忽然手机响了，一个陌生的号码。他接起来一听："你是傅文韬吧，我是北海分局人事处的陈立新，现在正式通知，你通过了潜航员选拔考试，被录取了！你愿意吗？"

"是吗？真的？太好了！我愿意、愿意……"意外的惊喜使傅文韬不知说什么好。

"那好，请你于2007年2月5日到青岛北海分局报到吧！"

"好好，谢谢陈主任，谢谢！我一定按时报到。"放下电话，傅文韬"啊"地大叫了一声，把手里的课本一扔，我要当潜航员了！说实话，本来前途未卜，时不我待，总有一种被什么追赶着的感觉，现在，梦想照进了现实：第一代潜航员，只要勤奋努力，对国家是个贡献，对个人也是一种很好的提升，他的眼前展开了一条洒满阳光的大道……

此后，傅文韬与另一位挑选出来的大学生唐嘉陵，成为中国第一代潜航学员。在经历了种种培训和磨炼之后，他们跟随"蛟龙"号一步步成长起来。

众所周知，胜仗是人打的，机器是人来操作的，再先进的武器，没有得力的人也是废铁一堆。所以，在3000米海试过程中，不仅仅要试验载人潜水器"蛟龙"号的各项性能，还有一项重要任务，就是培训考核我国第一代职业潜航员。

在2009年的1000米级海试时，指挥部只安排傅文韬和唐嘉陵在50米水深作为主驾驶下潜，50米以上直至1000米，以及今年的3000米级海试，都是由参与"蛟龙"号设计、装配，并且曾在美国"阿尔文"号潜水器体验的叶聪担任主驾驶执潜的。可叶聪的专业是设计师，试航完成后，就要将"蛟龙"号交给深潜管理部门，由职业潜航员操作。因而，尽快让两位年轻的潜航学员"放单飞"，已经是刻不容缓的了。

如今，3000米大关已经成功突破，加紧培训职业潜航员随即提上了日程。6月26日上午，海试临时党委书记刘心成特意把小傅和小唐叫到自己的舱室。刘心成不仅是海上试验的领导，同时也是北海分局副局长，是潜航学员的"顶头上司"，十分关心他们的成长。

"怎么样？近来感觉如何，下潜都准备好了吧？"刘心成亲切地问道。

"准备好了。刘局长，我俩从老师们身上学到了不少东西，这一段也一直在学习、体验，早憋足劲儿了！"

"好！要的就是这种精神状态。"接下来，刘心成又询问了小傅父亲的病情，以及小唐家中的情况，有什么问题需要组织上帮助解决等。随即话锋一转，要求他们针对目前的海试情况做一个思想汇报……

诚然，这不是第一次谈话了，在去年首次开赴南海进行 1000 米级海试时，也是在刘心成书记的 103 舱室，他们同样既正规又随和地进行过关键性交谈。按照大洋协会的要求，凡是海试拟下潜人员，各单位领导都要亲自与之谈话，了解其思想心理状况，请下潜人员确认并签署《下潜承诺书》。

那天上午，刘心成和中国海监一支队副支队长、总指挥顾问陆会胜，"向阳红 09"船政委兼临时党委秘书杨联春一起，将两名潜航学员傅文韬、唐嘉陵找来谈话。当时，他们在中船重工集团 702 研究所已经培训两年多了，完成了培训大纲规定的理论教学内容，并结合潜水器总装、调试和水池试验进行了大量实际操作应用训练，但是还没有真正在海上操纵潜水器的实践经验。按照大纲要求，他们必须通过 2000 米深度驾驶潜水器的考核才能正式成为潜航员。这次海试给他们提供了宝贵的学习实践机会。

先是互相问候了几句，然后刘心成副局长说："现在，我们几位代表分局与你们俩谈话，再次征求你们对下潜作业的意见，如果同意就请签署《下潜承诺书》。潜水器虽然经过多种考核，但毕竟海试是第一次。你们俩虽然经过严格培训，但是还没有海上操作的实践经验。因此，下潜试验是有一定风险的……"

傅文韬毫不犹豫地表示："我们知道深潜有风险，但这更是我们潜航学员的责任，经过两年多的培训，我完全有信心完成好任务，请领导放心，我没任何问题。"

唐嘉陵同样十分坚决："我们为海试准备了两年多，就是要下潜。当然，是试验，就有风险，但我们相信各级领导和专家的安排，有信心有决心做好工作。"

人与海

"好!"陆会胜副支队长说,"也请你们俩放心,各级领导都把安全问题看得非常重要,会采取一切措施确保安全的。"

杨联春政委也说:"大家都很关心你们,希望你们表现出自己的能力和水平,遇事要冷静,争取打一仗进一步。"

转眼一年过去了,两名年轻的潜航学员茁壮成长起来,经受住了1000米海试的各项考验,又将通过3000米级的考核,逐渐挑起中国深潜事业的大梁。

刘心成书记细心倾听了他们的思想汇报和准备情况,非常欣慰,感觉年轻一代正在正确的道路上大步前进。他以一个过来人的体会和经验,寄托了无限的期待,语重心长地讲道:

"学无止境啊,不知你们注意了没有,海试一路走到现在,有一个人不可或缺,他就是兢兢业业勇往直前的于教授。遇到问题时,他沉着冷静,科学解决,这种素质来源于长期的观察体验,总结规律,积累经验。还有大家熟悉的叶聪同志,作为深潜部门长兼主驾驶,日常承担许多工作,非常善于学习,优点很多。他们都是我们学习成长的目标。同时,对工作和事业要有激情。我们现在做的事情,虽然不是举国皆知,但意义却不亚于航天。作为第一代潜航员,也是探路者,有许多未知的困难和挑战,需要不断去克服,认识这一点,保持对工作的激情,对我们事业的成长,有非常重要的作用……"

两位年轻人认真听着,频频点头,老领导老同志的这些肺腑之言,都是长期脚踏实地的拼搏总结出来的啊!最后,他们动情地表示:"感谢刘局长,今天的谈话,充分体现了分局党委对我们的培养和期望,在深海探索的路上,我们一定不负重托,努力认真学习工作,尽快成长起来,发挥应有的作用。"

2010年6月28日,两名潜航学员迎来关键的一天。第29潜次,由试航员主驾驶兼教练员的叶聪,带领傅文韬和唐嘉陵下潜,完成从受训潜航员到正式潜航员的深度跨越。此前,在几个潜次里,叶聪分别指导他们在50米、300米水深里,顺利进行了主驾驶的操作实践。今天将向1000米以上大深度冲击,跨过这道关口,就意味着我们自己培养的第一代潜航员成长起来了。

进舱、布放、入水、下潜……

按照现场指挥部的指令,各个部门通力合作,一切都在有条不紊地进行着。傅文韬和唐嘉陵先后担任主驾驶,而叶聪则轻松而欣慰地坐在一旁,充当起了

"高级看客"的角色。300 米、600 米、1000 米……"蛟龙"号一如常态，仿佛知晓两名年轻却经过努力已经成熟的新手在驾驭，"兴致勃勃""一路顺风"地遨游深海。当下潜深度突破 1200 米时，水面母船通过水声通信机发来了一条信息："祝贺两位受训潜航员通过千米考验！"

"哈！真好！"舱内的三人相视一笑。当时正负责通信的小唐，问担当主驾驶的小傅："你说，咱们对上面回复些什么呢？"

小傅想了想，说："这次下潜是我们实习训练的终点，也是我们下潜生涯的起点！"

其实，面对一次大深度的深潜试验，即使是一名经验丰富的潜航员，带领两名训练有素的实习潜航员，也难免让舱内的气氛略显紧张。在整个下潜过程中，他们都保持着高度冷静而集中的精力，观察和聆听周围的一切，不放过任何一声异常的响动。只是当潜水器到达 1000 米、1500 米，最后悬停在 2104 米的深海时，他们抑制不住内心的兴奋，挥拳击掌，互相庆贺。不过，也只是那么几分钟，随即迅速重新专心致志地投入到工作中去。

这是一个完美通过了考核的年轻潜航员在深海中的真切感受。

当他们圆满顺利地返回到母船甲板上时，早已等候在那里的领导和队友们以特殊的礼仪迎接着他们：一桶桶清凉的海水兜头浇下来，浑身顿时湿透了，心里却如同浇了油一样燃烧起来。

此时此刻，语言是多余的，两名年轻的潜航员只有用深深的拥抱表达自己的感慨和心愿，深情地说着："谢谢、谢谢！"亦师亦兄亦友的情意，尽在不言中。他们随即拥抱了临时党委书记刘心成、总指挥刘峰，并将他们高高举过了头顶。作为领导者，他们给予了年轻人太多的关心和支持……

同样，潜航员傅文韬激动不已、感恩不尽。当晚，他在日记中写道："……欣喜之余，我衷心感谢三年以来，在我们的学员之路上，对我们的成长直接或间接提供支持、帮助的各位领导和同事。潜航员培训，是一个复杂的体系，而我们首批潜航员的许多培训和训练内容都没有先例。702 研究所具体负责我们的培训课题，认真探索，组织了国内多家单位的力量。想起他们，一个个熟悉的身影从我脑海中掠过——胡震主任、侯德永主任、朱渝业老师、杨景华艇长……太多、太多，不能一一细数。

人与海

"作为首批潜航员，我们无疑是幸运的。从参与培训起，我们正好见证和参加了'蛟龙'号载人潜水器从总装、联调，到水池试验、海上试验的全过程，我们无时无刻不在见证和创造着历史。领导和同事们一直给予我们高度的重视和崇高的荣誉，一度对我产生过很大的压力。而当我开始理解潜航员这一职业的真正意义，渐渐清晰了背负起潜航员这一神圣职业必须承担的责任，那些压力，才变成不断敦促自己前进的动力。是啊，在人生的旅途上，终点即是起点，而在这个崭新的起点上，我们一定肩负起我们的责任，请对我们寄予厚望的祖国、领导和同志们放心，我将以我的实际行动来证明！"

中国载人潜航史上掀开了新的一页。

6月30日，在中国南海 B1 海区，由我国首批培训的潜航员唐嘉陵、傅文韬独立操作驾驶"蛟龙"号，圆满完成了第31潜次的海上试验。水下作业时间528分钟，完成了布放标志物、搜索标志物及航行控制等作业内容。

这次试验的成功意义非同寻常，它标志着我国拥有了自己的正规职业潜航员，同时也标志着我国自主研制的"蛟龙"号载人潜水器具备了深潜作业的能力！下潜试验由培训老师叶聪一人担任主驾驶的历史已经过去，今后试验计划的安排更加从容和得心应手了。

由此，傅文韬与整个团队一起，发扬"中国载人深潜精神"，一鼓作气，驾驶"蛟龙"号，成功实施了7000米海试目标。他也获得了一系列的荣誉：

2010年，傅文韬荣获青岛市"十大杰出青年岗位能手""感动青岛十大人物"荣誉称号；2011年，荣获"山东省五四青年奖章"；2012年5月，年仅30岁的他荣获"中国青年五四奖章"，并且作为海洋界代表，参加党的十八次全国代表大会，为载人深潜事业、青岛深海基地建设的发展献言献策；2013年5月，傅文韬与其他七位下潜到7000米的科考队员，荣获中共中央、国务院联合颁发的"载人深潜英雄"荣誉称号和金质奖章，并受到习近平总书记等中央领导的集体接见……

从“蛟龙”到“勇士”——胡 震

"蛟龙"号在海试过程中，并非“一帆风顺”。

其中，一个潜次完成了所有试验任务，按指挥部指令，抛载上浮，当升到距离海面不足 20 米时，一直密切观察窗外的试航员听到“咚”的一声响，像是一个爆竹炸响，又像是一瓶香槟酒碎裂，一股白烟从潜水器前边飘过……

"啊？怎么啦，什么爆炸了？"

三名试航员立时瞪圆了眼睛，面面相觑，不知下一刻会出现什么状况。如果真的在水下发生了爆炸事故，那将是灭顶之灾！

对于舱内的人来说，此刻一点也使不上劲儿，只能静候观察，听天由命。从这个角度来说，潜航员确实要有强大的心理素质。好在故障没有进一步扩大，潜水器还是继续平稳地上升、上升。

终于，他们安全回到母船甲板上，出舱时，尽管杨波晕得不行，可毕竟是首次成功下潜 300 米，并且超额完成试验任务，他仍难掩激动，跟于教授、叶聪伸展开鲜红的国旗，与大家一起庆贺新的深潜纪录的诞生。

成绩不能掩盖问题。庆祝仪式结束了，试航员立即向指挥部汇报，一声爆炸似的异响，一股可疑的白烟。潜航部门负责人崔维成、胡震等人马上组织有关人员检测、排查。

当他们一层层打开主蓄电池箱时，发现保护罩爆裂，内部全是气体，单向阀已经开启，一块电池发生了爆炸。大家不由得倒抽一口凉气，幸亏是在完成任务上浮时出现的，如果是在深海里，后果不堪设想。

载人潜水器配电系统主蓄电池箱，可以说是整台机器的心脏，是唯一的动力供应站。它源源不断地将电能输给各执行机构——推进器、海水泵、水下灯、液压泵及所带动的机械手，使其能够按照潜航员的指令做动作。由于受到潜水器体积和重量的约束，选用了能量大、抗压力强的银锌电池，但它的寿命短，

人与海

一旦启动只有一年使用期限。2008年春天，潜水器准备出海试验，702研究所技术人员启动了银锌电池。不料，临出发前突然叫停，直到一年后才真正出航。按说，应该更换新的电池。可配电专家们经过测试检查，发现这组电池各项功能正常，而买新的银锌电池需要花费几百万元，实在于心不忍，便设想用它顶过第一阶段海试。

在江阴码头登船时，702研究所考虑到中途有可能出现电池失效的情况，已经派人与新乡公司签订了银锌电池供货合同，但制造安装还是需要一定时日。以老专家许广清为首的配供电组，小心翼翼地维护着，期待这组旧电池将作用发挥到极致。然而，科学来不得半点侥幸，该发生的还是发生了。试航员听到的那一声震响，就是过期电池爆裂保护罩的声音。如不及时修复，将影响下面的海试。

随着蓄电池告急，天气也跟着"告急"了。据随船的国家海洋环境预报中心的预报员李志强、苏博预报，第二天——9月14日下午大风将至，海况会变得很差。现场指挥部分析后决定，明天上午抢在大风之前再进行一次下潜试验，而后开赴锚地避风。这样，就要求潜器准备部门连夜拆掉旧银锌电池组，更换上备用的铅酸电池组。这在陆地厂房里，也需要一两天的工作量，更不用说在晃动的船舶甲板上了。困难重重。

"没有什么可说的，执行命令！"部门长胡震有力地一挥手，带领全体同志忙碌开了。

在7000米载人潜水器项目里，胡震功不可没。他是水下工程研究室主任，7000米载人潜水器本体副总设计师，总装联调负责人，海试潜水器部门长。可以说，是潜水器准备与维护的大总管，人称"后甲板司令"。他知识全面，责任心强，有关潜水器的大事小情都装在心上，说出话来让人心服口服，颇有"司令"风范，大家都爱称他"胡司令"。他有空就围着潜水器转，上上下下，里里外外。不管哪个部门工作，他都精心地关注着、参与着。

那是在50米A1海区，有一天潜水器进行保养，两个技术人员钻进舱内工作，胡震在外面指挥。风云突变，一阵海风吹来，乌云滚滚，咔的一个炸雷，铜钱大的雨点砸了下来。关闭舱盖来不及了，眼看舱内设备要挨雨淋，胡震大喊一声："快拿篷布！"飞身冲上舱顶，扑在舱口挡住疾风骤雨，充当了一次人闭舱盖……

胡震是江苏省无锡市江阴市人，生于1967年10月，1985年考入中南工业大学计算机与控制系，后又考上中科院沈阳自动化所研究生，学了三年的自动化控制。1991年硕士毕业，选择了离家乡最近的无锡702研究所工作。一来就在技术开发部，跟着徐芑南等人搞无人潜水器。

20世纪90年代末期，702研究所由于任务不足，经济紧张，发放工资都成了问题。胡震的一个亲戚是当地大企业集团的总经理，看中了他的人品和技术，高薪聘请他去当部门经理，承诺五年后送他一个公司。刚过而立之年的胡震心动了，想去试一试。他请假去上一个星期的班，坐在公司高档老板椅上，却总感到浑身不自在：本来想科研报国，难道遇到困难就放弃了？

后来，发生了我国驻南联盟大使馆被炸事件，举国群情激昂，胡震再也坐不住了。他毅然谢绝了亲戚的好意，也谢绝了年薪百万的职位，又回到702研究所继续从事国家的科研事业。当7000米载人潜水器项目启动时，他理所当然地全身心投入，贡献出自己所有的聪明才智和热血激情……

接到第二天早8点下潜通知时，夜幕已经降临了。胡震立即安排做好各项准备工作，最关键的是更换蓄电池。"向阳红09"船老轨（轮机长）刘军带着水手调整好灯光，后甲板亮如白昼，有关人员各负其责。试验部主任马波操作折臂吊，几位工人拆卸旧电池，叶聪负责压载核算，马岭负责采样篮设备的准备与安装，702研究所人员从中协助。配电组许广清、程斐等人，加上两位潜航员傅文韬和唐嘉陵，准备新电池。一项项工作有条不紊地展开了。

在摇晃不定的船上起吊蓄电池箱，难度是相当大的。移位路径上遍布着各种设备，电缆绳索，遮挡着吊车操作者视线，稍有不慎就可能发生碰撞事故。只见马波主任站在高高的吊车操作台上，702研究所顾秋亮技师爬到脚手架顶端中转口令，张贵宝技师在甲板上观察，一个三位一体的指挥操作体系形成了。蓄电池箱下伸出四根绳索，胡震指挥十几个人拉着，一齐喊着号子共同使劲，电池箱被一点一点地吊起来，按照顾、张两位师傅的口令，马波精细操作，时高时低，时左时右，最后稳稳当当地将电池箱落在升降小车上。

晚上11时许，电力组开始给新装的铅酸电池充电，抽气，充油，每一项工作都是那样的仔细、认真。组长许广清已经 68 岁了，也是超期服役的教授级专家。他早年毕业于中国人民解放军军事工程学院，具有军人的作风，高个子，腰板挺得很直，干起工作来更是要求严格，实打实。他前年刚做了大手术，身体不是很好，这次儿女们都不同意他上船海试，可他坚决要求前来，而且谢绝照顾，主动与本组的年轻人一起住大舱，每天像普通技师一样忙忙碌碌……

为了不耽误第二天的海试，他们必须在天亮之前确保电池供电。许广清指挥全组上阵了。年轻的杨申申和程斐趴在电池箱前，不时测量反映析气量的电池箱皮囊高度。潜航员傅文韬、唐嘉陵一直跟在旁边帮忙——这是从组装潜器以来就形成的习惯，凡是与潜水器维修保养有关的事情，都会看到他俩的身影。这时，临时党委书记刘心成和专家组组长于教授来到了后甲板，了解试验准备情况："怎么样，许老，今晚能弄完吗?"

"没问题，请'司令'放心，我们绝不会耽误海试的。"大家还是喜欢称刘心成为司令，因为他确有带兵打仗的魄力和风度。

"好，不过要注意劳逸结合，别太累了。餐厅准备好了夜宵，你们可以轮流休息一下，补充点能量。"

于教授则从技术角度提醒大家，一是要随时检测数据，二是要注意安全。两位负责人关注着工作进展情况，直到过了零点才回去。

蓦然，杨申申从测量表上发现析气量明显增加，而且速度很快。许广清过来一看，根据上船前铅酸电池的状态和以往的经验，决定暂停充电，先把两个蓄电池箱的油补满，抽掉析出来的氢气。两个小时后再充电，果然电池恢复了正常。这时大家都已困得不行了，几个年轻人刚才还靠着门框说话，转眼间偏头就瞌睡了。"小傅，小杨，快回去休息吧，这里有我呢!"许广清心疼地说。

"没事，只是打了个盹儿。"

"快走吧，我年纪大了，觉少，你们年轻人可不行，明天还有工作呢!"

直到早上 5 点多钟，充电、充油才全部完成，测试后一切正常。守在最后的许广清、程斐拖着疲惫的身躯，蹒跚走回舱室。一个不眠夜就这样过去了。在整个 7000 米载人潜水器海试期间，"向阳红 09"船上有多少这样的不眠夜啊!

再过三个小时，新的太阳将照耀在海面，"和谐"号新的一轮下潜试验即将开始，这些不知疲倦的人又会精神抖擞地出现在自己的岗位上……

长话短说，在长达四年的海试历程中，胡震一直兢兢业业，与整个团队精诚合作，共同圆满完成了"蛟龙"号的 7000 米潜深任务，交上了一份合格的答卷。

然而，"蛟龙"虽好，仍然存在两个遗憾。

一是最关键的零部件不是国产的。比如载人球舱的耐压壳体、机械臂和控制系统、超高压海水泵、浮力材料等，虽说是由中国科学家和工程师自主设计，但因缺乏符合要求的抗压材料和工艺技术，不得不从国外进口或者联系国外加工制造。这在和平时期，可以通过国际市场购买或招标来办，一旦发生矛盾抑或战争状态，就会让别人"卡脖子"了。

二是在全球仍有 0.2% 的海底到达不了。这既有可能错失某些资源勘探的机会，也会让人感觉到深潜探测技术还没有达到百分之百全覆盖。这个空白，需要研制更大深度——万米级的载人潜水器才能填补。

未雨绸缪。科技部及其社会发展科技司、中国 21 世纪议程管理中心、中国科学院、中国船舶集团等部门早就意识到上述问题，还是在"蛟龙"号刚刚进行海试的 2009 年，便开始部署新的研制任务，并列入"十二五""863 计划"的重大专项，项目名称为"4500 米级载人潜水器"。因为 702 研究所等单位在联合攻关"蛟龙"号的征程中，配合默契，积累了丰富的经验教训，具体工作仍由中船重工 702 研究所牵头，联合中科院、有关企业等国内 90 多家单位共同参与。

曾任"蛟龙"号副总设计师的 702 研究所副所长崔维成，是这台 4500 米级载人潜水器的首任总设计师，不久因其他安排，便由也是"蛟龙"研发团队的功臣之一——水下工程研究室主任胡震，受命接任总设计师，而分系统主任设计师、首席试航员叶聪则担任了副总设计师和总质量师。他们的老师、德高望重的"蛟龙"号总设计师徐芑南已年逾八旬，不能再在一线拼搏，遂出任了技术顾问。

这是我国第二台大深度载人潜水器，意义深远重大，目的是为将来研发万米级载人潜水器奠定基础，创造条件。它的作业能力要达到水下 4500 米，零部件尽量实现国产化。行笔至此，我忽然想起了一个小插曲：

2014 年 8 月 12 日，我随同"蛟龙"号从西北太平洋执行试验性应用科考航次回到江阴码头后，跟随前来迎接的"蛟龙"号副总设计师、时任 702 研究所水下工程室主任的胡震，乘车来到了当年"7000 米载人潜水器"项目的大本营——位于无锡的 702 研究所。

当车驶进大门后，就见到一排长方形的灰白色建筑群赫然矗立，中间一条长长的镶嵌着浅蓝色玻璃窗的走廊连接，宛如巨大的轮船造型，墙体上标记有中船重工图标和"中国船舶科学研究中心"字样，背后是一道青翠欲滴的山峦。胡震主任告诉我："这是我们所无锡滨湖区的新址，依山而建的。总装'蛟龙'号的车间就在办公楼后边。"

"好啊，那我先去看看吧！"作为一名报告文学作家，来到心仪已久的现场，如同探矿者发现了矿苗一样，十分兴奋，恨不得马上亲临其境。

"用不着那么急，所里安排了。明天派人陪同你参观，联系采访。今天王飞局长也来所里视察工作了，晚上翁所长请你们一起吃饭。"

应邀来到水下工程研究室胡震主任的办公室。在电脑前，电脑屏幕上呈现出一台潜水器的三维立体图像。

我好奇地问道："胡主任，你们这是在设计新的潜水器吗？"

"对！"胡震将电脑屏幕倾斜了一下，以便让我看得更清楚一些，"这是一台最大深度 4500 米级的，我们团队正在抓紧研制呢！"

"那为什么有了 7000 米的载人潜水器，还要去研究 4500 米的？"

"是这样，'蛟龙'号是我国载人深潜的一个里程碑，尽管取得了很多的突破和辉煌的成就，但是许多技术基础并不扎实，也有一些工艺和配件来自国外，要想在深海技术领域获得全面突破或者自我超越，需要沉下心来踏踏实实地再进行深入研究。4500 米就好比蹲下来攒攒劲头，会跳得更高，也为更大深度做个准备。"

胡震主任的话解开了包括我在内许多人心中的疑惑。

正像博弈高手似的，下棋看五步，步步有备招。"蛟龙"团队在还没有完成全部海试的时候，就已经开始筹划学习借鉴国外先进技术，下一步尽量国产化，为将来的万米级载人潜水器做准备。

终于，"蛟龙"号突破7000米大关，达到了创纪录的7062米深度，并且经过严格考核，完全符合设计要求，可以交付使用了。国家和人民给予了其崇高的荣誉，鲜花和铺天盖地的掌声。不过，整个团队并没有醉卧在花丛里，而是立即从成功的光环中走出来，马不停蹄地转移到新战场，投入新征程……

作为"深海勇士"号载人潜水器总设计师，胡震紧密围绕国家开发利用海洋的需求，以实现国产化、降低运行成本、提高可靠性和可维性为目标，率领团队与兄弟部门通力合作，陆续突破了潜水器优化设计、舱内布局优化设计、钛合金载人舱材料和制造工艺研究、超高压海水泵、充油锂电池组、推进器研制等十余项关键技术，并且严把质量与进度关口，通过潜水器陆上联调与水池试验反复测试，确保了海试任务顺利实施。

如果从2009年，设计深度为7000米的"蛟龙"号海试1000米时，科技部、中科院和中船重工就开始部署研制"4500米"载人潜水器，到2017年投入海试，整整经历了8年时间。95%以上的关键设备国产化目标基本实现，可以进行海洋试验了。

从2017年8月开始，中科院深海研究所牵头组成海试团队，由首席顾问刘心成任领队兼临时党委书记，总设计师胡震任技术总负责人。在46天的时间里，"深海勇士"号下潜28次，最大深度达到4534米，圆满完成了全部海试任务。返航后，面对记者采访，胡震欣慰地说：

"海上试验完成以后检测表明，我们的潜水器总体性能是非常优秀的，同时它的作业能力也是非常棒的，主要体现在几个方面，一个就是我们在海试阶段，其实在大深度下就是1000米以上的深度，特别是4500米都能实现连续下潜，就是我今天下完了，明天继续下。而且在水下的时间，也是可以超过十个小时，这个也体现了它的总体性能，还是非常稳定可靠的。"

2017年12月1日，"深海勇士"号潜水器项目顺利通过专家组逐项验收，总体性能优异、国产化装备稳定可靠，实现了潜水器"核心技术自主化、关键设备国产化"，潜水器零部件国产化率达95%，有力推动了深海装备技术从集成创新向自主创新的历史性跨越。

在一阵热烈的掌声中，"深海勇士"号圆满交付给用户单位——中科院深海科学与工程研究所。

人与海

当时，几位记者就人们关心的问题，个别采访了总设计师胡震。他做了详尽而清晰的回答。

"胡总，2012 年，'蛟龙'号实现 7000 多米的下潜。时隔 5 年后，为什么我们的第二台深海载人潜水器下潜深度不是增加了，反而是减少到 4500 米？"

胡震说："'深海勇士'号正式启动研制是在 2009 年下半年，就是在我们'蛟龙'号第一次海试回来的时候。那时海试遇到了很多的挑战，发现技术上有很多不足。同时因为'蛟龙'号上有很多装备来自国外，像载人舱球壳是我们设计，但由俄罗斯加工建造，像浮力块、液压推进器都来自美国。很多技术从国外引进，很多装备是从国外购买的。当时大家觉得要把这项事业往前推进，必须要有我们自己的技术，自己的装备，也就是我们自主研制的载人潜水器，'深海勇士'号是在这种背景下出现的。"

"哦，那为什么把'深海勇士'号下潜的深度定在 4500 米？"

"第一个原因是当时国际上的载人潜水器或者是我们国内的需求，大部分的深度都是在 4500 米。4500 米深度覆盖了整个南海的探测、下潜开发等方面需求。此外，目前的国际深海研究热点问题，如海底热液硫化物、海底冷泉等，约为 3000 米深度，也在'深海勇士'号的下潜范围内。

"第二个原因，因为我们要起步，所有的东西都要实现国产化，实现核心技术自主化。很多都是从零开始，特别像载人舱球壳从材料到工艺一套体系的形成，都是要靠自己来完成。当时跟很多有一定基础的厂家或者研究院所交流做载人球，其实大家心里还是打鼓，定在 4500 米这个深度已经是往前迈了一大步。"

"在'深海勇士'的设计和下潜过程中，让您印象最难忘的是什么？"

胡震答道："载人球的研制。我们开始设想制造载人球的工艺还是俄罗斯的工艺，就是跟'蛟龙'号载人球制造工艺是一样的，利用一个一个瓜瓣来拼成一个半球，然后两个半球合成一个整球，这样减少了加工成型的难度。在我们推进这个工作的时候，美国也在做同样的事情，他们采取的工艺明显比我们要先进，所以当时我们觉得我们不能以落后的工艺作为最终的突破，我们还是要向先进靠。所以我们就同时启动了把一个板材直接成型成一个半球的工艺路线，两条路线同步推进。当时大家心里是没底的，就是一步走到了最先进加工工艺的方案上来，这个也是摸索了很长时间，用了不同的材料来进行冲压成型，做了几十万次的试验，最终形成了比较先进的一套大厚度载人球制造检测方法，也是国际上比较先进的制造工艺流程。这条流程也是现在我们在万米载人球的研制过程中使用的。"

大家听了频频点头，接着问道："我们这些年为什么要花大力气去研制载人潜水器，深海探测的意义是什么？"

胡震微笑了一下，借此机会开展了海洋知识"科普"："海洋是一个无比巨大的空间，对于我们人类未来的生存和发展，都息息相关的。未来我们要向海洋要资源，要向海洋要生存空间，它是非常重要的一个具有战略意义的区域。研发深海载人装备，它能带动一系列的深海技术和装备的往前推进。要想进入深海去探索，去发现，去利用或者是去开发，是离不开技术和装备的。

"所以，花大力气投入到载人潜水器或者其他的大型生产装备是为了带动一系列技术的推进，为了未来能够让更多的装备和人员能够进入深海去发现，去探索，去利用，去开发。大型的载人装备不光有眼前的确实需求，深海科考，深海环境调查和自然勘探都离不开它。同时它还有一个更深远的意义，就是对未来进行技术上的准备和探索。"

话里话外，预示着下一步将向更深的海域进发……

2018 年 3 月 11 日，中国自主研发的作业能力达到水下 4500 米的"深海勇士"号载人潜水器首次在位于三亚的中科院深海科学与工程研究所对公众开放，并播出了"深海勇士"号在南海进行载人深潜试验的纪录片。

随后——从 3 月下旬至 4 月初，已经正式验收交付使用的"深海勇士"号，在南海开始了运行阶段的首个航次，为期 17 天。其间，潜水器每天下潜，总计完成了 17 次下潜，平均每个潜次在水中时间不低于 8 小时。而且，在本航次中，还首次实现了 52 小时内连续下潜 4 次的纪录。

"他是很称职的总设计师，他带领全国 96 个协作单位，埋头苦干、勇于创新，出色研制了'深海勇士'号。"中国工程院院士、"蛟龙"号总设计师徐芑南评价胡震时说："他有科技报国的决心，践行科技创新的使命，他不畏艰难，为我国深海潜水器核心技术自主化、关键设备国产化作出了很大贡献。"

人与海

　　在胡震的带领下，一支能打硬仗的研发队伍取得了辉煌的成绩，先后获得国家科技进步奖一等奖、江苏省科技进步一等奖等，他本人被评为"科技创新领军人才"。

　　相比荣誉，胡震更愿意看到优秀年轻人迅速成长。"'蛟龙'号研制起步时才十几个人，现在有五六十人，而且大部分是 28 岁到 34 岁的青年力量，我们的队伍越来越壮大！"胡震笑着说，"现在国家重视海洋，让各路人才看到了施展才华的舞台，创新人才的不断加入将使我们在深海科考方面占据先机。"

　　深海，是胡震执着的方向。自 1993 年加入 702 研究所以来，他一直从事水下工程产品研发工作。身边同事换了一拨又一拨，岁月染白了少年头，但他那颗追寻"深蓝"梦想的心依旧滚烫。

　　"深海勇士"号研制结束，已过天命之年的胡震将续写深海传奇，研制万米级载人潜水器。如果说"蛟龙"标志着中国进入了世界载人深潜俱乐部，"深海勇士"代表中国潜水器可与世界先进潜水器并跑，那么万米载人潜水器就是一次超越，技术水平将领先世界。

　　"奋斗是科研人员的本分！"胡震说，"对于深海装备研制来讲，我们掌握的设计方法和创新技术成果是一笔宝贵的财富。借助自主研发深海装备去探索海洋、开发海洋、保护海洋，将在我国加快建设海洋强国之路上迈出更加坚实的步伐。"

第七章
蓝天碧海金沙滩

    1917 年，一位身着长袍马褂的先生来到黄海之滨的青岛，登山而望，近海而游，徘徊在海浴之场，巡行于公园之路，备感心旷神怡。他就是中国近代史上以"戊戌变法"而闻名于世的康有为。

    沧海桑田，物是人非。当时已进入民国时代，曾经的风云人物远离"庙堂"，寄情"山水"。他游历欧美归国后首次旅居岛城，立时被眼前风光深深吸引了。在这位环球旅行者心目中，青岛是空前完美的存在，他情不自禁地提笔向友人写信道："青岛之红瓦绿树，青山碧海，为中国第一……恐昔人之仙山楼阁亦比不及，诗文不足形容之。"

    为此，康有为先生流连忘返，随后竟购房置业终老青岛。他当年信笔写下的上述赞语，被人们总结成八个大字"红瓦绿树，碧海蓝天"，成为推介美丽青岛的第一文案，传遍世界。事实上，不仅仅是青岛，许多海滨城市都富有如此特色。加之细密黄沙铺满海滩，游泳玩水避暑休闲，实乃旅游疗养之胜地也。

    蓝天碧海金沙滩，人间天堂不羡仙。因此不少人一有度假机会，往往首选去海滨城市……

    然而，随着近代大肆捕捞、无度开发，以及缺乏旅游业管理和生态保护，以至于某些海滨环境恶劣、水质变化，天不蓝水不清沙滩有垃圾，严重影响了周边环境和游人心情，也使旅游业和水产业遭受重创。因此，在人与海洋的关系里，我们应该从单纯的认识海洋、利用海洋，提升到关爱海洋、保护海洋，与海洋和谐共生的高度……

飘舞的 "蓝丝带" ——边玉琴和蓝丝带志愿者

无论伫立何方，我们都面朝你的方向；

无论置身何处，我们都依偎在你的身旁。

仰望苍穹，我们头枕着大海的臂膀；

俯瞰大地，这里是我们唯一的故乡。

蓝色的海，母亲的海，你孕育了碧色苍茫，

热血因你而澎湃，生命因你而坚强……

这是一首已传唱了十多年的大型海洋公益歌曲《呵护蔚蓝》的歌词。每当这首歌的旋律响起，每一位爱海的人都会心中波澜起伏。十几年来，无数热心人，在优美的旋律陪伴下，怀着对浩瀚蔚蓝海洋的深深眷恋，汇集在蓝丝带的旗帜下，走进大海、走进课堂、走进社区……

这首歌曲的歌词是由现任蓝丝带秘书长韩玉创作的。当时，随着海洋环保活动深入开展，本文的主人公边玉琴等一群人，意识到应当运用海洋公益歌曲等更多的载体，来宣传海洋保护事业。恰巧，2009 年，时任国家海洋局南海分局副局长的李航来到三亚，开展关于公益活动对海洋环保工作影响方面的调研，得知边玉琴她们的想法后，给予大力支持和帮助，并亲自对歌词创作提出了建议。后来，在李航副局长的一手推动下，这首《呵护蔚蓝》终成为久唱不衰的海洋公益歌曲。

《呵护蔚蓝》就此应运而生。那年应邀来自全国各地 20 多位知名歌手，汇聚北京录制合成这首歌。无论天南地北，他们不顾旅途劳顿，一下飞机、火车就直奔录音棚，满怀激情，深情演绎，录完后悄然而去。他们都是炙手可热的当红歌手，但分文不取，连手中的矿泉水都是自备的。因为他们每一个人都是在用一颗颗纯真的心，为呵护海洋做公益事业呐喊助力！

而这首歌和蓝丝带海洋保护协会的背后，是一位默默无闻的大姐在出谋划策、全力促进。是她，用心血和双手，一步一步引领蓝丝带海洋保护协会从一群爱海人的愿景，变成广大爱护海洋人士的共识；是她让"蓝丝带"逐渐成为被社会认可，广大群众踊跃参与，为海洋环境公益事业奉献力量的非政府组织；是她让"蓝丝带"飘起来，成为海南乃至全国民间海洋环保公益领域一张靓丽的名片。

她就是"2012年度海洋人物"边玉琴。

生活在海边的人，大都有赶海的习惯。每当潮起潮落之时，他们往往会根据季节和潮位的变化，去海边收获大海的馈赠——各种鲜美的海货。

位于海南岛南端北纬18度以南的三亚市，更是中国版图上少有的一块风水宝地。这里风景迤逦，蔚蓝的海水清澈、温暖，一年四季可以下海游泳。各种美味的海鲜，琳琅满目的热带水果，碧海、蓝天、椰林、海风、沙滩、帆影点点、日出日落，精致优美的环境更是世界级的自然资源宝库。日月星辰的轮回中，这方水土养育着一代又一代她的子民。

孙冬、一位来自黄土高坡的西北汉子，大学毕业辗转来到三亚工作，圆了心底里爱海、亲海的梦。他时任海南省三亚市大小洞天景区董事长兼三亚市旅游协会会长，在管理巡察中，注意到景区和周边沙滩与整体海洋环境在急剧恶化。这不仅对景区内环境卫生的清洁造成较大压力，而且个别不文明的旅游行为，比如随意丢弃生活垃圾，也会严重影响景区的环境和游客的心情。

祖祖辈辈在这里生活的人们发现，赶海的海货越来越少，海水变得浑浊，五颜六色的珊瑚变成了一堆堆的灰色珊瑚碎片，在海波中起起伏伏。潮水时不时卷起一堆堆的破渔网、塑料袋、矿泉水瓶、泡沫板……

一种原始朴素的本能，使孙冬不由自主地想要呵护这生生不息、美丽如画的海洋和沙滩环境。

于是，他联合三亚市涉海旅游企业的其他负责人共同成功组织了多次净滩活动，由于净滩活动影响较大，一些关注海洋环保的公众人物也加入这个行列中来。随着活动的开展，他意识到，环保需要集合公众的力量，更应得到政府部门的支持。他找到时任海南省海洋与渔业厅的主管机构负责人陈刚处长，道出了想成立一个以海洋环境保护为主要职责的民间社团的想法。

人与海

经过多次沟通和交流，孙冬的想法获得了政府部门和专家认可。孙冬在陈刚处长和其他关心海洋环境人士的鼎力支持下，于2007年6月1日在三亚市正式注册成立"三亚市蓝丝带海洋保护协会"。一群爱海的人，不约而同高擎起"蓝丝带"的旗帜，相约一起为保护大海做些实事。他们当中有企业家、公务员、医生、律师、教师、渔民……

在企业经营管理中披荆斩棘多年的孙冬，以企业家的睿智，认识到必须为蓝丝带找到一个有公益心和有担当的人，带领这个团队一起成长。就这样，从北京退休来海南探亲、富有爱心积极参与环保活动的边玉琴大姐进入了他的视线。

孙冬向边玉琴阐述了"蓝丝带"保护海洋环境的理念，介绍了协会眼下的困难，展望了未来的发展和远景……两人促膝长谈了两个多小时。用边玉琴自己的话说"谈得自己热血沸腾，激动不已"。

向来为人严谨，做事稳健的边玉琴被孙冬对海洋的挚爱和深情打动，欣然受命，接过了"蓝丝带"这面沉甸甸的大旗。边玉琴的到来，彻底改变了"蓝丝带"徘徊的局面。

此刻的边玉琴其实有多重的选择。北京的几家机构得知她快要退休了纷纷向她发出了邀请。家里的老人、孩子都在北京，如果选择到三亚工作，将无法照顾老人和孩子。但边玉琴还是毫不犹豫地选择了"蓝丝带"。

作为一名老共产党员，她觉得在"蓝丝带"工作，是做公益和海洋环境保护工作，为的是造福于子孙后代，这样的人生更有意义。边玉琴的意愿立刻得到了爱人的支持，她第二天就到协会上班了。从此，这只北京来的"候鸟"变成了"留鸟"。

投身"蓝丝带"的边玉琴说这份新工作让她十分兴奋，她非常喜欢经常与不同领域的海洋环保人士一起交流。而她似乎有一种磁性，又会把身边的各类专家和爱海的人士，凝聚在"蓝丝带"的旗帜下。

边玉琴的好友这样描述她的"第二职业生涯"："这份工作倾注了她太多的情感，也让她越活越年轻。"

万事开头难。到蓝丝带海洋保护协会上班后，边玉琴一切从零起步，开始了协会办公室的组建工作。这是推动整个协会工作的核心机构，除了负责志愿者的日常维护和管理以外，还要做大量的对外联系、宣传活动策划、组织协调、项目申请等工作，对工作人员的素质要求很高。

为了寻找合适的办公室人选，在人生地不熟的情况下，她走进三亚人才市场，翻阅了数百份求职档案，从中选择了二三十份带回来分析挑选。在她的努力下，建起了协会办公室的工作班子。

她常常是第一个到办公室，最后一个离开。平时做协会日常和案头工作，到了周末、节假日，就与志愿者们一起开展徒步调查、清理垃圾、宣传环保等活动。海洋环保活动非常费时耗力，常常要在烈日下工作，尽管边玉琴已不年轻，体力无法与年轻人相比，但作为办公室的负责人，她从不缺席这些公益活动。

每次活动早上六点就要出门，晚上八九点钟甚至十点才能回家，一走就是一整天，边玉琴常常累得头晕眼花，腰酸背痛。但仍然和大家一起坚持下来。她身上的工作激情和公益心令人敬佩。她不断地放飞着自己的希望……

每一位志愿者都是一颗珍珠。说起蓝丝带的志愿者团队，边玉琴的脸上总是洋溢着由衷的喜悦。这也是她一直刻意打造的一支海洋环保队伍！在"蓝丝带"内大家最喜欢的称谓是"志愿者"！

为了发展海洋环保志愿者队伍，在边玉琴的倡议及带领下，蓝丝带提出了"进机关、进校园、进军营、进旅游、进社区、进乡村"的活动设想。

万事开头难。某高校领导因为怕影响学生学习，同时担心学生外出活动不安全，不赞成学生参加。边玉琴亲自找学校负责人沟通，阐述活动将给学生带来的正面影响，最后终于打动了有关领导，建立起三亚市第一个大学校园里的"大学生蓝丝带志愿者服务社"。

后来又组织各种海洋环境保护宣传活动，自主开展海洋保护讲座，将各项活动开展得丰富多彩、有声有色。协会逐渐在海口、青岛、大连、连云港等市的大学相继建立起蓝丝带志愿者服务社。

在三亚琼州学院读大四的杨鹏告诉记者，参加"蓝丝带"志愿者的活动，自己得到了很大的锻炼，学到了很多课本上没有的东西，收获很大。原本内向，在高考压力下只知道死读书的他，现在整个人气质都变了，与人打交道时变得

人与海

自信，也显得自然多了，假期结束回到学校后，老师和同学也说感觉他与以前不一样了。

大学生志愿者成为海洋环境保护的最重要新生力量！

2009 年 12 月至 2010 年 3 月，由边玉琴参与策划和执行的"三亚海岸线徒步环保调查'地图'活动"启动。50 多名海洋环保志愿者采用沿海岸线徒步行走的方式，对三亚市辖区可通行的 103 千米海岸线进行调查。途中，为了完成排污口、近海岸垃圾污染、海防林状况等情况统计，边玉琴亲自带头调查排污口，但一旦被排污企业发现，边玉琴和她的志愿者们会有受人身威胁的风险。但在她的带领下，大家冒风险与有关污染企业"周旋"、取证。

她坦言："因为想到这项工作对海水保护的意义，必须坚持下来。"边玉琴与蓝丝带志愿者们的辛苦没有白费。

调查结束后，"蓝丝带"以协会的名义，孙冬以市政协委员的身份向三亚市人大和政协会议提交了提案。提案立即引起了三亚市政府部门的高度重视，有力地推动了政府环境治理的工作，并采取了种种措施加强海洋资源和环境保护。

2010 年 6 月 8 日到 7 月 6 日，边玉琴参与策划并负责执行的长江校友"'蓝丝带'海洋环保'中国行'"活动也取得了巨大的成功。

志愿者们从三亚出发，从南到北，沿着我国 1.8 万千米的海岸线，大规模地开展海洋环保宣传，途经海口、北海、东兴、广州、深圳、厦门、杭州、上海、南京、青岛、天津、大连等地，最后到达了丹东的鸭绿江口。每到一地都进行海洋环保宣传，当地的长江校友会都会安排本市最有名的场地，让"中国行"团队组织户外广场活动，宣传海洋保护的基本知识。

在深圳，"中国行"的海洋环保宣传深入到了少年儿童的心中！一名 8 岁的儿童始终跟随着"中国行"团队，在海岸线上徒步 20 千米，捡拾海边垃圾。

在大连，82 岁高龄的退休教师李奶奶在活动现场详细询问了活动细节，并发动全家加入了海洋卫士行动。

在北海，小朋友们用废弃的饮料盒和塑料袋做成优雅别致的服装，去告诉人们废弃物也可以利用。

在边玉琴眼里，每一个志愿者都能够用自己的言行去影响和带动身边的人。

而自己作为协会负责人，有一项重要的责任就是：保护培育好这些种子，让每个热爱海洋公益和环保的人都能在"蓝丝带"海洋保护协会找到适合自己的舞台，找到自己的归属感！

2012 年对边玉琴来说意义重大。9 月 15 日"国际海滩清洁日"活动在国内蓬勃开展。

在"蓝丝带"开展的"全民净滩呵护蔚蓝"海滩清洁活动中，来自社会各界的 800 余名志愿者，在三亚市沙滩上捡拾塑料瓶、椰子壳、烟头……整个活动涉及 29.1 千米海岸线，总计约 506.4 公斤的垃圾被清理。

这次活动所得到的关于垃圾种类与数量的数据与世界其他地区的清理数据一同进入全球"垃圾数据库"，以提醒人们全球海洋受垃圾污染的现状。这次活动只是边玉琴和她的"蓝丝带"团队在 2012 年组织策划的数十个发动民众参与净滩、净海活动之一。

一年里每天长达 14 小时甚至更长时间的工作，对边玉琴来说，几乎是家常便饭，亦是一种对年龄及身体的考验。而最忙的两个月中，她甚至只有工作和睡觉的时间，恨不得把一分钟分掰成八瓣用。

回想起当时的工作状态，边玉琴直言："每天都很亢奋，根本顾不上苦和累。倒是事情暂时告一段落时，像是得了一场大病，明显感觉身体有点透支，后背紧邦邦的，觉得浑身上下哪儿都不舒服。"

功夫不负有心人。经过 5 年的时间，在边玉琴及其团队的精心组织下，"蓝丝带"开展了公益宣传、环保调查、专题项目、对外交流等一系列丰富多彩的海洋环保活动达 300 多次，发放宣传册 20 万册，发放海洋环保腕带 30 万条，在社会上产生了广泛的影响。

更重要的是，在边玉琴及"蓝丝带"的感召下，越来越多的企业、企业家、社区居民、企业员工、解放军守岛战士等"环保公民"加入海洋环保的队伍中来。

眼下，"蓝丝带"在三亚已经成为海洋保护的代名词。按照"蓝丝带"的设想，将在全国范围内招募 3.2 万名海洋卫士，每名卫士"认养"一千米海岸线，将中国的海岸线守护起来。"我们将团结一切力量！"边玉琴信心满满。

经过成千上万的志愿者不懈努力，在三亚、海南，"蓝丝带"倡导海洋环保的理念已深入人心，在全国沿海地区和海洋界，三亚"蓝丝带"也有着很高的影响力。

"蓝丝带"播种下一颗颗希望的种子，在每一个人的心中无声地发芽成长。大家都在以不同的方式践行着爱海、护海的行动。

军人出身的郑文春是海南省政协委员、海口市人大代表。他也是当年和孙冬一起谋划成立三亚市第一个民间非政府组织"蓝丝带"海洋保护协会的发起人。他总是自豪地向朋友介绍自己是蓝丝带的"志愿者"。

其实，他这个"志愿者"还身兼蓝丝带海洋保护协会的会长一职。他不仅出资捐助协会资金，还为协会提供了免费的办公场地。

2016年，郑文春代表中国民间海洋保护力量，参加了第八轮中美战略与经济对话"蓝色海洋"公共宣传活动，带领蓝丝带加入联合国全球环境基金"黄海大海洋生态系项目"。

2018年7月8日，郑文春作为中国民间非政府组织的代表，受邀出席了"生态文明贵阳国际论坛2018年年会"。论坛尾声，受组委会特邀，会场播放起蓝丝带海洋保护协会会歌《呵护蔚蓝》。这是对蓝丝带海洋保护协会十余年在海洋环保领域努力的认可，也是对海洋环保的真情呼唤。

说起蓝丝带的志愿者，边玉琴可以给你讲上三天三夜。

蓝丝带的志愿者郭长海，是海南省万宁市综合执法局（海洋与渔业行政执法大队）船务组组长。2020年5月休渔期，他带领海洋与渔业行政执法大队队员连续四天四夜，不分白天黑夜地在海上突击巡查，最终将非法作业的船只提拿归案。

他说："我相信，只要不怕得罪人，敢管敢做，海洋生态环境肯定能恢复好。"2020年休渔期，万宁市综合执法局前前后后共抓获了160多艘非法捕捞的渔船。如今，万宁的海洋生态环境明显好转，鱼情也越来越好。

三亚学院是边玉琴深入高校，说服校领导同意组建三亚市第一批大学生蓝丝带志愿者服务社的学校。三亚学院志愿者服务社的活动涵盖了海洋垃圾清洁、海洋数据调查、海洋保护宣传、海洋知识科普、海洋生物保护等内容。2015年世界海洋日暨全国海洋宣传日开幕式举行，蓝丝带海洋保护协会三亚学院志愿者服务社获评"2014 年度海洋人物"。

"站在舞台上，接过证书、鲜花，听着台下热烈的掌声，激动的心情无以言表。"当年的蓝丝带三亚学院志愿者服务社社长，如今是北京京师（海口）律师事务所的律师朱俊皓仍然兴奋不已。

蓝丝带三亚学院志愿者服务社社长邸子旭自 2016 年加入"蓝丝带"以来，他一直参与并带领同学们开展各类公益实践活动，尤其在 2017 年 8 月至 2018 年 9 月期间，带队到三亚市各个公共场所组织参与蓝丝带志愿服务近 9000 小时。2019 年 5 月，邸子旭从全国 100 名候选人中脱颖而出，最终入选全国 30 名"正能量志愿者"并获得 10 000 元正能量奖金。

关于蓝丝带和志愿者的关系，边玉琴如是解说："每一个志愿者都是一颗颗晶莹剔透的珍珠。而蓝丝带就是穿起这些珍珠的线。蓝丝带因为志愿者而变成了一串挂在海洋母亲胸前的璀璨的珍珠项链。志愿者因蓝丝带而提升了自身价值！"

时光荏苒，岁月如梭，硕果累累挂满枝头。从 2007 年至 2021 年，蓝丝带建立了一个已覆盖全国沿海省份的庞大的海洋保护志愿者网络，其中在全国 37 所高校建立蓝丝带志愿者社团，累计参加活动的大学生总人数达 10 余万人，每年开展各类海洋环境保护活动近千场。"蓝丝带"已成为中国民间海洋保护的中坚力量。

环保理念落地生根，助推梅联村华丽"蝶变"。梅联村坐落在中国北纬 18 度穿过的三亚市西部，属于热带海洋性季风气候，有 415 户，总人口 1585 人，由三个自然村组成。

角头湾是三亚市最著名的海湾，也是梅联村海岸线的亮点。梅联村的海岸线有 7 千米长，这里海水碧蓝，海滩洁白如银，沙质细腻。夕阳下，橘红色的霞光洒满海滩和礁石，银色的沙滩被染成金色，唯有岸边的礁石被海水激起一团团白浪，岸边几艘渔船在金色的海波中摇曳。游客称赞，梅联村是三亚市自然环境最美的海岸线之一。

风景如画的梅联村，在 9 年前却是另外一种样子：环境污染、自然资源遭到破坏、渔民生活收入方式单一，生活条件很差。那时，村里一半的劳力外出务工，剩下的村民靠海吃海。

当时，村里渔民为了生存，用极细网眼的渔网拖网捕鱼，或使用一些其他严重破坏近海生态环境的方式捕鱼——海底拖网、张网、电鱼、炸鱼。禁渔期非法捕鱼等现象时有发生。

2013 年，渔民平均出鱼量由 10 年前的 1 吨/年下降到 0.5 吨/年，村民人均年收入徘徊在 4000 元左右。这种恶性循环加剧了梅联村附近海域的生态环境恶化，对当地的生物多样性造成巨大威胁。

原本美丽的海滩变得垃圾堆积如山，散发着阵阵恶臭，蚊蝇成群。村里的道路更是坑坑洼洼，污水横流。

"当年，我们陪同联合国环境规划署中国区域负责人刘怡去梅联村时，都是把裤腿挽到脚踝以上，踮着脚尖走进梅联村的。"边玉琴迄今仍对 2013 年第一次踏入梅联村时的场景记忆犹新。

小渔村的困境被一位回村任"村官"的大学生赵克攀看在眼里，急在心头。他找到边玉琴，希望蓝丝带海洋保护协会帮助梅联村走出困境。

在蓝丝带海洋保护协会的帮助下，2013 年，以梅联村为试点，申请到 GEF/SGP 联合国全球环境基金小额赠款计划——海南省梅联村渔业社区共管示范项目，资助梅联村探索一条通过渔村环境综合治理减少海洋污染以及在保护海洋生物的同时为渔民增收的方法。

这时，当过侦察兵的退伍军人桂万光返回阔别多年的家乡担任村党支部书记，他与赵克攀等一起，发誓要让家乡恢复幼年时天蓝水碧、风景如画、鱼虾满舱的美丽景致，更要让乡亲们走上一条富裕的康庄大道。

村委会在专家指导下，从修一条条村间道路着手，从改变渔业和生产经营方式做起，从村民的意识和生活方式抓起，从转变村民生产经营模式发力。通过召开一系列研讨会，组织讲座及环保电影放映等活动，提高村民环保意识；发放垃圾桶让渔民放在船上，不再将垃圾扔在海里，而是带回村里统一处置；和渔民达成协议置换渔具，变更捕鱼方式，减少渔民对近海生态的破坏；圈出禁渔区，通过宣传教育，让渔民主动将作业渔网由小眼渔网换为大眼渔网……

经过一天又一天走村串户做工作，经过一件又一件小项目的落地实施，经过全村上下 400 多户村民的共同努力，经过 9 年 3000 多个日夜的不懈努力，梅联村终于告别了昔日的脏、乱、差！

现在的梅联村，密网捕鱼被杜绝，村里修起了柏油马路，户户接入了自来水，垃圾在户分类，环保纳入乡规民约……

9年间，村里共减少了30多艘渔船，出海的渔民不仅带回自己的生活垃圾，还在归途捞起海里的各类垃圾。村里还联合渔民致富带头人叶东平请来专业潜水教练勘测珊瑚礁，在梅联村7千米海岸线的东锣岛周围延伸3海里放置浮标，建立9公顷禁渔区，保证了海洋生物多样性的保护和生态修复。

原本民风淳朴的梅联村人，借着碧水蓝天青山白沙的独特环境优势，引入生态康养旅游理念，转型办起了100多户海滨民宿。旺季时，每天有上千人光顾梅联村和附近海滩。每间客房每月会为村民带来1000~1500元的收入，经济结构的转变使梅联村人年均收入由原来的4000元/人，增加至2018年的7200元/人。

2020年，谷雨刚过，三亚梅联村已是夏天的热度。梅联村60岁的陈垂跃仍像往常一样，和村里几个渔民走向海滩捡拾垃圾。按照蓝丝带海洋保护协会工作人员的要求，他们把捡拾的垃圾分类、称重，再集中到指定的垃圾收集点，等候区里环卫车拉走。

从2013年"海南省梅联村社区渔业共管模式示范项目"在梅联村实施开始，到2019年的"海南省塑料垃圾捡拾及社区扶植项目"，先后有"三亚市梅联村'精准环保'综合治理项目""三亚市防灾减灾项目""三亚市环保进校园项目""美人鱼的安全港湾项目""三亚市环保六进项目"……蓝丝带已在梅联村连续引入十几个环保项目，落地生根。

今日的梅联村，海水清澈，洁白的海滩再也看不到成堆的垃圾。近海的各种海洋生物又回到滩涂，渔民在近海又钓到了硕大的石斑鱼、黄花鱼、白枪鱼和螃蟹……梅联村又焕发了勃勃生机！这个昔日名不见经传的小渔村摇身一变为乡村环境治理的"明星村"；优美的环境吸引了外来的投资，民宿、度假旅游、海钓、滨海音乐节等，使得梅联村缤纷四溢，热闹非凡！

2019年、2020年《人民日报》（海外版）两次以整版的篇幅报道了梅联村社区进行环境治理和走绿色可持续发展的事迹。中央电视台、三沙卫视等推出专题报道。《海南日报》《三亚日报》、海南电视台、三亚广播电视传媒等众多

人与海

媒体纷至沓来，持续报道和关注。现如今，梅联村已成为海南著名的网红打卡地。外来投资者不断注入资金，借助这里的优美景观发展民宿、海钓等亲海旅游项目。

从2020年开始，三亚市崖州区委、区政府连续两年组织了大型的"三亚市梅联村角头湾音乐节"。梅联村在生态文明村的建设，又迈上了新的台阶。

2022年春节一过，已回到北京的边玉琴，在她的朋友群里转发了一段三亚市崖州区委宣传部发出的梅联村音乐节的短视频。引起近十年跟踪梅联村社区环保项目众多朋友的共鸣。

大家不由得击节赞叹："边姐，您确定？这就是当年那个梅联村?!"

"是的，我还有更长的梦想等待一步步实现。"边玉琴说。

时间过得真快啊，在我们这个日新月异、高歌猛进的时代里，似乎更是感觉到一日千里。弹指一挥间，"蓝丝带"在海天之间已飞舞了15年。

从2007年三亚市蓝丝带海洋保护协会成立，到2022年不断改革创新，深化海洋环境保护工作；从当年边玉琴到人才市场招聘工作人员开始，到如今协会的工作人员也交接更替了"几代人"……

创业之初，边玉琴专门去邀请曾在国家海洋局天津海水淡化与综合利用研究所工作已退休的罗九如老专家加入协会。一点一点地积累、串联各类专家学者，加盟蓝丝带做协会的专家、顾问。"蓝丝带"协会就像一块磁铁，不断地滚雪球般吸引许多爱好公益、关心海洋的专家加盟。

冬去春来，边玉琴和刘江燕等蓝丝带的同事们凝聚起社会各方力量，组建起协会的专家、顾问团队，培养起一批又一批协会志愿者骨干，为协会开展活动营造出团结、向上、严肃、活泼的工作氛围!

今日的"蓝丝带"已是国内知名的海洋保护公益组织，其影响力已走出三亚、走出海南，正走向世界! 国内外的众多公益组织和基金会、企业做海洋保护公益活动时，都会优先想到"蓝丝带"并主动与"蓝丝带"合作。

回归北京的边玉琴，开始谋划蓝丝带更高层次的发展。2022年，他们提出"蓝丝带团队2.0计划"。那就是要把"蓝丝带"建设成为全国乃至国际知名的海洋环保公益组织，把蓝丝带打造成"百年老店"!

为了这个梦想，"蓝丝带"努力提高工作人员和志愿者的素质，提高协会的国际化水平，进一步增强凝聚力。边玉琴和刘江燕走访多个国际公益组织和基金会，广泛与之建立联系，组织工作人员和优秀志愿者赴国外交流学习，进行多次志愿者服务社年会和骨干培训，吸引大学生新生加入志愿者团队做海洋环境保护公益活动。协会办公室内的头脑风暴，更是一场接一场，经常使大家忘记了饭点。

为了这个梦想，原来打算用一两年时间，帮着把协会办公室的基本框架搭起来就离开的边玉琴，此时也越干越觉得有意义。

有时孙冬和边大姐开玩笑，问她还离开协会吗？边玉琴幽默地说："干公益没有退休一说！我是上了'贼船'了，现在是离不开了，就是撵也不离开。"

幸运的是，她的爱人、孩子，甚至亲家都很支持她的工作。儿子结婚，全是亲家帮忙张罗，亲家母说："您是干大事的人，这些小事就由我来做，您就甭分心了。"

边玉琴经常向别人介绍自己时说："我是蓝丝带一名永不退休的志愿者！"

今天，成千上万像边玉琴一样的蓝丝带志愿者们，手持蓝丝带在蔚蓝的大海边挥舞着，劳作着，用他们的爱心，为大海母亲精心修补着美丽的裙边……

永远的"守岛人"——王继才、王仕花夫妇

"哗——哗——"

一阵阵热烈的掌声响起来,犹如海潮一般汹涌澎湃。这是 2021 年 12 月 30 日晚上,中国第 34 届金鸡百花电影节在美丽的海滨城市厦门海峡大剧院隆重举行。

其中,由福建省委宣传部联合中国人民解放军文化艺术中心、江苏省委宣传部、河北省委宣传部共同指导拍摄的《守岛人》,荣获了"最佳故事片"大奖。主人公王继才的扮演者刘烨还获得了"最佳男主角"提名。

这部电影讲述了"时代楷模"王继才和王仕花夫妇为国守岛的感人故事。片中选取了夫妇俩守岛生涯的经典片段和闪光瞬间,从其登岛初期的犹豫彷徨,到勇救落水青年、打击走私商贩、父亲病逝、暴风雨中接生、女儿辍学、战友临终送别、岛上家庭春晚等情节故事。一组套一组、环环相扣的镜头,刻画了他们"舍小家为大家"驻守边疆海岛 32 年的艰苦经历,展现了他们朴实而不平凡的一生,也凸显出以他们为代表的"守岛精神",传递了温暖而坚韧的力量。

这对平凡而又伟大的夫妇,也是"2012 年度海洋人物"的当选者。

王继才,1961 年 11 月出生,生前系江苏省灌云县开山岛民兵哨所所长、开山岛村党支部书记。王仕花,1963 年出生,江苏灌云人,王继才之妻,开山岛民兵哨所名誉所长。

开山岛位于我国黄海前哨,灌河口外 9.5 千米处,面积仅 0.013 平方千米,海拔 36.4 米,外形呈馒头状,归江苏省连云港市灌云县管辖,因位于灌河口,地形险要,是一个国防战略岛。连云港是我国黄海沿海的军事重镇,而开山岛就是屹立在连云港海域的一道海上屏障。

全岛由黑褐色的岩石组成,属基岩岛屿,怪石嶙峋,陡峭险峻,兀踞在海天之间,烟波浩渺之中,南、北、东三岸岩石陡峭,西南为水泥岸壁码头,曾

经岛上无人无电无淡水，野草丛生，海风呼啸，人迹罕至。高潮时，可靠船登岛，放眼远望，水天一色，苍海茫茫。在当今时代，数十年待在岛上，该是怎样的孤独与寂寞，谁人能受得了？

开山岛虽为弹丸之地，但其重要的战略地位却格外引人注目。1939 年，侵华日军从灌河口登陆，首先占领了开山岛，以此为跳板，继而攻占灌河南岸，屠戮了连云港地区万余民众，并在灌河入海口南岸筑一炮楼，至今遗址犹存。

过去岛上没有专用码头，船要绕半天才能靠岸。1949 年新中国成立后，为了保卫我们的领海，保卫祖国东大门，防止入侵者偷袭，开山岛由济南军区的一个连队驻守，并在山上修筑了军事设施，岛上建有房屋六七十间。

1985 年部队撤防，设民兵哨所。当时岛上无电、无淡水，除了几排空荡荡的营房便只剩下肆虐的海风。灌云县人民武装部曾先后派出十多个民兵守岛，但最长的只待了 13 天，短的 3 天。

1986 年 7 月，时任人民武装部政委找到王继才，作为民兵营长，从来没离开过大陆的他，面对组织挑选，毫不犹豫地接受了守岛任务。成为开山岛"第五代岛主"。谁也没想到，王继才一守就是 32 年。

当时家人数落着对王继才说："开山岛，在海上那么孤零零的一个小岛，坐船要一个多小时，如此荒凉的弹丸之地，你去了怎么办？海上一旦刮起台风，船只根本上不了岛，去了那里，成天就望着茫茫的海水，就等于去坐水牢了，还是不去了吧？"

"大家都这样想，你不守我也不守，谁来守？祖国的寸土都是宝，我去，我就不信那个邪，守个小岛比下刀山上火海还危险艰难吗？"

1986 年 7 月 14 日，王继才第一次登上了开山岛。一来到岛上，尽管已是夏季，天气炎热，可他的心顿时凉了。看不到树木，只看到满山的"荒草"。一个血气方刚的小伙子，刹那间不知所措。他想要离开，但是，他转而想到自己对组织的承诺，想起日寇登陆开山岛，侵占我国领土，屠戮我国人民的血腥历史，他慢慢地紧握拳头，目视前簇后拥的海波，决定留下来守岛。

他担心妻子不同意，第一次上岛是瞒着妻子王仕花的。

那一年，王继才年仅 27 岁。上岛后的前三个晚上，在伸手不见五指的漆黑

人与海

夜晚，到处充满了孤寂。海浪哗啦啦地拍打着海岛的声音，透着惊悚，远离人群，仿佛进入了野人时代，几乎没敢合眼。尽管一个人孤零零的，但他仍然在岛上转着看看，尽到护岛的职责。

幸好上岛时，武装部送来了60斤白酒，本来不会喝酒的他，不到一个月就全喝光了；送来的6条香烟也抽完了，本来他平时也是不吸烟的。他切切实实体会到家人说的人在孤岛，如同身处一座大水牢。然而他心想："这水牢是祖国的寸土寸金啊，我的长辈亲属也是新中国成立的打拼者，我王继才不能当孬种，不能没有骨气，一定要守住寸土寸金啊。"

48天后，在镇上当老师的妻子王仕花带着女儿，坐船来到这个"鸟不落脚"的小岛上去看他，她一看到"野人"般的丈夫，几乎没认出来，原来高大精爽四方脸的丈夫似乎变得面目全非，又黑又瘦，长长的头发，长长的胡子。王仕花的眼泪夺眶而出。她当即哭着拉着王继才的手说："别人守不住，咱也不守了。你孤身一人守岛，太危险了，跟我们一起回家吧！"

王继才平静却坚定地说："你回去吧，我决定留下！你不守我不守，谁守？这小岛上不能没有人，总是要有人守的。"

"从陆地到开山岛，12海里水路，仿佛是截然不同的世界。没电没水没树木，满岛只有野草和筷子那么长乱窜的老鼠。"王仕花回忆说："船快靠岛的时候，我看见荒岛上迎面站着一个'野人'似的人，胡子拉碴，黑瘦得有点儿吓人。"那人正是她的丈夫王继才。

她发现，从不抽烟喝酒的丈夫，地上扔了一堆空酒瓶、烟头，房间里散发着霉味的脏衣服胡乱堆着……王继才憨笑着告诉她："整个岛上就我一个人，晚上很瘆得慌，就想着抽烟解闷儿、喝酒壮胆。"王仕花的眼泪止不住地往下淌。她明白丈夫的倔脾气，她在暗暗想着对策。

她带着孩子回到了陆地，眼泪没有说服丈夫，眼前无时无刻不浮现出丈夫孑然一身伫立在岛上的孤影。想了几天，她作出了抉择。

20多天后，妻子王仕花心疼、牵挂丈夫，毅然辞去了村小学教师的工作，把1岁多的女儿托付给婆婆，经过组织的同意，也来到了岛上，和丈夫做伴，一起守岛。这一年，王仕花只有25岁。

当王仕花和女儿告别时，女儿紧紧拽着她的衣襟，一个劲儿地喊着："妈妈……妈妈，不要走……"一边是幼小的女儿，一边是孤军奋战的丈夫，无论哪一个都割舍不下。可王仕花还是狠心地离开女儿，含着眼泪上岛了。

多年后，站在王继才守护到生命尽头的小岛上，这位朴素的女子坦言，自己心里自始至终只有一个最简单的心愿："既然他要守着岛、守着国，那我就守着他、守着家。"

王仕花的到来，更加坚定了王继才的守岛意志。从那时起，夫妻二人就把生命交给了这个远离人群的小岛。

白天的开山岛，没有树木遮挡，焦灼的阳光晒得皮肤火辣辣的疼，可小两口顶着酷暑开荒种地。晚上巡逻查滩，裹挟着黄沙的海水翻滚咆哮，轰鸣的浪头拍打着小岛，怒吼的海风夹着咸腥味儿一阵阵刮来。虽然一片漆黑，可两人携手相伴便不再孤独。当他们仰望夜空中闪烁的星星时，不由得思念起家中的孩子、年老的父母。真是"岛前明月光，疑是银河上，举头望明月，低头牵挂孩和娘"。

岛上的生活比王仕花想象的更加艰难。开山岛上目所能及的一切，都和苦相关——满山怪石，野草在石缝里乱颤，空荡荡的几排旧营房，一条黑咕隆咚的坑道。听说从岛外运水成本很高，为了给国家节省护岛资金，王继才向组织提出，"不用送水，我们自己能解决喝水问题"。从此，夫妻俩只能在下雨天接下雨水，作为生活用水。他们把泥鳅放进雨水窖里，让其吃水里的虫子，把雨水净化之后再喝。

岛上没有电，只能点煤油灯。夏天岛上炎热潮湿，浑身上下黏糊糊的，蚊虫奇多，夫妻俩只好睡到房顶上；冬天阴冷刺骨，两人不得不搬进海风吹不透的山洞里过夜。没过多久，他们都患上了风湿性关节炎和严重的湿疹，硬币大小的白色斑点布满了身上，疼痒难耐，常常半夜里疼醒，只能互相敲打着，度过一个个不眠之夜。

医生告诉他们，只有离岛才能根治，但为了守岛，他们放弃了治疗。

有时，王继才也很自责，都是因为自己，才让妻子遭受这些艰难，妻子本来做着教师，天下很阳光的职业呀。所以，他对妻子倍加呵护，可是面对困难，王继才也无计可施，只能千方百计地改变生存困境。

为了改善自己和维持一家人的生计，夫妻俩在海岛上摸爬滚打，干起了最

人与海

苦的营生，每年春夏秋三季，他们都向大海捞取生活的补贴，什么捕鱼摸虾、捡贝类、铲海蛎、放蟹笼，凡是想得到的事情都干过。捞到大一点的海鲜，就托渔船捎回大陆去卖，小一点的则留下来为自己补充食物，这样一年下来，才有个三五千元的外快来补贴家用。

开山岛，一年四季，石缝里的茅草绿了又黄，在海风中簌簌发抖。当地人说，在上面活着都很难，更不要说守。

台风来时，船只无法出海，开山岛就真正成了与世隔绝的孤岛。"茫茫大海上，只有我们两个人，断粮断水的日子每年都会遇到几回。"王仕花回忆道："一次，连续刮了17天大风，柴火都用光了，没法做饭，我们饿得头晕眼花，两腿发软，只能把生米用水泡酥后，捞起来干嚼，像嚼沙子一样，那滋味实在难以接受。一连嚼了5天生米，饿得话都说不出来了。"

王继才上岛之前，已经赶上了市场经济的大潮，在苏南一带打了几年的工，夫妻俩的小日子过得红红火火、有滋有味。可他来到岛上时，这里的一盏煤油灯、一个煤炭炉、一台收音机就是他的全部家当。

同村许多人做生意，跑运输，陆续富了起来。而此时的王继才上要赡养父母、下要供养孩子，经济拮据。家人、朋友都纷纷劝说他们离开小岛，发家致富，可他们还是决定留在岛上。

回想当年上岛的历史，王继才朴实地说："当年，我可以不上岛，和其他人一样外出打工，家里就会变得殷实富裕，生活也不显得窘迫，可是我答应了守岛看岛，我就要坚守对祖国的承诺，寸岛都是祖宗留下的家业，若弃岛而走，我心不安，这岛就像命根子一样，如影所随。"岛上的生活是艰苦的，但他们始终想着自己担负的神圣使命，守护好开山岛是生命的本分。面临再大的困难他都无怨无悔。

守岛以来，夫妻俩不止一次从山崖、瞭望塔上摔下来，致使王继才先后有三条肋骨断裂。1999年冬天，王继才胆管破裂，差点撞上"鬼门关"。

最让王仕花揪心的一次，是她和王继才沿着海边巡逻，突然一个大浪打过来，王继才整个人都被卷到海里去了。

"我想这下完了，老王命没了！我拼命往海边跑，发现又一个浪头过来，把浑身湿透的老王打到另一块岩石上，我赶紧跑过去，一把将他拽上来。"

从那以后，夫妻俩出去巡逻，就多了一根背包绳，拴在两人腰间，万一出现意外，也好相互有个照应。这些年来，这根普普通通的背包绳，把夫妻俩的生死拴在了一起，同时也把他们的命运和开山岛紧紧地拴在了一起。

无论外面的世界有多精彩，都无法撼动他们的内心世界。他们依然把目光投向海岛的方寸之间，专注于岛上的一草一木，日复一日，年复一年，开山岛的条件还是十分艰苦，守岛的工作仍然充满着危险。

2012 年 3 月，王继才像往常一样坚持夜间巡逻，观察四周有无可疑船只或人员登岛。突然，他一脚踩空，身体失去了重心，摔下了悬崖，右侧三根肋骨被摔断。他躺在悬崖下一动也不能动，脑子里一片空白，只想自己的两个孩子还没有成家，妻子一个人守岛，他无论如何放心不下，一定要坚持活下来。焦急的妻子跌跌撞撞地赶到悬崖边，抛下绳子，王继才才终于爬上了岸，两人抱头痛哭。

回想过往的艰辛和不易，他们只有朴实的一句话："都习惯了。"王继才说："要守到身体守不动为止。"王仕花说："小岛就是我们的家了，只要老王身体好，我会一直陪他守下去。"夫妻俩都已经五十出头的时候，仍没有离开开山岛的念头，他们已经与小岛融为一体。

守岛的日子虽苦，但苦中求生，苦中有乐。上岛之初，王继才夫妇从陆地上一点点运来泥土，在石头缝里种树栽花。第一年，栽下 100 多棵白杨，全死了；第二年，种下 50 多棵槐树，也是无一存活；第三年，一斤多的苦楝树种子撒下去，终于长出了小苗，夫妇俩喜出望外。如今，30 多棵苦楝树、松树在岛上顽强生长，几棵桃树还能喜获丰收。他们在岛上种的南瓜重达十几斤。

做开山岛的岛主，不是那么容易的，首先要耐得住清贫。王继才夫妇多年来，就是在清贫中熬过来的，别人的家里有银行的存款单，王继才的家里却没有积蓄，只有欠账单，家里只有一台老式电视机，还得陆上和岛上两头凑合着用。岛上没有电，两人唯一的娱乐就是听收音机，多年来他们一共听坏了 19 台收音机。

为了节俭，他们每件衣服都要穿上十年八载。王继才在夏天守岛时很少穿鞋子，经常光着脚光着膀子，只穿个大裤衩干活；为了节俭，王继才喝酒的时候，常常不需要什么菜下酒，妻子王仕花炒一盘咸黄豆，他都觉得有些奢侈。

有一次，他们的两个孩子也跟着到了岛上，由于缺粮，两个孩子因饥饿而整天哭闹不已，小两口禁不住眼含热泪，心酸不已。可是，天无绝人之路，天灾挡不住勤奋的人。他们把生存的希望投向大海，潮涨潮落，海水把一些海螺小虾等卷到了沙滩上，他们顶着狂风，跑到海边捡回来充饥。

由于风狂浪大，补给船一时来不了，全家人已经连续三天没进过一粒粮食。他们就用小鱼小虾，加上一些野菜充饥，坚持了十几天，终于把地方武装部的船只盼到了，给他们送来了粮食和淡水。前来的人们看着在台风中忍饥挨饿却仍然坚守的一家人，无不感动得热泪盈眶。

王继才的大儿子王志国回忆说："我就是在开山岛上出生的，接生人正是我的爸爸。妈妈在岛上怀了我，本想着临近预产期时就下岛。结果临产时，却被台风困住了。屋外狂风嘶吼，屋里妈妈正在忍受剧烈的疼痛。听妈妈说，情急之下，爸爸通过手摇电话向外界求援，在镇武装部长夫人的电话指导下，爸爸学着把剪刀放在锅里煮过后，亲手剪断了我的脐带，又撕开身上的背心在开水里烫一下，简单包扎好。我的第一声啼哭是告知爸爸母子平安，爸爸这才抱起我，一下子瘫坐在地上，失声痛哭。当时爸爸喜极而泣对我妈说：小花，是儿子！志国的名字用上了！"

至此，两个人的小岛从此成了三个人的家。

"有一年冬天，台风连续刮了 17 天，补给无法送到，岛上的粮食和煤都用光了，爸爸冒着风雨到海滩上去捡那些半死不活的牡蛎，带回来撬开扒肉给我吃。半死不活的牡蛎又腥又臭，根本没法吃。那时，我不吃，还掀翻了装着牡蛎肉的小碗，躺在地上哭着闹着要吃米饭，我爸一气之下，狠狠地揍了我一顿。台风走了，给养船来了，爸妈看到我吃米饭时狼吞虎咽的样子，眼泪吧啦吧啦地掉！"王志国说，在他的记忆中，岛上断炊的次数根本数不过来。

"6 岁以前，我一直生活在岛上。以为整个世界就是小岛这么大，偶尔有个渔民上岛，便觉得他们是从别处的岛上过来的。直到 6 岁下岛读书后，才知道世界原来那么大。同时，有了和同龄孩子的对比，我才知道自己吃的那么差，穿得那么差。"王志国回忆说："离开了岛，更感觉自己像被父母抛弃一样。一次，小学放学后，天正下着大雨。看看同学一个个被父母接走，自己却始终没等到家人。天慢慢变黑，心里越来越怕，我头顶着书包往家里跑去，一边跑一边哭。那时候我对父母真的特别恨，恨他们生了我却不管我!"

"这份恨一直持续了好多年。直到我长大后，才渐渐理解他们。想一想，爸爸妈妈真的很不容易。"王志国说："上高中那年，家里连一分钱都没了，但是为了让我上学，我爸找人借了5000元。"说到这里，王志国双手捂住面颊忍不住哭泣起来。

他擦了眼泪接着说："上大学后，起初爸爸每个月给我寄500元生活费，后来几个月才寄500元，再后来半年都寄不过来500元。我知道父母手里确实没钱，我便半工半读，不上课时，就在外面打零工，早晨送牛奶送报纸，晚上到饭店端盘洗碗……"

"现在还恨你爸吗?"记者问。

王志国低下头，目光望向远方："小时候，爸爸在我心目中是一本琢磨不透的书，生涩难懂;现在我明白了，他守岛卫国，深明大义，32年受了这么多苦累，真的很伟大!"

2013年，王志国研究生毕业，父亲把他送到部队，留下一句"先报国，再顾家"就走了。王志国最终成了一名戍边武警战士。他三次写信，申请参加联合国常备维和警队，到祖国最需要的地方去。

物质上的艰苦还能忍受，常年在岛上与亲人生离死别的痛苦却是一群人所无法忍受和想象的。在漫长的守岛生涯中，老父亲病重住院，王继才接到家里电话心急如焚，而此时的他正在开山岛上迎接上级检查，分身乏术，无法离开。

直到迎检工作结束了，他才带着愧疚的心情向上级请了假，匆忙乘船赶回陆地。当他走入家门时才知道父亲已溘然长逝，此时的王继才双膝跪地，号啕大哭，泣不成声……

大女儿长大了，该结婚嫁人了，王继才心里充满了愧疚，因为他拿不出一件像样的嫁妆给女儿。女儿出嫁时，王继才隔着海，只能在心里为女儿祝福，照样升旗巡逻。

王志国记得，姐姐结婚那天，一心盼着爸爸能给她个惊喜，突然出现在家门口。"但那次，爸爸正好执行战备任务，最终没来成。姐姐化的妆，哭花了又补，补了又哭花了，就这样反反复复好几次。"

人与海

因为父母守岛，大女儿王苏十二三岁便辍学在家，照顾弟弟和妹妹，又负责帮父母采购米和煤等生活物资，再求过往船家往岛上捎东西。王继才的邻居回忆："有时是夜里十一二点，有时到凌晨两点，她一个女孩子就自己去海边等船家。"

儿子考上了大学，家里没有钱供儿子读大学，只得贷了 3 万元的贷款，很长时间都没有还清。家里的房屋需要修建，只能靠王继才的姐姐垫付的 10 万元修建。他的大姐在上海浦东跑运输，心疼地说："两个人忙活一年，就那么点钱，还不如人家一个月打工挣得多呢。"于是，大姐帮他在浦东找了一个工作，可是王继才却不领情，固执地说："我走了，谁来看护开山岛啊？"大姐生气地骂了他一句"犟驴"。

日子虽苦，但王继才夫妇每天都有雷打不动的工作：升旗、巡岛、观天象、护航标、写日志……与寂寞和饥饿为伴，留下一人多高的守岛日志，32 年间开山岛的每一天都有据可查。

自王仕花来到开山岛陪同丈夫的第一天起，夫妻俩每天做的第一件事就是在岛上升起五星红旗，风雨无阻。没有人让他们升旗，王继才却认定，在这座岛上国旗比什么都重要。

岛上升国旗没有固定的时间点，看到太阳快要出来时就升旗，如果第二天是阴天，就按照前一天的时间升旗。

王继才自豪地说："升起国旗，就是要告诉全世界，这里是中国的土地，谁也别想欺负咱！"

一次，台风来袭，王继才脑子里只想着国旗。他顶着狂风，跌跌撞撞爬到山顶，奋力把国旗降了下来。回来时，他一脚踩空，滚下 17 级台阶，肋骨摔断了两根，人差点被吹进海里卷走。可手里，还紧紧抱着那面国旗，像是护着一个初生的孩子。

第三天，赶来的渔民把他接下岛送进医院。大家劝他，为了一面旗摔成这样，如果真的命没了，值得吗？王继才却说："守岛这么多年，开山岛就是我的家，如果哪天真出事了，就把我埋在岛上，让我一辈子陪着国旗吧！"

开山岛虽然是个孤岛，到处都是岩石，自然环境恶劣，但山不转水转，原本一个鸟不落脚的地方，可就因地理位置的独特，引来了"好事者"。20 世纪 90 年代，有几年的时间，原本与世隔绝的小岛却忽然热闹起来。随着旅游业的发展，一些不法分子想让小岛成为赚钱的"风水宝地""摇钱树"。

1993 年 3 月，一名参与走私犯罪的地方官员，打着成立"开山岛旅客服务公司"的幌子走私，打算把 60 辆走私小轿车在岛上停放周转，当王继才断然拒绝时，对方竟掏出十多万元求王继才行个方便。王继才坚定地说："我的职责是守山护岛，决不会昧着良心收黑钱。"

1996 年 6 月，一个走私人口的"蛇头"私下上岛找到王继才，掏出 10 万元现金，要他行个方便，在岛上留几个"客人"住几天。王继才一口拒绝："我是民兵，只要我在这个岛上，你们休想从这里偷渡！"对方恼羞成怒，威胁他"敬酒不吃吃罚酒"。王继才没有被威胁吓倒，他随即向县人民武装部和边防部门报告这一情况。最终在他的协助下，这名"蛇头"及其同伙被警方抓获。32 年来，王继才在与违法犯罪斗争中练就了一双火眼金睛，他和妻子一起先后发现并协助公安边防部门破获 6 起走私、偷渡案件。

1999 年 3 月，一名不法之徒伙同其他人在岛上开办非法经营场所，美其名曰要把开山岛开发为旅游景点，可王继才发现他们开发旅游景点是假，在岛上开办色情场所是真。王继才迅速向上级报告。这名不法之徒先是以"小心你儿子性命"相威胁，后又用金钱引诱，赔着笑脸把王继才喊到房间内，掏出一沓钱来说："只要你以后不向部队汇报，赚钱咱俩平分。"

王继才推开他，坚定地说："不干净的钱我坚决不要，违法的事坚决不干。我为的是国家的海防事业，全国人民都会支持我，如果我家人出事了，你休想逃脱。"

从这以后，王继才成了不法分子的眼中钉、肉中刺，一场狠毒的阴谋上演了。一天，王继才被孙某手下的人气急败坏地绑架到海边殴打。当他回头时，却发现哨所办公室燃起了熊熊大火。家具被褥被烧了都不打紧，可是积累下来的重要文件资料、观察记录、工作日志，这些点滴心血也将付之一炬，王继才心疼得直跺脚。

当他冲到哨所时，办公室一切都化为了灰烬，此事惊动了公安部、武装部等有关部门，他们火速组织人员赶到岛上展开调查，将一批犯罪分子绳之以法。

人与海

经历了这么多风风雨雨，王继才始终坚持不为金钱所诱，坚守着自己的良心本分。他后来说："一文钱难倒英雄汉，现在社会，钱很重要，但来路一定要正。"

32年来，一提起王继才就令犯罪分子痛恨、惧怕，但在渔民眼里，他俩是"海上守护神""孤岛活雷锋"。接受过王继才夫妇帮助的渔民不计其数。小岛也成了名副其实的"海上应急救助台"。

渔民晚上出海时，他俩会亮起航标灯；遇到大雾大雪天，能见度低，他俩就在岛上敲响盘子，提醒渔船绕道航行；过往渔民缺粮少药，他俩就拿自己的备用粮食、药品赠送。

一次，一条山东籍渔船被海浪打翻，五名船员落入海中，王继才在观察室发现后，不顾风高浪急，冒着生命危险前去救援，把落水船员一一救上岛。被救人员感激不尽，纷纷向王继才鞠躬致谢。

"王继才！王继才！"一天午饭后，王继才巡逻到开山岛的瞭望塔时，突然听到急切的呼叫声，于是迅速往山脚跑。一条渔船正在向码头靠近，船老大焦急地说："孩子肚子疼得厉害！您有药吗？请行行好，帮帮我们吧。"王继才二话不说，迅速抱来一个小木箱，里面有常用药和应急药30多种，全是夫妻俩自掏腰包买的。王继才说："在海上，大家都不容易。愿孩子药到病除。"

某一年冬天，一个渔民在收网时滑倒在甲板，摔破了头，血流不止。渔船急靠开山岛码头，王继才放下手头工作，急忙帮受伤的渔民敷上药，再包扎好，然后护送到医院，他俨然是一个"赤脚医生"的派头。

那次，渔民黄小国路过开山岛时发动机没了油，于是把艇靠向码头，烈日高温下，用桶加油，不慎引起大火，随时都有爆炸的危险。这时，王继才毫不犹豫地冲向海滩，急忙用脸盆往艇上使劲泼水。看用水扑不灭大火，王继才抱来自己的两床被子，往海水里一滚，盖在发动机上把火扑灭，救了人，保了艇。

"我当时被吓坏了，不知如何是好，感觉到要大祸临头。"黄小国心有余悸地回忆。后来黄小国知道，没了被子，冬日里的王继才夫妇在岛上忍受寒冷过了三个晚上。这份情他一直记在心里，一次聚餐结束时，王继才抢着付账，黄小国一把抓住王继才的手说："哥，你要付账，我就把命还给你！"

还有一年开春时，一条渔船在开山岛附近被大风掀翻，四名渔民掉进大海。王继才不会游泳，就用绳子做成圈，使劲往海里扔，硬是将四人全部拉上岸。

226

在岛上，王继才夫妇还帮他们疗伤，在自己物资紧缺的情况下，管吃管喝好几天。

渔民出海时，最怕海上暗礁。开山岛的东边是砚台石，西边有大狮、小狮二礁和船山，上面的四盏灯王继才每天都要看，因为它们照着四面八方来岛的船只。

一天夜晚，渔民陈玉兵因事出海，海风呼啸，海浪翻滚，"虽然经常在海上活动，可是一旦遇到雨雪天，还是担心。就像盲人一样，凭感觉凭经验在航行。就在担惊受怕时，远处亮起了信号灯，尽管模糊，可是能隐隐约约看见"。

"咣咣咣……"声音越来越大。"是王继才敲击面盆的声音，这是救命的声音！"陈玉兵说，王继才常常连夜巡岛，有时怕远处的人看不清航标灯，就使劲敲盆提示，为渔民的安全出行保驾护航。

送药、送医、送粮、送水、送菜……这些年，开山岛像个海上的"雷锋站"。记者上岛时，船老大说："在这片海域打鱼的人，都得到过他们夫妻俩的帮助。"

这对夫妻，用善良和纯朴，温暖了这片海。

有一次王继才上岸办事路过镇文化广场，听到群众演员正在演唱连云港地方剧——花船剧。"小船浪到河滩上。哎，大姐，你这船上装这么多蔬菜水果到哪里去呀……是去慰问守岛英雄王继才、王仕花夫妇俩的……"花船剧曲调悠扬。

"哎？这唱的怎么是我们啊。"王继才又惊又喜。到村里后，老人告诉他："大家都念着你呢，花船剧、大鼓、琴书，唱的都是你哟。"回到岛上，王继才迫不及待地把这个新鲜事讲给王仕花听。结婚35年，一起守岛32年，天天形影不离。"守岛虽苦，我们也有我们的幸福！"王继才欣慰地说。

自1986年起，王继才和妻子王仕花二人克服常人难以想象的困难，截至2018年，守卫孤岛整整32个年头。他们在困难面前不低头，在邪恶势力面前更表现出了守岛卫士的凛然正气。1993年开山岛民兵哨所被国防部嘉奖为"以劳养武"先进单位，并获江苏省军区一类民兵哨所的美誉。2013年王继才夫妇入选"2012年度海洋人物"，2014年，被评为全国"时代楷模"。

"守岛就是守国，爱岛就是爱家。"王继才用生命铸就的"开山岛精神"，已成为新时代奋斗者追寻的方向。

2018 年 8 月，中共中央总书记、国家主席、中央军委主席习近平对王继才同志先进事迹作出重要指示强调，要大力倡导这种爱国奉献精神，使之成为新时代奋斗者的价值追求。

2018 年 12 月 7 日，王继才夫妇被江苏省表彰为"改革开放 40 年先进个人"，2019 年 2 月 18 日，获得"感动中国 2018 年度人物"荣誉。2019 年 9 月 17 日，国家主席习近平签署主席令，授予王继才"人民楷模"国家荣誉称号。同年 9 月 25 日，王继才获"最美奋斗者"个人称号。

一朝上岛，一生报国。王继才 32 年如一日的执着坚守，践行着守岛报国的坚定信仰，让五星红旗在岛上高高飘扬。王继才始终记得，他上岛之前县人民武装部政委找他的那次谈话："四批民兵都从开山岛走了，这座岛，看来只有你能守得住！"面对组织的重托，他常对妻子讲："父亲、舅舅都是老革命，我要向他们学习。打江山没有我，但守江山我必须上。"

32 年守岛，在王继才夫妇心中，岛就是家。他们从岸上一点一点运来泥土和肥料，在石头缝里种树种菜。如今，100 多棵松树、苦楝树在岛上顽强生长，蔬菜瓜果也在岛上生根发芽。2017 年，王仕花说："今年桃树结了不少桃子，老王摘了一大盆，上岛的人吃了都夸甜，老王特别开心，他的梦想就是让咱开山岛变成绿树成荫的花果山。"

王继才介绍说："这几年，不仅营房修缮一新，而且设施设备齐全。岛上也逐渐热闹起来，有 2 条狗、4 只鸡，还飞来 2 只野鸽子安家，给我们老两口做伴。"

妻子王仕花，早已成为一名可以独当一面的海上女民兵，即使王继才有事离开海岛三五天，她独自一人也能坚持守岛。无论是钻坑道、观察海情，还是分辨船只、记录守岛日志，王仕花都干得有声有色。

王继才感慨地说："正是有了王仕花的不离不弃，才有了坚守远离大陆的一座荒岛的信念。开山岛是我们俩的生命寄托与精神所依。"

一副写给他们俩的对联：眼观四海风云，心系万家欢乐。横批：以岛为家。这副对联再现了他们 30 多年来的守岛之心。

面对潮水般接踵而至的荣誉，憨厚的王继才也曾有过失态的时刻。有一次，他从省军区做报告回到镇上，心情特别高兴。向乡亲们兴奋地讲起了自己与将军握手合影、住高级宾馆、坐好车、抽好烟、喝好酒的故事。清醒的王仕花在旁边着急了，狠狠地掐了一把丈夫的胳膊，王继才这才清醒过来。回到开山岛后，他十分自责："我怎么变成这副德性，我不就是看守这巴掌大的小岛吗？有什么了不起的！"

想着想着，他差一点儿扬起巴掌打自己的脸。

从这以后，他更加淡定看待名誉，把岛上家中所有的奖状、锦旗及与领导的合影都锁进了木箱。正如一位记者所说"岛就是他，他就是岛"。开山岛才是他生命与灵魂的寄托之处，王继才依然在开山岛上过着朴实无华的生活。

任凭岛上如何困苦，不曾抱怨过一声的王继才，提及亲人儿女的时候，总会红了眼圈。王继才给儿子取名叫"志国"，他说："志字上面一个'士'，下面一个'心'，就是希望他当一名战士，心中有祖国，立志要报国！"

王继才对生活的态度影响了儿子的人生选择。王志国考上大学又读完研究生后，他放弃了高薪岗位，实现了父亲年轻时的理想，入伍成了武警某边检站的一名警官。那是王继才夫妇多年来最高兴的时刻，王仕花说："看上去这个岛是我们俩在守，但其实，是我们一家人在付出，一起守住了这个岛。"

"我守好我的海岛，你守好你的国门。"王继才教子有方，后继有人。王志国说，父亲守岛守了一辈子，用生命兑现了那句"守到守不动为止"的承诺。如今的王志国正在距离开山岛400千米外南京空港国门的另一座"岛"上，继续着父亲王继才的那份坚守。

王继才告诉儿子，不要管别人怎么对待你，你要对自己做的事有个判断，是不是对国家、对社会有用。"我没给你们留下什么钱，但是希望能告诉你们一个生活的态度。"

儿子王志国曾因工作枯燥乏味向父亲抱怨，王继才却语重心长地告诉他："如果你觉得工作没趣味，那是因为你没花时间、没用心。"

王志国在以后的日子里才更深刻领会到这句话的含义，用了心，花了时间，再平凡的小事，也会有价值。

从小过惯苦日子的王志国，比同龄人更成熟稳重，大学期间长期勤工俭学。

名校文凭、丰富的社会实践和吃苦耐劳的品质吸引了很多知名企业，但王志国深知，父亲给他取名志国，就是希望他能立志国防。

2013 年，王志国成为一名共和国武警边防警官，每逢休假回岛，王志国总穿着军装，因为他知道父亲最喜欢看见他穿军装的样子。

工作五年，王志国多次参与保障公安部赴柬埔寨、菲律宾等押解行动的出入境勤务工作；遂行"两会"安保、"国家公祭日"安保、"G20 峰会"安保等各类重大安保活动十余次；累计检查出入境旅客 18 万余人次，始终保持"零差错、零投诉、零违纪"的记录；查获违法违规案（事）件 27 起，查获网上在逃人员 7 人次，查获并阻止入境外籍涉恐嫌疑人 1 人次，为国门的出入境工作贡献了力量。

王继才三个儿女都已成家立业，夫妇俩这才了却牵挂，更加一心一意守岛，建设开山岛这个绿色的小家园。

2015 年 2 月 11 日，习近平总书记在全国军民迎新春茶话会上亲切会见了王继才，王继才当场向习主席承诺："请主席放心，我一定把开山岛守好！"

2015 年 6 月，开山岛上已经安装了太阳能发电机，光照好的时候，电量充足，每天可以收看不同的电视节目，他们在岛上的生活不再枯燥。连云港警备区还把当年部队留下的六间旧房重新整修了一下，盖了卫生间和浴室，夫妻俩现在终于有洗澡的地方了。

世间的美好就是相爱的人一起慢慢变老……开山岛仿佛又传来动听的声音，王继才、王仕花依偎着唱歌，唱给海，唱给风，唱给彼此……

守岛，一年又一年，从"有期限的任务"变成了"终生的使命"。

海风呼啸间，王继才坚持让开山岛永远飘扬着一抹令人魂牵梦绕的红色，让五星红旗每天在这里伴着朝阳升起，让松树、桃树、梨树在石头缝上开花结果，而自己却因积劳成疾，于 2018 年 7 月 27 日，在岛上执勤时突发急症，倒在了开山岛的台阶上，生命永远定格在 58 岁。

哨所的营房里，一面国旗整整齐齐地放在桌上。那是他生前升过的最后一面国旗。生前王继才总是说："国旗升起的地方，就是中国的国土，守岛就是守国，我会一直守到守不动的那天。"

7 月 30 日 8 时 30 分，王继才遗体告别仪式在灌云县殡仪馆举行。哀乐低回，哀思无限。近千名干部群众赶来，怀着无比沉痛的心情，向安卧在鲜花翠柏中的王继才做最后的告别。哲人说，人只有献身于社会，才能找到生命的意义。王继才用实际行动践行了"开山岛是我国的领土，我一定要把它守好"的人生要义。

"我要完成老王的遗愿。"王仕花说。一起升旗，一起巡逻，一起守岛，当年被乡亲们称作"开山岛夫妻哨"，如今却只剩她孤单一人，但她每天仍坚持升国旗、巡岛。她说："开山岛就是我的家。在这里很踏实。"

后来，王仕花向组织递交申请——继续守岛。她说，刚上岛的时候，我只是想守着老王一辈子，守着一个完整的家，慢慢地才明白，"守岛不仅守的是我们一个小家，更是千家万户的幸福，老王没走完的路，我继续替他走下去"。

王仕花含泪悲切地说："老王去世后，一棵在岛上生长了 30 年的苦楝树在台风过后枯死了，那是我们俩在岛上种活的第一棵树，老王走了，不少花草和树木都死了，可能它们也想老王了吧。"

30 多年来，夫妻俩大部分时间都是在这座小岛上度过的。王仕花说，丈夫在世时经常和她说，"家就是岛，岛就是国。岛虽小，但它是国土，我们一定要守护好"。

如今的开山岛，拾级而上，不时可以看到两旁葱葱郁郁的植物。

"这是我和老王种的苦楝树、无花果。""这是我们修的护栏。""这是我们开垦出的菜园子。"王仕花带着记者边走边热情介绍着，这些都是夫妻俩奋斗岁月的见证。

由于长期的艰苦生活，她的股骨头坏死，走起路来一瘸一拐，让人很是心酸。2019 年，在庆祝中华人民共和国成立 70 周年之际，王继才被授予"人民楷模"国家荣誉称号。也就是在这一天，10 月 1 日早上五点半左右，黄海前哨开山岛上，天才微微亮，值守的民兵升起了一面崭新的五星红旗。

海面很平静。阳光穿过薄薄的海雾，映照在鲜艳的国旗上，洒向守岛英雄王继才的铜像——他手指着太阳升起的方向，眺望着波光粼粼的大海。

英雄，仿佛从未曾离开过……

百年守望一盏灯——叶中央、叶静虎、叶超群

在茫茫大海的漆黑夜色中，点亮那盏灯塔，守护荧荧微光，向天海叩问，少一些海浪翻滚，让船只安全返航吧！这是海上灯塔守望者最朴素的念想。"灯塔守望者"或许是世界上最孤独的人。从中国第一代灯塔工，到如今现代化的航标时代，无论时光如何流转，浙江宁波叶家的五代人，将"守塔人"这个职业，坚守成了一个世纪不离不弃、深沉厚重的回声。

灯塔，指引着来往船只安全地航行，被誉为"大海上的眼睛"。与灯塔同时出现的，是"守塔人"这个古老的职业。

"天黑了，起雾了，在茫茫的大海上，我就像鸟儿没了翅膀，怎么能自由地飞翔……彷徨无助，内心迷茫。看，一束隐约的灯光，坚定地闪现在前方，看，远处矗立的身影，黑暗中闪烁着的光芒。你是大海中不灭的希望，让舵手不迷失回家的路，你是大海中的指路明灯，引领船儿平安归航。"这是写给所有海上灯塔守望者的歌词，更写出了宁波叶氏五代守塔人在心底流淌着的百年心声。

在无边的大海上默默守护灯塔，为过往的千船万舰指引航向，为2000多平方千米的浙东海域送上平安。叶静虎和叶超群说："守灯塔是家庭的传承，我们家族对灯塔的感情是别人无法理解的。"

在艰苦的环境下，守塔上百年的叶家五代人从未让灯塔熄灭过一次。面对失亲之痛，他们依旧世代坚守，用信念与责任讲述着守塔人百年的酸涩往事。

把光传下去。叶中央，叶家第三代守塔人，满面铜色的灯塔守望者，整整守塔41年。如今，他花白的头发，深邃的目光，静而浑厚的性格，看上去像午后波涛不惊的海洋，表面上异常平静，就像立在海中的一处塑像，实则水底汹涌不已。如今岁月沧桑了他的脸膛，满身写着大海的故事，述说着"灯塔如心灯不灭"的记忆。

叶中央经常回忆说："我一辈子的工作，就是给大海燃灯，让航船平安回

家，却没有让自己的亲人平安归来。"那个痛苦的清晨是叶中央生命记忆的起点。

1944年，叶中央五岁，他和父亲一起生活驻守在鱼腥脑岛的灯塔上。他的父亲叶阿岳，是第二代守塔人。一月的一天，天气晴朗，太阳高照，给小岛运输补给的包船老大在傍晚时分，将船泊在灯塔下的码头边，没有返航。谁知半夜突发台风，给叶家降下了灾难。这艘停泊在塔下的小船正面迎上了台风。下半夜，风势越来越猛。天快亮前，船已经靠不住码头。船老大想把船掉个头，喊随船的十几岁少年水手——自己的孙子一起摇橹转篷，但一老一小两个人根本把不住舵。风雨飘摇中，载重三四吨的小船，像块抹布被抛上抛下，随浪颠簸。紧急之下，船老大喊叫叶阿岳救援。叶阿岳迅速冲出灯塔，一头扎进狂风暴雨中。

"当时，我妈妈因为担心爸爸，带着5岁的弟弟妹妹，到鱼腥脑岛半山腰远远看着。爸爸赶紧上了船，他想把小船转到背风处。没想到船身转过一半，一个海浪扑来，船被整个打翻，船老大被浪打到岛边抱住了礁石，随后一个浪把父亲翻到水面上，他挣扎着去抱礁石却抱不住。又一个浪，直接把人打闷到水里。我爸被卷入大海。在嵊泗以好水性出名的爸爸，却再也没有浮上水面。"叶中央哽咽着说。

他眼睁睁看着父亲挣扎、沉没，听着母亲呼天抢地，叶中央仿佛一瞬间长大了。他说，从那一天起，他记住了海岛上以后所有的事。

叶中央自小与灯塔为伴，一直视岛为家，视灯塔如生命。20岁那年，爷爷说："到灯塔去吧！"叶中央就这样成了一名灯塔工。他先后在半洋、花鸟、白节、鱼腥脑、唐脑、小板、下三星等近十座灯塔上工作过。

在2000多平方千米的浙东海域，矗立着12座百年灯塔。1883年由英国人建成的白节灯塔，便是其中一座。白节灯塔建成后，需要配备六到八名守塔人。嵊泗白节山北面有个小村庄，多数的灯塔工家属就住在这里。叶中央的爷爷叶来荣十几岁时，因水性好、身强力壮被招募做了灯塔工。叶来荣带着一家老小来到白节岛上，成为中国第一代灯塔工。叶来荣先后在长江口的大辑山、上海的佘山等地守过灯塔。

当叶中央的父亲叶阿岳长成一个汉子时，叶来荣说"看灯塔吧"，叶阿岳

人与海

就卷起铺盖，也成了灯塔工。

叶中央的父亲叶阿岳成了第二代守塔人，可正当年富力强时，却葬身大海。将父亲安葬后，叶中央便与爷爷叶来荣来到白节岛上，开始新生活。叶中央跟着爷爷在白节岛一直住到 9 岁，才返回嵊泗上学。到了寒暑假，他依然返回白节岛。这里有爷爷苍老的容颜，慈爱的笑，还有永恒不灭的灯塔之光。

在海图上，每个灯塔都表示有"几闪几闪"。海图是死的，灯塔是活的。海图是夜航人的救命指针。如果"几闪几闪"对不上，第一次驾船夜航的人便有可能出事故。跟着爷爷值班的叶中央，值班地点就在这盏灯的边上。簇亮的火花，映在眼里，跳进了心里。

叶中央从小就体会到了灯塔工的孤寂。他跟在爷爷身边时，常觉得孤单。这里没有别的小孩与他玩耍，可玩的不过是爷爷脚下的石头、野草等。沉沉暗夜如墨洗，一点灯火下，白发苍苍的老工人带着稚嫩的孙子，静候时间流逝，远观船舶经过。

守塔生活艰苦而寂寞，叶中央最开心的是，每当航船穿越海峡，在灯塔下鸣笛三声致意，爷爷就让他帮忙一起升起旗帜，拉三下回礼。这小小的仪式让叶中央心中充满了神圣感——对于航船，灯塔就是方向，就是希望。守塔的情结已深深地扎根心底。

在 20 世纪五六十年代，守塔工作烦琐而单调。塔身要定期打漆，机器定期保养、维修，每小时要给机器上一次弦，只有这样，灯塔才能发光。补给船一个月来一次，收音机是唯一的娱乐设施。叶中央一年只能休息 20 天，遇到紧急情况，需要与外界联系只能靠点烟。"最怕生病，很严重的时候，只能靠放火求救。"他学会了吸烟，心里憋闷时，烟不离手，一天能吸掉 3 包香烟。他还翻烂了三本字典。

《中国沿海灯塔志》里刻画的海上气象险恶的惨象——"处境岑寂，与世隔绝，一灯孤悬，四周幽暗，海风挟势以狂吼，怒潮排空而袭击，时有船只覆没之惨，常闻舟子呼援之声，气象险恶，诚足以惊世而骇俗也。"——再次无情地打击了年轻的叶中央。

1971 年春节前夕，下三星岛。为了让其他灯塔工能回家过年，叶中央主动留在了岛上。整整一年没有见到家人的他，捎信让妻子带着两个女儿来岛上过年。妻子备了一些年货，兴冲冲带着两个女儿即将上岛过春节，他满心欢喜地等待着。

但结果等来的是惊雷般的噩耗：在来岛的途中，妻子乘坐的船翻了，五人遇难，包括年仅29岁的妻子和5岁的小女儿。打捞上来时，妻子还死死地抱着小女儿。当他看到躺在医院太平间里的妻女时，一下子晕厥了过去。多年前目睹父亲被海浪吞噬的叶中央，再一次体验到了生离死别的绝望、悲哀。从来干活不怕累、冲在前方的叶中央，只觉得此刻生不如死。

一连数月，悔恨、自责让叶中央沉浸在悲伤中无法自拔。他几乎每天带上一把糖，去妻女的坟头，一坐就是几个小时。他眼前不断浮现起妻子轻盈的身影，女儿可爱的笑脸。聪明伶俐的小女儿是他的掌上明珠，难得的几次相聚，总是一碰面，就扬起春风般明媚可爱的小脸，问他要糖吃。

大家劝他，不要再留在荒岛上了，家里还有一儿一女需要他照料呢。他在心里默默地对亡妻念叨着："每年我只有20天假期，只能回一次家，繁重的家务都落在了你身上，贤惠的你很少有怨言，总是默默承担。哎，你因我失去了生命，唯一活下来的七岁女儿因为溺水，影响了智力。怕是只有来生我才能报答你了。我一定好好照料家里的一儿一女，你安心地走吧，天堂里没有危险了。"想着想着，他禁不住泪流满面。叶中央动摇了，他开始寻找下岛后的工作。

然而每当夜深人静，他的眼前总会闪烁着灯塔的光芒。光线穿过雾霭，仿佛将父亲叶阿岳搏击巨浪滔天的悲壮、将妻女那灿然的笑容直射到心上来；那一艘艘航船鱼贯而出，平安穿越海域，或招呼，或接引，这是灯塔在召唤，他要奔向它，只有奔向它……

如塔石般坚强的汉子因大海的无情肝肠寸断，然而他还是把全部精力投入到守塔上，只是这回，他希望换个值守的岛，去爷爷守过的白节山岛。

待在塔上的时间长了，叶中央得了腰痛病。这是一种"海岛病"，可是，他哪怕请假回家，都会倚着病床写一套灯塔设备维护保养计划寄到白节岛。

自五岁起，叶中央就上灯塔，摸透了灯塔上所有能摸的东西。这个始终在他的生命中占据着重要地位的灯塔，已经说不清是血浓于水，抑或命运的交缠。他从心底掏出了一句非常诗意的话："我一直认为灯塔有召唤的魔力。在你没有感受到以前，你觉得这个说法可笑。等你感受到了，那简直就是入骨入心的爱，为茫茫夜色中的小船领路，那种安慰感难以描述，没办法，魂牵梦绕，你只有奔向它。"

1986年，12级强台风袭击白节灯塔，当时灯塔还没有安装电子旋转机，灯器旋转要人工每隔一小时定时上弦一次。眼看风力时速达130多千米，为了保证灯塔正常发光和同事们的生命安全，每到上弦时分，叶中央都抢先冲出屋外。

"匍匐着爬向灯塔，短短20来米的路要爬行十多分钟，稍有不慎就会被台风刮下海去。"说起这一段，叶中央仍记忆犹新。

现在，叶中央的家中摆放着很多荣誉证书和奖章：1987年，全国最佳灯塔工证书；1988年，全国五一劳动奖章；1989年，全国劳模证书；1996年，全国优秀工人奖状……面对荣誉，叶中央说："我没有为国家创造什么财富，我只是个平凡的灯塔工，和所有的灯塔工一模一样。"

一个岛、一座塔、一盏灯，这是守塔人的工作状态，也是叶中央几十年来的生活常态，孤寂与单调，非常人所能想象，更何况一守就是几十年。

60岁时，叶中央退休了，守塔40年。如今70多岁的他在岱山县的家里养老，但心还留在灯塔上，时不时还会去曾经工作过的灯塔看看、摸摸。

第五代灯塔人——80后的叶超群，懂得爷爷叶中央。他说："爷爷的故事我都是从报纸上、学校的乡土教材里看到的。也许正是因为爷爷失去的那些至亲，他才把更多的时间花在工作上，他一直坚守着的不只是这些灯塔，还有那些他所爱的人。"

经常有人去灯塔参观，都会看到在灯塔后面的博物馆门口，一尊老人的雕像巍然立着，令人肃然起敬，再读一读他的传奇故事概要，让人为之动容。这个老人就是叶中央，全国最佳灯塔工、上海市劳动模范、全国劳动模范。

扔下拖拉机，接棒父亲，点燃夜航船的路途。叶中央退休了，可他手中的守塔接力棒该何去何从？

1984年，上海航道局镇海航标区（现改名为宁波航标处）招收20名灯塔工。当时，仅有7人报名。报名人数不足，叶中央想起了高中毕业在家开拖拉机的儿子叶静虎。他对儿子说："到灯塔去吧。"起初叶静虎想不通，自己开拖拉机的收入是守塔的几倍，干吗要去灯塔受苦？

"父亲就劝我说，你的祖父解放前就是灯塔工，守了一辈子，你小时候不是很喜欢看灯塔吗？如果你不去，也要有人去，却没你对灯塔了解，你不去谁去呢?"叶静虎说。

叶静虎是叶中央唯一的儿子。在那个年代，他本可以当一个威风体面的拖拉机司机，收入颇丰，每月 120 多元，而一个灯塔工每月才 23 元。此前，曾在灯塔上做过两年临时工，加上从小在心中埋下的灯塔情结，海风海鸟的召唤，他发现自己对灯塔有了深厚的感情。他不愿把着方向盘想着灯塔。

当在饭桌上父亲叶中央再次动员他做灯塔工时，他答应了父亲。1984 年，他上了白节灯塔，与父亲一起当起了灯塔工。1985 年，白节灯塔满百岁，正好轮到大保养，一切都要手工去做。

上岛之后的艰苦超出了叶静虎的想象，所有的事都要靠自己。

保养期特意选在天气最热的时候，每名工人直接赤膊进灯塔，里面热得像蒸笼一样。

叶中央则在灯塔外边铲起老化的表皮油漆。高 14 米、直径 2 米多的灯塔，裂缝很多，油漆很厚。每一刀铲下来，差不多有一个铜板那么厚。油漆爆起来，爆到脸上，火辣辣的疼。

为了赶在台风前把活干完，6 名工人爬高蹲低，一刻不停地抢时间。叶静虎当时心里有点埋怨：早知道这么苦这么累，真不如开我的拖拉机。

埋怨归埋怨，看到父亲作为灯塔一把手，依然冲在第一线，带领大伙，硬是从海边沿着崎岖的山道把 25 吨多重的建材物资，用肩背上了 71 米高的山顶。其间，他白天要顶着烈日爬上十多米高的脚手架去干活，夜里还要准备次日的工作，有时一干就到深夜。

由于过分劳累，叶中央旧病复发，不得不再进医院。由于长期的海岛生活，老叶身患多种疾病，但从未对人说起过，再苦再累的活他都抢着干，从不找借口推避。

叶静虎把"苦"字埋在心底，拼尽全力做事。时至今日，叶静虎跟父亲讲起这段"苦"历史，颇感自豪。

不过，叶中央说："1956 年以后灯塔可以自主发电，之前的灯塔工更苦。"

他说："灯塔工的职责是什么？就是确保灯塔明亮，为海上船舶指路。这个看似简单的工作，充满了艰辛和危险。灯塔工晚上都要值班。无论寒暑天，

人与海

必须保证灯塔里用来照明的灯不熄灭。早期，白节灯塔上用来照明的是煤油灯。煤油灯上有一个标记线，一旦油少于标记线，就要人工添加，一般三四天需要添加一次。煤油灯外面罩着玻璃罩，不会被吹灭，里面的小灯360度旋转，靠手摇上发条驱动，每小时需要上一次发条。"

1986年的一天深夜，12级强台风席卷白节灯塔。塔灯发条上弦的时间到了，叶中央冲进时速130千米的台风，迎着嘶吼的暴风雨，抓住值班室和灯塔之间拴着的"安全绳"，在风雨中艰难爬行。稍有疏忽，他就可能被狂风吹落海里。100米长的路，他足足爬了半个小时，上完灯弦后，腿上、手上全被尖利的礁石割破了。

他回忆说："有一次雷雨夜，灯塔的发电机被闪电击中，灯光瞬间熄灭。小岛雷声轰鸣，电光像一条幽绿的电龙劈开乌云，打在岛上。我一步跨进狂暴的电光和暴雨中，冲到变电房，启动备用发电机。5分钟后，灯塔恢复了光明。"人在，灯塔在，航船安全过大海。

既然说到苦，叶中央也讲起了自己的一件"苦事"。岛上生活最缺乏的便是淡水。一般，灯塔工所用淡水靠部队登陆艇和渔船装运。一次几百公斤的水挑上去，用不了几天。

尤其是部队登陆艇装运的水，上岛后没法喝，里面都是柴油味。在淡水最紧张的时候，叶中央试过一杯水过一天。

叶静虎坦言："遇到台风，补给船过不来就得挨饿，困难的时候只能喝酱油汤。因为没有冰箱，上岛的肉都是腌过的。"为了吃到新鲜的食物，叶静虎跟其他三个年轻人自力更生在岛上种起菜来。

遇上台风天，补给船无法过来，断粮断菜是常事。有时一个月没来补给，只能用酱油汤泡饭。叶中央记得最惨的一次，岛上五个男人七天全部的伙食只有一个约5公斤重的冬瓜。

因为条件受限，饮用水只能靠雨水，汇聚在储蓄井里，无法过滤，这在当时的叶静虎看来根本没法想象。好在那个年代对讲机已经诞生，跟家人通话已非难事。但通话再长也会结束，为了打发时间，几个年轻人养了一条狗，可是狗竟然得了忧郁症。

叶静虎记得自己刚去岛上守塔时，孤独感使他情绪低落，工作提不起干劲儿，慢慢调整后才适应。那时候，20 多岁的叶静虎多么渴望与外界沟通啊！"我就看报纸，但是补给船送来的报纸经常是几个月前的。当时的一台收音机是岛上唯一让大家及时了解外面世界的设备，大家都视若珍宝。但是那台收音机主要用于接收天气预报，我们偶尔才可以听听新闻。"叶静虎说。那个年代，叶中央、叶静虎与家人的沟通方式只有书信，每次补给船送来亲人的来信，都是他们最高兴的时刻。

叶静虎在海岛守了十年灯塔，后因身体原因才回到岸上工作。53 岁的叶静虎是嵊泗航标站的支部书记，负责嵊泗辖区内 70 多个航标，其中包括灯塔、灯浮、灯桩等的日常监管和巡查。

为了更好地服务灯塔，几年前，叶静虎学会了用电脑，航标管理系统里的圈圈点点和三角形对如今的他而言已不再是天书，发邮件、写报告、聊 QQ 也不再是难事。凭借多年的一线守灯经验，管理游刃有余。

"好好工作、敬职敬业"是父亲对祖辈传承下来的灯塔事业的践行和树立的榜样，他没让父亲失望。

第五代守塔人叶超群曾说过："多学点本事未来还会上灯塔。"他学了多个技艺，最终还是成了一名守塔人。2013 年，在爷爷叶中央的动员下，叶超群成了叶氏第五代"守塔事业"的传人。

他说："没办法，感觉守塔人的精神血脉紧密相连，已经浑然一体。"第一次看到花鸟灯塔的那一刻，叶超群被眼前这个庞大而又漂亮的欧式灯塔惊呆了，也被岛上醉人安逸的风景深深吸引，久久不肯离去。

叶超群是叶中央唯一的孙子，求学时他的专业是人力资源。后来参军，又学了轮机。退伍后，他在舟山的定海岙山油库工作了三年。在此期间，叶中央多次在孙子面前"叨叨"：去做灯塔工吧，锻炼自己，成为全才。

也许是受到爷爷和父亲的长期熏陶，叶超群最后义无反顾地走上了灯塔，成为叶氏家族第五代灯塔工。2013 年 4 月，大专毕业的他，登上了七里屿灯塔。叶超群无法说出到底是什么力量推动他摒弃车水马龙的城市生活，来到几近荒芜的海岛上守灯塔。

"到灯塔去吧"，这在其他家庭可能是会遇到阻挠的事情，对叶超群的家族来说，似乎更像是命运的昭示。叶超群记得小学时宁波的乡土教材，其中有一

人与海

课讲的就是他爷爷的故事。"这是我一生中不可磨灭的一道记忆。"他觉得可能是受爷爷和爸爸的影响太深了。

他说:"记忆中,守灯是艰辛的,但随着时代进步,这一切也在改变。"

26岁的叶超群觉得,他与父亲和爷爷手把手守护灯塔不同,如今的灯塔都由遥感和电脑监控,灯塔工不仅要会操作和维护这些先进的科学设备,还要看得懂电子监控图。

他由原来的"多学知识还用得着上灯塔吗"的抵触情绪,变成了"多学点知识和技能,未来还会上灯塔,那个时候的我会更强大"。

事实上,在灯塔生活,叶超群的心理底线只有一个月。打从2013年上了七里屿灯塔后,白天见到海水,晚上听到涛声。长年累月见不到人,灯塔工会变得不想说话,害怕见到人。这种孤独的守候,没有坚定的意志坚持不下来。

以往,爷爷说自己20世纪80年代去上海,害怕走马路。成年后,当了灯塔工,叶超群才真正理解了这个意思。这份工作,远非一般人眼里的诗情画意。

高祖爷爷,太爷爷的故事,在叶家一代代流传。年幼时,刚会走路的叶超群在花鸟山灯塔前,拉着大凳子被大风吹倒在地起不来。这是因为灯塔建造的地方,四面空空如也。风猛,人站不住。

白节灯塔上,从机房到灯塔只有短短100米。然而台风天气,走过这100米成了危险要命的任务,得依靠缆绳摸索过去。一小时一次,一天24次,拉着缆绳走过去守在机房中。

灯塔是什么?小时候,它是游乐园,是父辈的工作场所;懂事了,才知道灯塔是大海的路标,灯塔发出绿、红、白的光芒,加上闪光,构成了灯光的语言。在船上的人都懂得这种语言。船开到了哪里,只要对照灯光,比对海图就明白了。

父辈的灯塔工要写日记,每一天的日出日落都要写在灯塔日记上。还有几点几分,见到一艘船经过。如果目力好,看到船只的名称,就要详细记录。如果在规定的航线、时间内,船只没有经过,那就是出事故了。

灯塔接力棒,不思量自难忘。

叶氏五代人,在嵊泗这座中国东边的小岛上演绎了属于他们的"百年孤独"。百年间，他们耐住寂寞，承受思家之苦，面对失亲之痛，却依旧世代固守，与大海和星星为伴，只为灯塔这只"大海的眼睛"能永葆明亮。

1883 年，白节山灯塔建成，几十年后，一个叫叶来荣的男人带着一家老小来到岛上，成为一名灯塔工。

他不会料到，自己这一守便是一辈子；他也不会料到，自己这一守竟开启了一家五代人的命运，他的子子孙孙都将跟他一样守护灯塔；他更不会想到，一家五代人的守灯故事会成为一段佳话，一张东海上闪亮的名片，照耀着世世代代的守灯人。

叶中央守塔的年代，需要连续在岛上工作 11 个月才有 20 多天的休息时间；到了叶静虎守塔时，每年也只有 2 个月的休息时间。除了工作时间长，守塔人大多守的是无人岛，守塔人一上岛，几乎与世隔绝。

岛上除了几个共同工作的同事外，只能与草木为伴。为了抵御令人恐惧的孤寂，年轻时候的叶中央常常把一本书看上几遍，甚至十几遍，也会没有缘由地在岛上边跑边喊。后来，在无数个夜晚，看见大轮船驶过白节海峡，叶中央总会把年轻人叫出来一起欣赏。黑夜里，坐在灯塔下，看着一艘艘平静行驶、灯火如星的航船，孤独的守塔人才感到不那么寂寞。

如今，叶超群隔周就可以回宁波陆上的家中休假一周。在岛上，他有计算机、电视机，手机也有信号。即便如此，"一般在岛上待到第四五天，就不想上网，也不想看电视了，开始想家，盼着最后两三天快快过去"。

常年上岛守塔，叶中央、叶静虎与家人团聚的时间非常少。"作为一名父亲，我陪伴孩子们的时间实在是太少了，几个孩子出生的时候都没赶回去。"叶中央曾经为此很自责。叶静虎记得，小时候上岛看父亲总是要大岛转大岛，然后再转小岛，折腾好几天才能见到父亲，即便如此，一年也只有一两次见面的机会。

在如此艰苦的环境下，叶家五代人却守塔上百年，从未因自身原因守塔失职，他们不辱使命地完成了守塔任务。

记者问叶中央："守灯塔那么辛苦，怎么会让自己的儿子和孙子都去从事这份工作？"

叶中央："灯塔是'大海的眼睛'，只有一直亮着，航行在茫茫大海上的船只才会安全。你不去的话其他人也要去的，我们家的人对灯塔都很熟悉了，让

人与海

儿孙们去守再合适不过了。人要有事业心，我希望他们能把我的事业传承下去，我还希望可以世世代代传承下去。"

记者："守塔那么多年，有没有什么遗憾？"

叶中央："很多，主要是对家人关心太少。特别是我的前妻和当时才五岁的女儿，太意外，也太遗憾，欠她们太多。这件事永远都抹不去了。平时在家里一般不提起来，儿子到现在都还有心结。"

记者问叶静虎："守塔的经历给你带来的收获是什么？"

叶静虎："能吃苦了。从灯塔下来后，干什么都不怕苦了，也不怕累了。另外，掌握了独立生活的技能，守塔的时候一切都要靠自己，包括烧菜。刚开始什么都不会，如今烧一桌菜很快，半个小时就可以搞定了。"

记者："如果儿子的后代还是男孩，是否还希望他去守灯塔？"

叶静虎："有这样的打算，希望家族的守塔事业能有人传承。"

记者问叶超群："在 80 后们纷纷跑向大城市的时候，你选择去岛上守灯塔，身边的人都支持吗？"

叶超群："支持，特别是爷爷。爷爷在家里威望很高，我和爸爸都听他的，他希望我能好好工作。作为一个海岛人，我也越来越喜欢灯塔了。"

在绵延一个多世纪里，叶中央的祖父叶来荣、父亲叶阿岳、儿子叶静虎、孙子叶超群，前赴后继地登上岛山点起光明，刻写灯塔世家的"百年孤独"，守望一盏灯。

叶中央时代，灯塔中浮在水银上的牛眼透镜，如今已经更迭成了叶超群时代的自动化的灯塔，与世隔绝的生活环境也变成了网络通信信号全覆盖。一切似乎都变样了，然而不变的是守护本身。"很多渔民跟我说，在海上他们一望见灯塔的光，心里就踏实了，因为知道马上就要到家了！"

随着科技的发展，不仅灯塔工的工作条件好了，灯塔工的数量也在逐年减少，除七座相对重要的灯塔仍有灯塔工 24 小时守护外，其余已经改成了遥感监控。

谈到未来，第五代灯塔工叶超群说，如果有一天没有灯塔工了，希望自己能带着一同退役的灯塔工去开一家以灯塔为主题的民宿。

"灯塔"这两个字似乎早已融进了叶氏一家五代人的血脉中。叶家五代灯塔人的无私奉献精神是另一座灯塔，照亮了世人心灵的航道。

还大海一片蔚蓝——黄　渤

一

茫茫大海之中，鱼群像飞鸟一样自由自在地遨游，一位身穿白衣的青年环抱双臂潜入水中，安祥而惬意地感受来自海洋的深邃与静谧。突然，陆地传来刺耳的声响，被随意丢弃在路边、空地的一堆堆工业生产和生活垃圾，形成五颜六色且不易降解的废物，经一阵风卷入湖泊江河，又不断汇聚到海洋里……

很快，海水变得混浊不堪，"白衣青年"的周围也充满了塑料垃圾，他开始透不过气来，焦躁不安。他伸出手脚挣扎着，企图逃离，却被源源不断、越来越多的塑料废品纠缠着，拖向水底。终于，他清醒了，站起来面对镜头掷地有声地说："拒绝塑料星球，从你我做起！"

这是 2018 年 6 月《国家地理》杂志拍摄的一部 "Planet or Plastic——拒绝塑料星球" 的公益短片，而那位水中人物的扮演者，就是山东青岛籍的著名演员——黄渤。

黄渤从小在海边长大，对大海有着深厚的感情。有一次，他在太平洋岛国帕劳拍摄时，竟在海底发现了一个 "中华" 牌香烟的烟盒，不知是中国人还是外国人随手扔弃的，感慨地说："朋友啊，去别人家做客咱客气点，这俩字的脸丢不起啊！" 同时，他了解到全球每年流入海洋的垃圾尤其是塑料制品多达成百上千吨，不仅污染了海水，还使许多海洋生物不慎误食而大量死亡，他深受震撼。此外，演员在片场工作时大多食用盒饭，并常用一次性筷子。有一天，黄渤把筷子放进碗里用热水烫了烫，碗里的水竟然变成了黄水，既不卫生又不环保。黄渤立志做环保卫士，还大地一片碧绿、还海洋一片蔚蓝。

这次，黄渤受邀成为国家地理海洋公益大使，积极参与拍摄公益短片。由于在水下拍摄时间较长，素来以水性好著称的黄渤也数次呛水。并且，为达到最佳的拍摄效果，他在几乎没有任何保护的情况下，跳入近 6 米深的水池中，尽量将表演的时间拉长，潜入水下不断配合拍摄，调整面部的表情和动作，传

人与海

递所要表达的情绪。

公益短片触目惊心，给观看的人们带来了深刻反思。

"在拍摄过程中，我把自己想象成海里的生物，当我的周围充斥着塑料垃圾时，那一刻，我的内心非常恐惧。"黄渤感慨万千地说："拍摄过程的辛苦都是值得的，塑料垃圾的危害之大无法想象，大海的纯净与蔚蓝需要更多的海洋卫士。"

在我国最东端的山东半岛、黄海之滨，有一个美丽且富有魅力的城市——青岛。它与朝鲜半岛隔海相望，地处中日韩自贸区的前沿地带；东北与渤海湾的烟台毗邻，西南与黄海畔的日照接壤。它是国家计划单列市、副省级城市，简称青，旧称"胶澳"，别称"琴岛""岛城"，是国际性港口城市、滨海度假旅游城市，被誉为中国的"东方瑞士"。

黄渤是青岛人。虽说他是1974年出生在甘肃，但在4岁那年便跟随支边的父母返回山东青岛，由此变成了一个海洋的孩子。小时候他在大海的怀抱里畅游，海浪的欢笑声时常萦绕耳边，与海水一起玩耍、嬉戏；激越的浪花朵朵飞跃而来，拍抚着他幼小的躯体，像母亲轻轻抚慰一般。

爱海就像爱自己、爱母亲似的。

他的名字跨越黄海和渤海，其中蕴含着父母对他的厚望：能有黄海和渤海那样大气磅礴、汹涌澎湃的性格，成就一番事业。黄渤从小不打架不闹事，但天马行空的想法令老师和家长苦不堪言：别人拿水浇花，他用醋，理由只是想看看开出来的花是不是有酸味？抓住一只蚂蚁，能玩一个下午。在书桌前片刻也待不住的他，却酷爱音乐，听录音机学一首歌，能在自己的房里一听就是一整天。

人生旅途中，为了追求梦想，他一路走来，有风景、快乐，也有辛酸和危险。他遇到了各色人等，好玩的、吝啬的、善良的、丑陋的……这为他日后的影视表演提供了很多灵感。在黄渤漂泊的岁月里，住过北京郊区的地下室，也曾回到青岛，成为一家鞋类模具厂的厂长。上下求索，他最终锁定演艺事业。

曾经有位导演看不上他，当面对他说：这可是靠脸吃饭的娱乐圈！而黄渤毫不气馁，从不抱怨自己没有背景、没有帅气的外表、没有挺拔的身姿，默默用艰辛和汗水完成了别人眼中几乎是不可能的跨越。

初中毕业时，有同学在黄渤的纪念册上留言："祝你早日成为明星！"也许连他也未曾料到，自己追寻了十数年的音乐梦想，却以演员的身份获得了大家认可。黄渤认为自己的成功来自"软坚持"："唱歌，包括拍戏，我没有那么死气白赖，这事儿不行就得怎么着了，也不是遇到难事儿就放弃。左边一下，右边一下，反正一直是冲着目的地往前走。"

黄渤的声誉不是平地惊雷般地突如其来，而是由量变到质变的必然。

海洋是他心中的图腾，他的灵魂里似乎镶嵌着海的精灵，骨子里浸润着清澈海水的气息。1993 年，高中时代的黄渤爱好音乐，走进歌厅，成了第一批驻唱歌手，成立了一个组合叫"蓝色风沙"，边舞边唱，在全国各地演出，还做了 7 年的舞蹈教练。

2000 年，在演员、好友兼老乡高虎的引荐下，黄渤出演了管虎执导的电影《上车，走吧》。这是他的第一部影视作品，播出后一片好评，并获得 2001 年度金鸡奖"最佳电视电影奖"。这一次的刺激与鼓励，促使黄渤报考了北京电影学院，并以优异成绩毕业于表演系配音专业。此后，他先后参演了电视剧《大脚马皇后》《黑洞》《红楼丫头》等，饰演的多为小角色。

直到 2006 年，黄渤参演宁浩导演的电影《疯狂的石头》，凭借满口青岛话的"黑皮"而一炮打响。电影获得包括台湾电影金马奖"最佳原创剧本奖"在内的多个电影大奖。继而，他再次参演了宁浩的喜剧电影《疯狂的赛车》，同样获得成功。2009 年，管虎执导电影《斗牛》，黄渤饰演的"牛二"从不羁到最终妥协，整个无奈的过程转折，让人信服而嘘唏，一举夺得第 46 届台湾电影金马奖"最佳男主角"、第 17 届北京大学生电影节"最佳男演员"奖、第一届金榕树大奖"最佳演员奖"。

2011 年，他出演电视剧《民兵葛二蛋》，该剧讲述了侠肝义胆、敢作敢为的农民葛二蛋在历练中成长为优秀抗日民兵，再从民兵成为合格八路军战士的故事。黄渤饰演的"葛二蛋"放射着智勇的光芒，让观众捧腹且赞赏。2012 年 4 月，他参演悬疑喜剧电影《杀生》，获得第 20 届北京大学生电影节"最佳男演员"奖和第 4 届中国电影导演协会年度男演员奖；当年，他还在徐峥自编自导自演的电影《人在囧途之泰囧》中出演反派"歪脖子"高博，影片上映 5 天票房突破 3 亿，创造了华语片首周票房纪录。

人与海

黄渤的长相经常被"吐槽"，殊不知这张辨识度极高的脸，加上实力派的演技，在这个"美男当道"的时代，却成了票房保障。出道至今，黄渤演什么像什么，让人惊喜连连。因为他的草根形象、语言天赋，使其塑造的不少讲方言的小人物形象深入人心。而黄渤为人亲切，这与他在银幕上所诠释的角色如出一辙，总能让观众感觉到他就像生活在身边的人。

此外，他不但具有专业的表演素质，更散发着来自内心的真实与质朴。他曾经做过歌手、节目主持人和舞蹈编导，后来又经过了专业的配音训练，这些丰富的人生经历，使他具备了优于其他演艺新人的专业素质。从2012年年底到2013年4月，由他主演的《泰囧》《西游·降魔篇》《101次求婚》《厨子戏子痞子》等多部不同类型的电影连续上映。2014年黄渤主演的三部电影——《心花路放》《痞子英雄：黎明再起》和《亲爱的》同时在当年国庆档上映。

2018年夏天，黄渤执导并主演了自己导演的处女作《一出好戏》。该片正式上映后，中国内地票房突破13.55亿元，收获了从观众到业内的众多好评。同年12月，中国电影家协会第十届理事会第一次会议在京召开，黄渤当选中国电影家协会副主席。

黄渤不仅是深受观众喜爱的好演员，也是心怀大爱、积极投身公益事业的践行者。2008年"5·12"汶川地震之后，黄渤参加"微笑回来"计划，该计划组织了一批喜剧演员，对灾区的孩子进行长期辅导，黄渤一同还参与了震后系列公益晚会和歌曲录制。他以公益宣传员身份，赴四川成都参与"四川省灾区儿童保护项目"的启动仪式。2009年，他与众多青岛籍的影视明星一起，零片酬参与反映青岛文明城市形象的公益电影《寻找微尘》的拍摄。

2010年2月，黄渤还参与了"明星带你看世博"迎春低碳公益晚会，宣传低碳环保。同年3月，"世界水日 关爱生命'母亲水窖'宣传活动"在人民大会堂举行，黄渤等十余位演艺界人士被聘为"母亲水窖"公益大使。为此，黄渤婉拒了亚洲电影节的邀请。

当有人问道："错过重要的电影节，可能会给你的演艺事业带来不利影响，是否值得？"

他毫不犹豫地回答："当然值得！在我看来，公益活动远比电影节更重要。"

正如前面所说，在2013年，黄渤从拒绝使用一次性筷子做起，发起了"筷乐行动"系列公益活动，号召大家外出就餐自带便携筷，从而减少一次性筷子的使用；同年 5 月 19 日，黄渤受邀出席在杭州举行的太湖文化论坛第二届年会之"生态文明与生活方式"高端对话，与来自国内外的相关专家共同探讨生态文明与生活方式如何和谐统一，并亲自送出自制的便携筷，倡导"筷乐"生活方式。他的行动得到了荷兰公主的盛赞。

近年来，黄渤开始为自己心仪的大海担心起来。他说："因为工作或旅游的缘故，我陆续去了国内外很多海滨城市，如三亚、厦门、帕劳、塞班等，目睹了在那些美景的背后，却是海滩上清理不完的垃圾，以及海底成片的白珊瑚和越来越多的塑料废品，心里挺不是滋味儿的，感到震惊、痛心！"

于是，黄渤大声呼吁："还给海洋一片清澈蔚蓝，那才是她本来美丽的模样。"他还在微博上发出感慨："潜水时遇到的海底世界，自然太美好，人们啊要好好保护她。"并配上了美丽的海底世界的图片，引来众人点赞。黄渤的微博有 4000 多万粉丝，他所发布的倡导海洋环境保护的微博，转发量高达6.3万余人次，评论量3.6万余人次，点赞量 27 万人次，覆盖人群近亿人。

黄渤用行动阐释着海洋环保理念。"能够通过自己的微薄之力，让更多的人来关注海洋，保护海洋环境，这是我应该做的。"

对此，粉丝们纷纷留言："要和渤哥一起保护海洋！"

二

这就是黄渤。

演员、导演、歌手、"海洋达人"，黄渤身上有很多亮眼的标签，而通过上述公益活动，他还获得了一个令人敬佩的称呼——"环保渤"。为此，他光荣地入选"2019 年度海洋人物"，2020 年，又正式成为派迪（PADI，国际专业潜水培训系统）全球海洋大使。

　　天蓝蓝，海蓝蓝
　　拉起锚，开起船
　　天蓝蓝，海蓝蓝

人与海

把稳舵，撑起帆
风大浪大不呀不说难
礁多滩多不呀不说险

这首名为《天蓝蓝海蓝蓝》的歌曲，或许最能表达黄渤内心对湛蓝海洋的持续期盼，对攀登影视高峰的憧憬。他在海边长大，水性极好，被称作"浪里小黄龙"。后来，他参演的真人秀节目《极限挑战》，无论湖泊大海，只要有水，就有黄渤施展水下能力的画面，笑点看点无数，靠技能打破困局，用实力圈粉。

在海洋环保活动中，他更是身体力行，不仅到水下拍片，还潜入海底打捞垃圾。

"海洋之于地球，就像器官之于身体。如果我们放纵坏习惯，日积月累，身体就会出现问题，慢性病也会转为来势汹汹的急性病。但是，如果我们在坏习惯出现之初就悬崖勒马，培养良好的习惯，就能获得事半功倍的效果。因此，保护海洋环境就要从现在做起，从每个人做起，从一点一滴做起，做到防微杜渐。"黄渤动情地说。

是的，海洋面积占到地球总面积的 71%，生命本身也来源于海洋，加强海洋环境保护的重要性不言而喻。黄渤越来越关注海洋环境的现状。随着进一步接触，他了解到了更多令人"痛心"的信息：在太平洋上有一个由塑料垃圾不断堆积而成的巨大"垃圾岛"，面积有 160 万平方千米，海洋生物惨遭塑料垃圾的"毒害"，调查人员曾发现肚子里塞满了塑料垃圾的海鸟尸骸，还有因被塑料胶带捆住而导致身体严重畸形的海龟。

然而，黄渤看到的海洋塑料污染，只是冰山一角。据官方统计：全球每年塑料袋消耗数量约 5000 亿个，每年丢弃的塑料足够环绕地球 4 圈，每年高达 1300 万吨塑料流入海洋。这些塑料会夺取数百万海洋动物的性命。近 700 种海洋生物，包括濒危物种都在其威胁之下。依这个速度，到 2050 年，地球上将有 130 亿吨塑料垃圾，这一重量相当于 3 万座纽约帝国大厦，蓝色的地球最终可能变成"塑料星球"。想到此现状，惊心动魄，黄渤禁不住泪湿衣衫。

海洋被污染会造成什么后果？

海洋生物灭绝、人类生存环境遭受巨大影响。我们爱吃的皮皮虾、大扇贝，爱看的蓝鲸、水母，所憧憬的碧海蓝天、潮起潮落……这些统统都会消失，最后只留下一望无际的恶臭海水和数不尽的海洋动物尸体。这种景象和世界末日又有何区别呢？所以，保护海洋生态环境是全人类义不容辞的责任。随着时代的不断发展进步，人们环保意识的不断提高，全世界已经有越来越多的机构组织加入到海洋保护的行列中来。

2016 年，我国在组织开展的全国性海洋垃圾污染监测工作中，增加了微塑料试点监测。结果显示，我国塑料垃圾数量约占全部垃圾数量的 80%，海洋垃圾局部污染问题依然严重，在沿海村镇、渔港、海滨城市，海洋垃圾问题尤为突出。随着塑料垃圾在海洋环境中的逐渐积累，其对海洋生态环境的影响日益凸显，微塑料在海水、沉积物和贝类体内已普遍存在。

"海洋对我们这么好，我们是不是能对她好一点呢？"黄渤常常想，"海洋环保任重而道远，正是民间力量的不断坚持，让蓝色海洋梦离我们越来越近。让我们行动起来吧！"当然，海洋环境保护绝非一朝一夕，人们要始终绷紧这根弦儿，改变生活习惯，从细节做起。平时点外卖、出去购物等，都尽量减少使用塑料制品。每天、每个人减少使用一个塑料制品，日积月累，就会凝聚成一个很大的数量，海洋也会在我们的呵护下变得越来越美丽。黄渤利用一切机会大声呼吁：关爱海洋！

2018 年 5 月 25 日，他在微博转发人民网一篇关于《荷兰 90 后男生对抗海洋污染，用青春清扫太平洋垃圾》的新闻，引起了大众的关注，鼓励更多人加入海洋保护的行列，为保护海洋环境鼓与呼。

三

早在 2013 年，黄渤就成了一名 PADI OW 开放水域潜水员，进而升级到了 PADI AOW 进阶开放水域潜水员。他对水下和海底世界尤为钟爱，常说："水下完全像另外一个世界，你在水下会特别的专注，不会有任何杂乱的东西进入你的大脑。"

这好像是所有潜水员的特点，有水、有海的城市，黄渤都格外青睐，青岛、三亚、澳大利亚大堡礁、塞班，还有一些热门潜点当然已经全部打卡完成。与所有潜水员一样，分享美照的同时，他不忘叮嘱一句：保护大自然，保护海底世界！

2020 年 8 月，黄渤正式成为 PADI 全球海洋大使。他认为，每个人一次微小的环保行动，就能治愈我们的蓝色星球。正是带着这份对海洋的厚爱，他携手 PADI，号召更多人加入"海洋守蔚者"的行列，和 PADI 一起寻找十亿海洋火炬手，一起探索奇遇，守护蔚蓝。

黄渤身体力行，在海里进行了 PADI 打击海洋垃圾专长课程（Dive Against Debris）的训练和水下实践活动。经过水底的探索和搜寻，从水下捡拾到多达 7000 克的塑料瓶、玻璃瓶、废弃鱼线以及金属制品等海洋垃圾，并进行了分类处理和数据记录。黄渤表示，希望可以为海洋生态贡献自己的力量。

"我们呼吁大家共同参与为海洋发声，并从自己做起，细心呵护我们地球的心脏。善待蔚蓝的海洋环境，就是善待人类自己。"

2020 年 9 月 25—26 日，黄渤在三亚开启海底直播首秀，挑战水下任务，为海洋保护公益事业助力，以此呼吁全社会关注和保护海洋生态环境。

25 日的 1 小时 40 分钟的直播，最高同时 10 万余网友在线观看，累计获得 100 余万次的点赞量。主播黄渤与副主播等人先后在蜈支洲岛水域与水下公益天使一起完成了寻找"水下精灵""你画我猜"、寻找"珊瑚幼儿园""水下舞蹈"、寻找"魔法邮筒"等海底任务的挑战，将"心愿石"投递到"魔法邮筒"中，帮助网友圆梦深蓝。

在 25 日的水下直播最后环节，黄渤与三亚市体育旅游协会会长、海南趣玩水运动有限公司执行总裁、蜈支洲岛旅游区品牌总监及 PADI 中国区高级地区经理共同潜至水下 8 米深，为"蜈支洲岛及 PADI 海洋环保志愿者联盟基地"标志揭幕。该标志造型为高 3.6 米的巨型铁锚，寓意所有守护蔚蓝者的坚定决心。

两天两场直播活动，黄渤多次呼吁观众减少一次性塑料制品的使用、出门携带自用水杯或便携餐具，这是黄渤此前发起的"筷乐行动"系列公益活动的一次延伸。他希望通过直播带领网友感受和认识海洋的同时，能引发人们对海洋生态环境的关注和思考，借此传递环保理念，让更多人加入环保行动中，从身边一点一滴的小事做起，为改善生态环境而努力，将"筷乐行动"推行下去。

2021年3月30日，快手直播平台与黄渤共同发起了一场持续两个月之久的"赶海"活动，与广大快手创作者、用户一起，在感受大海馈赠的同时，也为保护海洋环境贡献自己的一份绵薄之力。

在此次活动中，以发起人身份出现的黄渤，也不仅仅是为了与大伙儿一同"赶海"，更多的是希望通过本次活动，呼吁大家热爱大海、保护大海、救助濒危海洋动物。有黄渤这样一位身体力行的海洋卫士牵头，快手此次"赶海"活动变得更加有意义。在活动中，发起人黄渤也发布了"赶海"活动视频。视频中，他表示，赶海人的日子充满奇遇，也有永远猜不到的惊喜，一虾一贝，感激自然赏赐；海上烟火，也是理想生活。同时，他也不忘呼吁大家，在"赶海"过程中一定要注意保护环境，遇到海洋垃圾记得随手带走。

海洋环境保护要由心出发。当前我国正在积极推动海洋垃圾问题的国际合作和全球治理工作。自20世纪90年代起，我国陆续缔约或签署了多项国际环境公约，并参加了包括"西北太平洋行动计划""东亚海域环境管理区域合作计划"等在内的国际应对海洋垃圾污染防治工作。同时，我国依托西北太平洋行动计划机制，积极开展合作研究，并不定期组织海滩清扫活动等，取得了良好成效。

作为全球海洋大使的黄渤，深知海洋环保任重道远，他要从始而终，做得有声有色。"渤哥以一己之力带动大家，让更多人投入环保，把后续的可持续工作做得越来越好。"网友们说，"环保应该是个动词，而不是名词，渤哥一直在奋力前行，我们也跟随渤哥，从自己做起，以简单的选择，带来伟大的改变！"

是的，正像一篇报道中所说：从呼吁减少一次性塑料制品的使用，到号召身边更多人身体力行地为海洋环保出一份力，仰望星空，遥望海洋，保护海洋环境，黄渤一直在路上……

第八章
浪花里的歌

松花江水波连波
浪花里飞出欢乐的歌
歌唱天鹅项下珍珠城唉
江南江北好景色……

一曲悠扬欢快的《浪花里飞出欢乐的歌》，把人们带入了碧波荡漾、风平浪静的境界，眼前一片大好风光，胸中一派心旷神怡。这是 20 世纪由作曲家王立平为纪录片《哈尔滨的夏天》写的歌曲，歌唱的是松花江两岸的景色。

当然，江河是远不能与海洋相提并论的，但也不无关系。众所周知，泉水从大山里发源，点点滴滴，聚成了一道道小溪，淙淙流过山野，越过丛林，汇成一条条大江大河，进而九九归一，百川东去，流入了大海。所以，那波光粼粼的水面具有同样的歌，就不足为奇了。

歌唱江河，也就是歌唱大海。而这就需要无数奋战在海洋战线上的文化工作者们，用手中的笔、心中的情、口中的歌，描绘出一幅幅激动人心的多彩多姿的海洋画面，激励着无数"海洋人"去劈波斩浪、建功立业……

"海之梦"的追寻者——洪华生

在共和国的东南方向，有一个风光秀美、富饶开放的海滨城市，尤其是拥有国际历史社区世界文化遗产的鼓浪屿。对了，这就是闻名遐迩、令人神往的美丽厦门。由于自古以来，厦门就适合白鹭栖息，故又称鹭岛。如今，厦门航空公司飞机上的标志，就是一只展翅奋飞的白鹭。

厦门，位于福建省东南端，西界漳州，北邻南安和晋江，东南与大小金门和大担岛隔海相望，由本岛的厦门岛、离岛鼓浪屿、西岸海沧半岛、北岸集美半岛、东岸翔安半岛、大小嶝岛、内陆同安、九龙江等组成，陆地面积1 699.39平方千米，海域面积390多平方千米。21世纪以来，厦门逐渐成为现代化国际性港口风景旅游城市，其中的"厦门国际海洋周"是一张特殊的名片。

听海，大家都想听鼓浪的欢快，而不是大海的呜咽，这样的"海之歌"尤其需要国际的参与，共和这曲蓝色的"国际交响"。当了解海洋、经略海洋、探索海洋成为越来越多国家的普遍共识和行动时，厦门不仅向世界贡献了海洋治理的"厦门模式"，还积极搭建了厦门国际海洋周这样的国际化平台，踊跃发展"蓝色伙伴关系"，分享传递"海洋命运共同体"理念。

2020年，我国人民在党中央国务院的坚强领导下，众志成城，取得了防控新冠肺炎疫情的初步胜利，稳定了局面，成为全球最安全的国家。11月24日，第十五届"厦门国际海洋周"如期开幕了，在主论坛上，一位鬓发斑白、戴着一副近视眼镜的女教授走上讲台，主持会议。她就是当年提议并促成"厦门国际海洋周"建立，一生追逐"蓝色梦想"的厦门大学洪华生教授。

别看她已经76岁高龄了，可依然思维敏捷、身手矫健，常年活跃在海洋科普、海洋环保、海洋文化传播等活动中，培养的奉献于国家海洋事业的学生更是"桃李满天下"。一年一度的"厦门国际海洋周"主论坛，组委会总是邀请洪华生教授担任主持。大家说，只要洪教授在场，心里就感到特别踏实。是啊，她是最早重视海洋经济发展、生态环境保护的学者之一。

如何平衡城市经济发展和海洋生态环境保护，这是一道世界难题。早在 20 世纪 90 年代，厦门就推出了一系列规范海洋资源开发的措施，逐步建立了"立法先行、集中协调、科技支撑、综合执法、公众参与"的海岸带综合管理模式。厦门成为了东亚海域海洋污染预防与管理的示范区，来学习厦门模式的世界海洋组织和学者络绎不绝。

2004 年，"第二次技术创新与管理抉择国际环境会议"在厦门召开，洪华生教授参与会议的组织，会后向当时厦门领导人提出："现在大家都赞赏厦门美丽的生态环境，认同海洋综合管理的'厦门模式'。瑞典斯德哥尔摩有个'国际水周'，可以借鉴他们的经验，搞厦门国际海洋周，他们关注的是淡水，我们这边是海水。"

厦门市委、市政府欣然接受了这个提议。第二年——2005 年，"厦门国际海洋城市论坛"正式举办，来自世界各地的 300 多名海洋城市市长和代表签署了《厦门宣言》，共同探讨世界海洋城市的可持续发展途径。2007 年，"厦门国际海洋城市论坛"提升为"厦门国际海洋周"，不仅持续推动了海洋的国际合作与交流，也成为厦门的又一张烫金名片。

这些年，论坛话题从"海洋城市水资源的可持续利用""海岛保护与可持续利用"到"规划海洋经济发展新格局""共建 21 世纪海上丝绸之路""发展蓝色伙伴关系构建海洋命运共同体"等，日益深入人心。厦门通过举办国际海洋周，更好地讲好中国故事、宣传中国方案……

洪华生教授总结道：一年一度的"厦门国际海洋周"已发展成为集国际海洋论坛、海洋专题展览和海洋文化活动于一体的国际性年度海洋盛会。厦门国际海洋周在加强海洋领域的国际合作与交流、推进海洋资源可持续利用、推动海洋经济可持续发展和提高公众海洋意识，提高厦门的知名度和国际影响力等方面的作用逐渐凸显。

风起海洋周，更吹动了海洋意识的种子，让它在人们的心里生根发芽。推动蓝色经济发展，共同增进海洋福祉，传递海上丝绸之路共商共建共享的海洋命运共同体理念，打造公众广泛参与的海洋文化嘉年华。在新时代，厦门国际海洋周，会与更多的蓝色伙伴共奏这曲"蓝色交响"，追逐"蓝色梦想"。

洪华生，这位改革开放以来首位"海归"的海洋学女博士，沿承了大海的坚定与执着，同时也具备了海一般宽广的胸襟和气度，成长为我国海洋环境科学知名的学术带头人，把自己毕生的才学献给了美丽的海洋。

她是怎样一步步走来的呢？

菲律宾首都马尼拉，一座风光绮丽的热带花园城市，洁白如玉的菲律宾国花——萨巴基他茉莉花随处可见，到处散发着馨人的香味；道路两旁，高大挺拔的椰树和苍翠的棕榈树，花木掩映，充满着勃勃生机。1944年7月17日，洪华生就出生在这个美丽的城市，直到1954年她离开了菲律宾，同家人回到了祖国厦门鼓浪屿。

碧海环抱中的鼓浪屿，岛上海礁嶙峋，岸线迤逦，山峦叠翠，峰岩跌宕，大自然鬼斧神工造就了鼓浪屿明丽隽永的海上花园风光，有"音乐之岛"的美称。鼓浪屿名人史迹众多。这里是民族英雄郑成功史迹保存极为完整的区域之一，有郑成功为收复台湾操练水师的水操台、石寨门遗址；有中国现代妇产科医学奠基人林巧稚、中国语文现代化先驱卢戆章、中国现代体育启蒙家马约翰等的故居。岛上大批珍贵的摩崖石刻，虽历经风雨洗礼，依旧保存完好。

洪华生大部分的少年时代都是在鼓浪屿度过的，受到了鼓浪屿独特的婀娜多姿的自然风光和积淀深厚的文化底蕴的熏陶。莱蒙托夫这样描写过大海："蔚蓝的海面雾霭茫茫，孤独的帆儿闪着白光！下面涌着清澈的碧流，上面洒着金色的阳光……"

可以想象这样一个场景：点点白帆，在天水一色的湛蓝海面上或近或远，慢慢漂浮着、移动着。大海是那么美丽，那么广阔，那么神秘。温柔平稳的海波，汹涌翻滚的潮水，盘转飞翔的海鸥，都给洪华生的童年生活带来了无尽的回忆。洪华生离不开大海：开心的时候，她喜欢与浪花追逐嬉戏；难过的时候，她喜欢向贝壳倾诉心声；迷茫的时候，她喜欢沿海岸奋力奔跑。

大海，对洪华生而言，既有着母亲的慈祥，也有着父亲的胸怀，更有着朋友的关爱。所以，洪华生从小就对大海有着别样的情怀，有着一个蓝色的海之梦。也正是这个蓝色的梦想，让洪华生坚定了自己的信念，从不退缩、从不怯懦。许多年过去了，洪华生对海洋的热爱越来越浓烈，如今，她依然保持着一

人与海

有闲暇时间就到海边走走的习惯，她的工作与生活，都和海洋有着密不可分的联系。

1967年，"文化大革命"风云席卷全国，23岁的洪华生从厦门大学化学系毕业了，只能像大多数人一样，响应"接受工农兵再教育"的号召，来到了北大荒军垦农场这广阔天地。柔弱的她在零下40度下地干活，后又到了武汉钢铁公司在零上40度的火炉旁烟熏。"十年动乱"岁月让她产生过伤感，让她倍感无奈，甚至产生过对未来的迷茫。但心中还有那一片蓝色的海洋，她的梦想从未消失。

1978年一声春雷，带来了科学的春天，国家百废待兴，恢复高考以后大学又开始招收研究生，此时洪华生在武汉钢铁公司冷轧厂车间工作，34岁的她已经是两个孩子的母亲，小儿子还需要照顾，但心中"海的梦想"重新抽出了嫩绿的叶芽。"人生如梦，要把梦想变成事实。"这是洪华生最喜欢的一句格言，她清楚地知道，这是将自己大海的梦想变成现实的机遇到了。

在家人的支持下，洪华生作出了报考研究生的决定。当时距离考试只剩下一个半月，而她只得到请假两个星期的复习时间来重新拾起丢下十年的书本。洪华生勇敢地迎接了人生的挑战，凭着扎实的基础和心中永恒的追求，终于考取了厦门大学海洋系硕士研究生，为实现自己蓝色的梦想迈出了关键的一步。

1980年，进一步出国深造的幸运降临到洪华生身上，她作为国家首次选拔的公派出国留学研究生赴美国罗德岛大学海洋研究生院攻读海洋学博士学位。刚到美国的时候，在异乡的孤独感和失落感曾让她在梦中惊醒，孩子们哭喊着要妈妈的景象总是浮现在眼前，对孩子和丈夫的思念，对父母的惦记，让她无比怀念在国内的日子。但是，正是那份不灭的理想追求，让洪华生在忍受思乡之情的同时，坚定地走过了在异乡的四年求学路程。

为了克服语言障碍，洪华生带着录音机去上课，把老师讲的内容录下来，下课躲到没有人的地方认真复习。一遍听不懂，就听两遍，两遍不懂，就听三遍，直到自己能够完全理解。洪华生戏言，她在国外过着"修女"般的生活，每天晚上，洪华生都泡在图书馆苦读，在实验室里过夜也是家常便饭。在别人放松娱乐的时候，洪华生经常与书本为伴，与录音机为伴。四年中，她只回国一个月。正是这样的坚持，洪华生获得了所有同学的尊敬与老师的认可。

　　1984 年，洪华生用了 4 年时间完成了 5 年的学业，必修的 13 门功课中，她取得了 12 门的 "A"，以优异的成绩获得美国罗德岛大学海洋学博士学位。在同班 31 位不同国籍的同学中，洪华生的总平均成绩是最高的。洪华生的指导教授说，能用这么短的时间获得博士学位的学生，在他的教学生涯中是史无前例的。而且洪华生当时在国际上率先突破了海水不同价态现场痕量铁测定的难关，提出了有生物参与的光化学反应控制机制新观点，1986 年关于铁研究的代表作，成为海洋铁研究的经典文献。但毕业的时候，洪华生还是婉言拒绝了导师的挽留，怀着报效祖国的信念，毅然回到厦门大学，成为新中国第一位公派留学后归国服务的海洋学女博士。从这以后，她开始了实现自己蓝色海之梦的征途。

　　依山傍海的厦门大学，海洋学科有百年历史，曾被称为 "中国海洋学的摇篮"，1946 年成立了我国第一个海洋系，在中国海洋学研究领域的许多方面都处于前沿。可是在 20 世纪 80 年代初，我国海洋学领域的许多方面已经远远落后于西方发达国家，无论是硬件还是软件，科研条件都非常差，一切几乎要从零开始。

　　洪华生回国后凭着一股不服输的劲头儿和坚定的信念，开始我国海洋生物地球化学这一前沿新兴交叉学科的实验室建设和人才培养。此后 25 年中，洪华生主要开展台湾海峡及毗邻河口海洋生源要素和有机污染物的生物地球化学及海岸带综合管理与可持续发展的科研工作。

　　大海给洪华生的感觉是多样的，有时它是那么温柔，轻抚人心；有时它是那么无情，一个浪打过来就会把人吞没。从事海洋科学研究，需要经历各种各样的风浪。在厦门大学执教以后，带领学生到海上科考成为家常便饭。

　　洪华生教授带领学生在台湾海峡里乘风破浪近 30 年。1988 年洪华生第一次带队上 "东方红" 船到台湾海峡科学考察，刚开始船长不喜欢女性上船，可是后来看到她对海洋考察那么认真，那么无畏，即使晕船，也坚持着吐了再干。她那坚持不懈的精神感动了老船长，第二天，老船长亲自给她一盒压缩饼干，还在深水取样的时候亲自到甲板上指挥。

　　海洋天气是多变的，时而阳光灿烂，时而急风暴雨，给海上作业增添了辛苦，因为每隔一个多小时就要到站点取样。每次取样，洪华生都亲力亲为，所到一站，都会亲自组织学生一起取样。一天 24 小时，洪华生几乎很少睡觉，这样连续工作两三天才能下船。她一直这样告诫她的学生：你要了解实际，就应该走到现场去，而且一定要到大风大浪中去接受考验。

正是在这种信念的支撑下，她和学生在台湾海峡考察中遇到台风，甚至被台风追赶着跑，她也从来没有放弃。海上科考所遭遇的这些艰苦，洪华生从不对人提起。每次出海调研，她依然是第一个踏上甲板的人。

在学生们眼中，洪华生对于海洋事业燃烧的激情以及对学生的无私关爱给予他们的是榜样的力量。对待学生，洪华生甘当人梯。她觉得要成为一名优秀的教育工作者，必须要关爱所有学生，给每个学生提供公平的机会，让他们都有表现自己、施展才能的空间。在学术研究过程中，洪华生是一位严师，而在生活中，洪华生却是一位慈祥的母亲，有时候甚至是一个知心的朋友。

几十年过去了，洪华生培养出众多海洋环境领域的优秀人才，她的学生中有不少已经成为厦门大学海洋和环境学科的中坚力量。"青出于蓝而胜于蓝"，这是她作为老师的最大欣慰。她曾培养的 48 名博士中，1 名已成为院士、3 名成为国家杰出青年科学基金获得者，还有的成为全国人大代表、全国三八红旗手，有 16 人已经成为大学的教授，并且还是博士生导师。洪华生曾开玩笑说，她现在已经是海洋环境及相关领域学生的"曾奶奶辈"了。

洪华生教授重视搭建平台，筑巢引风。2005 年，她创建了我国首个海洋环境科学国家重点实验室，取得国内外引人注目的成就，为确立我国海洋生物地球化学的国际地位奠定了基础。"近海海洋环境国家重点实验室（厦门大学）"已经两次被评为优秀，已聚集和培养了一批优秀的海洋青年人才，成为我国具有国际影响力的海洋与环境科学研究和教育的重要基地。

同年，她还组建了厦门大学文理工学科交叉的海洋与海岸带发展研究院。为了更好地培养能与国际海洋事务接轨的人才，满足国家对海洋经济发展、海洋权益维护和海洋生态保护的人才需要，2006 年和 2012 年洪华生又分别建立了中国第一个国际海洋事务硕、博士点，培养海洋政策、海洋法律、海洋经济、海洋与海岸带管理等专业人才，并亲自用英语给来自世界各地的学生讲述海洋科学和可持续发展的课程。

这些学生有来自美国的，有来自亚洲、非洲的，还有来自欧洲的。洪华生给这些学生讲课的时候，特别认真仔细。她的课一般都要讲 3 个小时，除了中场 15 分钟的课间休息，她都是全程站着授课，即使到了 60 多岁的年龄，依然不改这个习惯。她觉得讲好课是自己的责任，是作为一名老师最基本的工作，而要讲好课首先要讲得有激情，学生才能听得有激情。作为讲课的老师，要想得到学生的尊敬，首先就得尊重听课的学生。

洪华生认为，科学研究的目的不只是纯粹的理论探讨，最终落脚点是为民众谋福利。"民生"二字永远是洪华生教授心中最为关切的字眼！她说："作为一名海洋科技工作者，有责任、有义务为海洋经济发展和海洋环境保护以及民生福祉作出力所能及的贡献。"翻开洪华生教授的工作日志，"海洋防灾减灾""饮用水安全""流域-海洋污染综合整治"这些心系民生大事的关键词汇赫然显现。

近年来，海洋灾害如海浪、海啸、台风及其引发的风暴潮、赤潮等频繁发生，给我国沿海地区造成了巨大的经济损失，也给沿海城市带来重大的人员伤亡及物质损失。面对如此众多的严重的海洋灾难，建立健全海洋预警系统是减灾防灾的重要举措。洪华生根据国家和社会的重大需求，立足于造福百姓，积极推动争取科技部"十五""863"计划重大专项——"台湾海峡及毗邻海域海洋动力环境实时立体监测系统"示范区在福建落地。

从 2001 年起，洪华生担任了"十五""十一五"福建示范区的首席科学家，主持制定示范区的建设和实施方案。洪华生亲自组织了海洋动力环境实时立体监测体系建设，凭借丰富的学识以及人格魅力，吸引了一批海洋学领域的专家学者来到福建贡献力量。在她的带动下，不同海洋单位的工作人员同心协力地推动这个复杂而庞大的系统工程，帮助相关地方在台湾海峡及其周边海域建立了一个实用的、实时的、业务化运行的海洋环境实时立体监测系统。经过 20 多年来的不断创新和发展，福建海洋管理部门已建成国内领先、国际先进、国内持续业务化运行时间最长的区域性海洋立体实时观测网和精细化、智能化海洋网格预报业务系统。在海洋灾害和海难救助方面发挥了很大作用，

海峡两岸一水之隔，地理相近，灾害相似，保障两岸人民的生命和财产安

全，维护台湾海峡海上安全，造福海峡两岸人民是两岸共同的责任！洪华生教授还极力推动海峡两岸在防灾减灾方面的学术交流与合作。作为发起人之一，从 2009 年第一届开始至今，她已分别在厦门、平潭、武汉和台湾基隆、金门、澎湖等地召开了九届会议，交流的议题包括海洋环境监测及预报技术的研究和应用、台湾海峡海洋灾害监测及预报、台湾海峡海上事故搜救辅助决策系统、两岸海洋经济发展之生态与环境安全保障、海洋环境大数据与人工智能等。参加单位有两岸的院校，有实务部门、企业等。"海峡两岸海洋环境监测及预报技术研讨会"已成为两岸学者在海洋领域交流合作、增进情谊的重要平台。

联结流域–河口–近海的海岸带是海陆交互作用的关键地区，又是人口密集及经济高速发展的区域，对全球变化（自然过程和人类活动）引起的环境胁迫作用响应敏感。随着人类活动的加剧，大量的污染物通过多种途径被排放到海岸带水环境中，引起的环境污染和生态系统退化，威胁到人类生存的空间以及经济的发展，如何保护海洋和开发海洋，合理利用好海洋资源，一直都是科学家们不断探索的课题。

我国是世界上海岸线最长的国家之一，拥有丰富的滩涂资源、海洋渔业资源、海洋矿产资源、港湾资源、海洋旅游资源、海洋能源等海洋自然资源。改革开放以来的短短二三十年时间里，我国海洋资源开发、海洋环境保护等各个领域迅猛发展，形成了环渤海经济圈、环黄海经济圈、环东海经济圈及环南海经济圈，沿着 18 000 千米海岸线到处可见沿海地区海洋经济的开发热潮。

在走向海洋的过程中，有没有过度开发的现象呢？答案是肯定的。经过二三十年的海洋开发，我国的渤海、黄海、东海、南海等海域，污染状况都十分严重。人类活动产生的污染物质通过直接排放、河流携带和大气沉降等陆源输送方式已严重影响着海洋生态环境质量，因此控制陆源污染对保护海洋生态环境至关重要。

如何来控制和消减污染？这些都是国家和沿海地区各级政府所面临的重要任务，也是洪华生这些海洋环境专家不断探索、不断研究的问题。自 20 世纪 90 年代末起，洪华生教授就开始组织研究团队，依托现场连续观测，结合模型模拟、同位素示踪、"3S"等多技术集成的研究手段，选择九龙江—厦门湾—台湾海峡近海作为研究区域，系统研究流域—河口—近海氮磷等的产生、迁移、转化和流失等生物地球化学过程，定量评估系统各界面营养盐氮的来源和输出贡献；推动建立跨部门、跨地区的流域-海洋水环境信息共享平台，推进以生态系统为基础综合管理体制的建立，为流域-海洋交界断面的污染通量控制、污染溯源及整治、水环境突发事件预警及处置、生态补偿及赔偿等提供管理技术和决策支持。

2010 年，洪华生教授参加了中国环境与发展国际合作委员会"中国海洋可持续发展的生态环境问题与政策研究"项目之子课题：陆源污染对海洋环境影响。课题系统分析了陆源河流输入、大气沉降以及海上活动等其他来源的主要污染物排放状况，及其对海洋环境、生态系统及海洋经济的影响，分析了我国海洋环境未来面临的巨大挑战及我国陆源污染管理中存在的问题。在此基础上，提出了减少陆源污染对海洋环境影响的政策建议，包括：①实施基于生态系统的区域海洋管理，建立从流域到海洋的综合管理机构和协调机制；②完善现有水环境管理的法律法规，制定综合的流域-海洋管理政策；③建立有效的区域水环境保护的约束机制及激励机制；④在流域-海洋尺度建立与环境保护责任相匹配的财政政策；⑤完善水环境监测体系，实现流域-海洋信息共享。

她提出的综合管理的整体方向是：确立从流域到海洋、从科学到管理的研究思路，整合科学、技术、工程等研究力量，重点研究流域—河口—近海综合管理中的关键科学技术问题，包括饮用水源安全保障、非点源污染控制、水环境动态模拟预测预警、富营养化控制与管理、生态系统管理策略、极端气候风险评估和管理、风暴潮预测预报技术、区域信息共享平台研发等，为流域—海洋综合管理和海岸带可持续发展提供强有力的科技支撑。

饮用水安全事关国计民生与社会经济发展，水环境安全与饮用水源保障成为国家和地方的重要战略，也是公众最关心的一个民生问题。厦门为东南沿海城市，可用淡水资源十分匮乏，80%的水源都来自九龙江引水，早在 20 世纪末就被列入全国主要缺水城市，九龙江流域北溪江东库区是厦门市饮用水主要取水口。2009 年 2 月九龙江北溪下游江东库区发生大规模甲藻水华，厦门的饮用水安全一度受到了严重威胁。

洪华生教授基于多年在九龙江流域的研究基础，2010 年组织开展"厦门九龙江北溪江东库区饮水源安全科技保障平台"的研究，已近70高龄的洪华生教授不辞辛劳，多次亲临江东库区现场实地考察，指导浮标布放和数据采集，并深入九龙江流域的浦南和郑店水文站等基层监测单位共同探讨，以深入了解水华暴发的机制及过程。

　　同时，联合厦门市海洋监测站组织开发了一个集空间信息管理、预测模型应用和可视化辅助决策的江东饮用水源地环境监测、预警和信息共享服务平台。多年来，该平台广泛服务于厦门市水环境管理多个相关部门的工作，包括水环境监测部门的水质监测预警、水务部门的饮用水源水质分析、政府管理部门的突发环境事件的应急辅助决策和水源地污染防控会商等，集空间信息管理、预测模型应用和可视化辅助决策为一体，为九龙江饮用水源安全保障提供有效的科技支撑。

　　除了专业的学科研究，海洋的环境保护问题最重要的还是依靠广大公众的积极参与。早在回国之初，洪华生就意识到培养公众环保意识的重要性。于是，她不遗余力地推动公众海洋保护意识的提高，身体力行地推动宣传海洋可持续发展和生态保护的各种活动。

　　1997年，在洪华生的积极带头努力下，厦门市人民政府与厦门大学共建成立"厦门海岸带可持续发展培训中心"，安排了系列管理科学发展知识专题讲座，提高干部的海洋意识，了解海岸带可持续发展的基本知识。2001年，由国家海洋局、厦门市人民政府和厦门大学签署共建"厦门海岸带可持续发展国际培训中心"协议书，并争取东亚海洋环境管理合作机构（PEMSEA）的参与和支持。这个中心也被 PEMSEA 项目办公室指定为海岸带综合管理的区域培训基地，2020年获国际组织 PEMSEA 认定为区域卓越中心。数百名国际官员通过培训，深刻了解了厦门市海洋综合管理模式的运用经验。

　　已退休多年，一直担任厦门大学特聘教授、环境科学与工程系博士生导师的洪华生，为环境科学与工程系新生做了学科专业入门指导讲座，题目就是：探索海洋。

　　人类为什么要探索海洋？洪教授围绕着这一主题展开讲解。她说："地球的表面有70%被海洋覆盖，并且海洋拥有地球97%的水量。若是没有海洋，生命也不会存在，地球上的生物会陆续消失。这便决定了海洋是维持地球生态系统的基础。而在 2500 年以前就曾有古希腊的海洋专家狄末斯托克预言：谁控制了海洋，谁就拥有世界。这一句并非空话，事实证明，10 个巨富国家中有 8 个是临海国家。"

为什么海洋能够带来如此多的效益？洪教授给同学们做了详细的讲解。她指出："我们对神秘而浩瀚的海洋了解甚微，尚有 95% 未被人类探索，海洋至今仍存在许多未解之谜，如百慕大魔鬼三角，还有一系列处于深海底未被探索出来的生物等。海洋是一个丰富的资源宝库，它不仅有可燃冰、深海矿产、生物资源和水资源，同时还是蓝色通道以及国家的国防前沿等。随着陆上资源的逐渐耗竭，人类更迫切于去开发海洋这个蕴藏着丰富能源、生物资源、水资源的资源宝库。"

最后，洪教授给大家介绍了海岸地区现在所面临的严重的环境污染问题，人类不仅要探索海洋，开发海洋，更需要保护好海洋。洪教授的介绍让同学们深受震撼，更让同学们深刻意识到作为一名环境科学与工程专业学生的责任。洪教授还和同学们一起热烈讨论如何更好地保护海洋的问题。同学们积极思考，出谋划策，争相发表自己的见解，赢得了洪教授的好评。

1998 年，通过加拿大国际发展署资助的项目，洪华生带领团队在厦门率先引入以公众为基础的环境管理新理念。组织学生协会，妇女协会和村民参加一系列活动，举办中学生人与自然夏令营，开展海滩侵蚀监测、开展海岸红树林植树活动等，提高了大中学生及公众的参与意识和能力。使保护沿岸红树林，保护海湾的生态系统，保护生物多样性，提高滨海环境质量成为大家共同参与的事。

举办环保绿色论坛。2001 年 11 月由全国人大环境与资源保护委员会、国家环保总局和厦门市人民政府共同主办的首届中国国际城市绿色环保博览会在厦门成功举行，绿博会围绕"绿色城市、绿色经济、绿色生活、绿色文明"这一主题，倡导城市可持续发展。洪华生担任了组委会和学术委员会的副主任，帮助组织厦门市高校大学生绿色环保论坛等。厦门人民环保意识强、坚持绿色文明，走在了全国生态文明建设的前列。

2004 年，推动厦门创办"国际海洋周"，这是集国际海洋论坛、海洋产业专题展览和海洋文化活动于一体的年度国际性海洋盛会，致力于打造一个加强

人与海

国际海洋交流与合作，促进海洋产业可持续发展和提高公众海洋意识的重要平台。

让洪华生最欣慰的还是公众环保意识的逐渐改变。沙滩排球赛、沙滩音乐会、各种游泳比赛，这一系列的围绕大海而展开的活动，充分促进了当地公众环保意识的提高。看到市民及外地游客享受这一片美丽的沙滩，享受这一片湛蓝的大海，洪华生感到无比开心。

走进海滨城市厦门，几乎每一位客人都会被这里的美丽海湾所折服！但也许很少有人知道，在这美丽海洋风光的背后，有着多少个像洪华生这样的科学家在辛勤地耕耘着。

身为福建省政协第六届副主席以及第八届、第九届、第十届福建省人大常委会副主任，在福建省的"两会"期间，她都积极为我国和地方海洋事业进言献策。另外，1957 年成立的国际海洋研究委员会（SCOR）已成为国际海洋界历史最长、规模最大，学术影响也最大的非政府间学术组织。中国海洋研究委员会成立于 1984 年，是我国参加 SCOR 的全国性代表机构，其宗旨主要是增进我国海洋科学界与国际之间的相互了解、交流和合作，团结全国海洋科学工作者，繁荣我国海洋科学事业。洪华生于 2002—2011 年担任第七届、第八届、第九届中国 SCOR 的主席，2006—2010 年还当了两届 SCOR 副主席，为我国海洋研究走向世界作出了特殊贡献。

大海成就了洪华生伟大的梦想，大海也造就了她优秀的品格。海边生，海边长的她，由内到外浸润着海洋的气息。她沿承了大海坚定的信念，远见的目光，同时也具备了海一般宽广的胸襟和气度，从她身上时刻散发出的不计得失，不重回报的默默奉献精神，给予、付出时刻跟随着她，如同日光下海面上跳跃的粼粼金光，闪闪耀眼。

洪华生现为近海海洋环境科学国家重点实验室（厦门大学）名誉主任。多年来，随着在海洋环境领域的教学和实践方面获得的一个又一个成功，一个个荣誉接踵而至："全国优秀归侨、侨属知识分子""全国海洋科技先进工作者""国家环保总局'环境使者'""福建省政府优秀专家""福建省'三八'红旗手标兵""福建省五一劳动奖章""2010 年度海洋人物""2012 年度曾呈奎奖突出成就奖"等。这些闪烁着耀眼光芒的头衔，凝聚着洪华生辛勤的付出。

　　人生是短暂的，事业是永存的。只有认准目标，坚持不懈地拼搏，才能在人生道路上有所作为，使梦想变成现实。这是洪华生教授的生活感言。现在，国家提出加快"海洋强国"建设，福建在海峡西岸经济区建设中提出"海洋经济强省"。洪华生教授觉得这蓝色的海之梦已经不仅仅是她个人的梦想，而是国家、人民的梦想，"海浪滚滚，生生不息"，还有更多蓝色的梦去追寻，让梦想成为现实。

　　阳光下的大海熠熠生辉，给予人类无尽的宝藏和资源。海洋是一个奇妙的世界，对已知的再开发，对未知的去探索，都会是一条十分漫长的路。只要涌现出越来越多的像洪华生这样"海之梦"的追寻者，人类与海洋将会相处得越来越和谐……

"海味"园丁——白刚勋

那是一个初夏的下午，我们饶有兴致地来到位于青岛市城阳区的山东省青岛第三十九中学新校区。青山绿水映照下，只见一座座现代化的教学楼、图书馆和体育馆，黄墙红瓦，错落有致，如同童话里的城堡一样矗立在美丽宽阔的校园中。

最令人欣喜和振奋的是，这所中学竟然有一个海洋科技楼，而且特聘了几位海洋学博士做教师，可以指导学生们做实验、写论文。我们在校长白刚勋、副校长王振敏和博士老师白晓歌的引领下参观了这所学校。

走进海洋科技楼大门，最先映入眼帘的是位于大厅中央的圆柱形鱼缸。鱼缸里生活着各种各样的海洋生物，它们都来自本校的海洋生物养殖实验室，有色彩斑斓的珊瑚、憨厚可爱的小丑鱼、体态轻盈的彩色水母、会培育宝宝的海马爸爸，以及有"海底清洁工"之称的海参们。

登上二楼，是学校与青岛水族馆共同设立的海洋生物科教馆，包括海洋生物标本馆和海洋生命演化馆两部分。当看到这么多鲸鱼、鲨鱼、棱皮龟、翻车鲀、中华鲟等标本时，我不由自主地问道："购买这么多标本得要花多少钱？"白晓歌老师自豪地说："我们一分钱也没有花，这些都是白校长凭他的人格魅力获得的支持。这些宝贝当初都是锁在水族馆仓库里的，白校长看到后和水族馆的馆长商量，争取水族馆的支持，他们就把海洋生物标本库建到了学校里，这些标本的产权还是水族馆的。"此外，他们还有人工智能海洋养殖实验室、海洋调查实验室、郑守仪院士实验室，这些实验室也是学校没有花一分钱，是中国海洋大学、中国科学院海洋研究所等单位投资建设，产权归投资单位，学校享有使用权和管理权。这是真正实现强强联合、资源共享的创举，这一创举使海洋生物标本真正"苏醒"过来，成为利用社会资源为海洋教育服务的典范。学校的海洋专业实验室里拥有一流的实验仪器：超净工作台、PCR仪、凝胶成像系统、荧光显微镜、光学显微镜、体视显微镜，等等。

交谈中，白校长自豪而欣慰地说："海洋教育是我们三十九中的一大特色，不仅拥有雄厚的师资力量，硬件设施方面也是一应俱全。目前，学校已建立了2个海洋生物实验室、1个海洋化学实验室、1个海洋地质实验室、1个郑守仪院士实验室、1个海洋养殖实验室、1个博士流动工作站、1个天文台观察室等，共计15个馆（室、站）。这些海洋教育实验室为学生进行海洋课题研究提供了有力的硬件支持。"

"太好了！早就听说你们的海洋教育全国一流，实地一看，更是让人眼界大开，由衷敬佩。你们是怎样做到的呢？"

还未等校长回答，一旁的王振敏副校长和白晓歌老师便笑了，几乎异口同声地说："答案嘛，远在天边，近在眼前，这些都是按照白校长的思路办成的。"

"哎，不能这么说，这都是社会支持和大家共同努力的成果。"

"火车跑得快，全靠车头带。"我和同伴赞同道："我们明白了，三十九中的今天，幸亏有了位白校长啊！"

1987年，刚满22岁的白刚勋从儒学气氛浓厚的曲阜师范大学毕业了，从此开始了他的"学而不厌，诲人不倦"的教育生涯。虽然学的是数学专业，然而在他的言谈举止中却流露出儒者的风范。在长达20多年的教学生涯中，他从一名普通的数学老师成长为当地著名中学的校长，后来又把中学教育与普及青少年的海洋意识结合起来，与海洋结下了不解之缘。

白刚勋获得成功并不是偶然的。他先从泰安二中的一名普通的老师做起，因向往大海，应聘来到山东省重点中学青岛二中教书育人，担任过教研组长、校长助理、副校长。2008年7月被调到青岛第三十九中学任校长。他先后在泰安市数学优质课比赛中获得第一名，山东省数学优质课比赛中获得二等奖；在省级刊物上发表文章6篇，获得过全国论文评选一等奖1篇，市级一等奖2篇，参加编写书籍3部，任教期间硕果累累。

青岛第三十九中学是一所拥有60年历史的名校，其前身是山东大学速成中学，当年山东大学校长华岗还亲自担任过速成中学的第一任校长。随着岁月的流逝，山东大学的一部分早已发展成为我国著名的中国海洋大学。2003年，青

人与海

岛市教育局与中国海洋大学携手共建青岛第三十九中学，从此，这所中学又增添了一个新的名字"中国海洋大学附属中学"。

青岛第三十九中学有着自己的特色，这就是艺术教育。从 20 世纪 80 年代开始，这所学校里走出的表演艺术家群星荟萃：唐国强、倪萍、王绘春、赵娜、王静、张山、陈好……这所学校因此被誉为"表演艺术家的摇篮"。目前，学校每年开设一定数量的艺术特色班，同时成立了军乐、民乐、管弦乐、合唱、舞蹈、表演等艺术团，为艺术特长生的成长提供了优良的条件和氛围。学校先后被授予"青岛市艺术教育特色学校""山东省中小学艺术教育示范学校"的称号。

2002 年，青岛第三十九中学的中学生艺术团还走出国门，成功赴澳大利亚访问演出。在和国外的交流过程中，从中吸收国内外先进的教育思想，不断创新，形成了自己独特的办学理念和教育思想。在"德智结合、德美一体、德体渗透"大德育观指导下，采取"严、爱、细、实、恒"的方法，坚持"制度化、系列化、主题化、主体化、人文化"的工作传统，促使学校德育工作积极发挥了管理、导向、保证、育人等方面功能，提升了校内育人的品位。

各种荣誉的获得是对青岛第三十九中学最好的解说。学校先后被评为青岛市规范化学校、青岛市精神文明先进单位、山东省艺术教育示范学校、青岛市"五四"红旗团委等称号，并取得了近 40 项集体奖。近几年来，青岛第三十九中学的声誉遍及国内外，不仅有 6 个国家的教育代表团来访问，而且还有近百批次、多达 2000 人的国内同行来校参观考察。

然而，新世纪与海洋的结缘，才真正拓展了青岛第三十九中学向前发展的新空间。

自从青岛二中调任青岛第三十九中学工作之后，白刚勋对学校的发展方向进行了长时间的调研和思考。作为中国海洋大学的附属中学，青岛第三十九中学怎样才能发挥海大的资源优势，拓展学校发展的新空间呢？

2008 年年底，白刚勋去看望中国工程院院士管华诗。

"管院士，请问您对我国目前中学教育有什么看法呢？"

"好啊，这可是个大题目。不过，我可以谈谈大学的学生发展情况。"管华诗感叹地说："以中国海洋大学为例，中国海洋大学海洋专业的许多学生入学分数很高，但有些学生缺乏对海洋的兴趣，缺乏一定的海洋专业基础和能力，更缺乏海洋专业发展的志向，对于毕业后是否从事海洋领域的工作还不确定，如果不改变这种现状，我国海洋事业的发展将受到长期影响。"

管华诗的感叹对白刚勋有很大的触动和启发。

于是，一个新的理念在他的头脑中酝酿：作为海大附中，要获得创新发展，就要加强中学教育与大学教育的有效衔接。

作为中国著名海洋大学的附中，如何充分利用海大优势资源，实现中学与大学教育的衔接，从而解决当前基础教育面临的普遍问题呢？白刚勋为此作了艰苦的探索和思考，寻找到了理智的答案，这就是海洋意识的提升和培养。这是一项系统工程，需要从基础教育开始创新培养方式，构建新的成才平台，这在当时没有可借鉴的经验。青岛第三十九中学要实施与中国海洋大学联合培养，需要找到一个富有特色的载体，这就是"海洋"。

白刚勋深有体会地说："来到三十九中以后，我切身地感受到海洋大学的资源优势，海洋科学、海洋文化、海洋工程等非常完美的课程体系，完全可以以科普的形式将这些课程资源前移到中学，以兴趣激发为核心，通过海洋实践考察和海洋课题研究等形式培养学生的实践能力和创新精神。"

有时候，一个不经意的事件可以引起一项专利发明，一个小小的生活细节可以让风暴在头脑里产生！开展海洋特色教育，也从一本薄薄的历史教科书中诞生了。

原国家海洋局有关机构公布了我国国民海洋意识调查结果，其中知道我国有约300万平方千米主张管辖海域的只有17%。绝大多数中小学生都把我国960万平方千米的陆地面积当成是国土面积。"海洋国土"的基本概念还没有深入人心，全民的海洋意识还没有实现重大的提升。能不能让我们的青少年像热爱陆地国土一样热爱海洋国土？这就需要我们的海洋教育要做到"从娃娃抓起"，在国民教育体系中建立起系统而有效的机制，深入浅出地推出教育计划。

可是，通过什么样的方式把中国海洋文明告诉孩子们，切实增强学生的现代海洋意识呢？这样的问题一直萦绕在白刚勋的脑海中。

一次带领学生参观"大洋一号"科考船期间，他发现船上大多数精密设备都是进口的，而且价格很高，有的一件就是几千万，他默默地算了一笔账，我

人与海

们养殖 1000 吨左右的对虾才能换取一件这样的仪器。"这就是海洋科技的力量!"他在惊奇之余,又不免感到一丝心痛,但也更加坚定了在中学基础教育阶段开设海洋特色教育的想法。

是的,我国海洋事业的发展,亟待培养高端的海洋人才,而要实现海洋强国梦,就必须重视基础阶段的海洋教育。他深有感触地说:"作为一个海滨城市的中学校长,特别是一个全国著名涉海高校附中的校长,我有责任去培养亲海、爱海、知海的人,有使命以海洋科学和海洋文化为载体,培养具有实践能力和创新精神的人,培养一批热爱海洋、投身海洋的有志青年。"

他认为,目前我国正处于发展海洋经济的重要历史时期,需要海洋创新人才的培养,在沿海省市中小学开设海洋特色教育尤为重要,海洋教育是实现海洋强国的需要,海洋兴则国兴,海洋教育必须要从基础教育抓起,基础教育时期的海洋教育直接影响着我国海洋事业的发展。

一个类似"风暴"的思想在他的头脑中闪现了,这就是把"海洋教育"带进中学课堂。毫无疑问,这是一个全新的命题。可是,仅仅是自己个人的判断还不够,还需要倾听各方意见。于是他开始采取行动,首先广泛听取中国海洋大学专家的意见,然后发动全校师生围绕中学的海洋教育展开大讨论。最后,经多方探讨商定,他毅然作出了决策:把海洋教育确定为青岛第三十九中学创新发展的特色。

这是一项开创性的事业,没有前人的经验可供借鉴。

白刚勋面临着重重困难和巨大压力,他一遍遍否定,一次次论证,面对家长、学生以及同事的质疑,他却从未想过放弃,依然选择了勇往直前。他通宵达旦地写方案,不停地走访海洋专家和教育部门。师生们总是能看到校长白天在组织专家论证、研究方案,晚上还要在空无一人的学校撰写举办海洋班的方案,经常挑灯加班到深夜。

学校办公室主任郑福刚说:"每次劝他要注意身体时,他总是说,'海洋的事儿不能拖,我多干点,学生就能早点圆海洋梦'。"他通过各种方式,使全校的师生认识到全民族的海洋意识亟待被唤起。他从加强青少年海洋意识教育入手,推进海洋知识"进学校、进教材、进课堂",让学生从小认识海洋、了解海洋、重视海洋。

　　功夫不负有心人。在白刚勋的艰辛努力下，2011年7月我国首个"海洋教育创新人才培养班"顺利招生，学校各项海洋教育工作逐步走向正轨，为全国基础教育海洋人才培养模式树立了一个典范。"在基础教育时期，开设海洋特色教育是我们义不容辞的责任，再苦再难也值得。"白刚勋说。

　　构建中学海洋课程体系开始成为海洋教育的重要任务。白刚勋表示，青岛第三十九中学的海洋教育刚刚起步，将重点完善海洋教育课程体系和人才培养方式的构建，重新编写高质量海洋教育校本教材，加强海洋基础设施配备。同时，建设海洋教育实验室、海洋教育资料室，建设海洋教育环境文化，形成海洋教育系列校本教材，研究海洋特色教育课题。

　　青岛第三十九中学的海洋教育实践探索引起青岛市教育科学规划办公室的高度关注。2012年，规划办公室把"中学海洋教育的实践研究"立项作为青岛市重点课题。从此，青岛第三十九中学走上了海洋特色教育科学研究的轨道，研究内容包括海洋教育课程体系建设、实施与评价，还包括学生管理模式、海上科考、课题研究等内容。白刚勋提出必须关注学生兴趣的激发和特长的培养，在此基础上指导学生将特长与大学专业选择进行对接。这就需要聘请各专业方面的专家与每个学生进行对话，为海洋班每个学生做特长和潜能分析，帮助孩子设计个性化人生规划，更加充分地挖掘学生个性潜力，从而真正实现学生"全面而有个性的发展"。

　　为此，40名海洋学专家教授成为青岛第三十九中学首批特聘的教师。黄海水产研究所、青岛海洋地质研究所、中国海洋大学名师的身影出现在学校每周一次的海洋知识讲座上。借着迈向海洋教育的良机，与原《中国海洋报》联手，搭建全国海洋基础教育平台，是白刚勋的一个重要目标。他认为："基础教育时期，要出版适合中小学生阅读的报纸杂志，搭建海洋基础教育交流平台。因此我们要积极争取承办原《中国海洋报》的'海洋教育专刊'，推动全国中小学开展海洋教育，激励他们创新研究，相互启发，相互学习。"

　　丰富多彩的海洋实践活动走进了青岛第三十九中学。学生们和管华诗、郑守仪等海洋科学家亲密接触；与"蛟龙"号载人潜水器的英雄们面对面交流，登上科考归来的"大洋一号"船向科学家请教。寒假中，中学生们有幸进入国家重点实验室进行实验，开展海洋课题研究，举行中学生海上科考活动；他们

人与海

还在暑假远赴美国，进行海洋游学活动。

青岛海洋地质研究所国土资源科普基地、黄海水产研究所海洋水产渔业养殖基地等也成为学生们光顾的地方。师生们参加了《走向海洋》纪录片的观影座谈，其中八名海洋班学生对该片的观后感，占据了原《中国海洋报》整整一个版面。2011年5月，在国家海洋局北海分局的支持下，学生们迎来了盼望已久的中学生首次海上科考活动。

这一系列的海洋实践活动，在各海洋领域专家的帮助下，为中学阶段培养学生专业兴趣奠定了专业基础。

把海洋教育与艺术教育结合起来，已经在白刚勋的计划之中。他一方面加强与国内外海洋研究机构、各涉海高校的合作与联系；另一方面借助学校深厚的艺术底蕴，举办以"海洋"为主题的海洋艺术节等多元活动，努力打造海洋教育特色品牌。

这天，我们来到了美丽的青岛第三十九中学新校园，在首个"海洋教育创新人才培养班"上，学生们感恩校长："感谢他矢志不渝地与我们遨游大海，感谢他让我们看到希望的明天，感谢他带我们走进海洋！"

同学们为三尺讲台上这位历经数十年教育风雨、"那缕缕白发为孩子种"的校长，亲手写好了颁奖词，字字句句发自内心。

在采访白刚勋校长时，与他睿智的对话中，仿佛舒卷起一幅淡雅而明媚的春日图画。他说："希望今后能有更多的人去做这份有意义、有重量的海洋教育工作，我们的孩子需要，我们的国家更需要。"

"海味"校长在迈向中学海洋教育的道路上不断创新，不断取得新的突破，并在这个过程中尝到了甜头。在他的带领下，在这块充满着"海味"的学校里，一个个创新让人们大开眼界——

在国家海洋相关部门、青岛市教育部门、中国海洋大学、驻青涉海科研单位的支持下，青岛第三十九中学创制了《海洋教育创新人才培养工程实施方案》及与之相配的课程方案、发展规定、招生方案，不断完善海洋教育基地建设、海洋实践活动、研究性学习课题实施方案等20余项培养保障制度，逐步形成蓝色海洋教育暨创新人才培养的制度体系，并成立了专门的海洋教育研究室。

首先创新招生办法，设立"海洋班"。刚开始每个年级设置一个"海洋班"，作为独立志愿单独录取，单独编班。实施海大专家、本校教师"双导师制"，进行全方位、全过程指导。2014 年，又获得市教育部门政策支持，在招收两个海洋班的基础上首次实现了自主招生。目前，"海洋班"已扩大到一个年级五个班。创新课程内容，构建蓝色海洋教育课程体系，是这一特色办学模式的重中之重。

经过长期探索，青岛第三十九中学形成了"基础型课程+拓展型课程+实践型课程"三位一体的海洋特色课程体系。其中，基础型课程严格按照国家课程标准要求完成的必修基础课程进行，重点是国家课程的校本化，同时渗透海洋知识，培养海洋意识，传承海洋文化教育。拓展型课程包括必修和选修课程，通过专家讲座、海洋课程"超市"的形式完成，实现了每周一节海洋校本课程。

青岛第三十九中学编写的海洋系列校本教材《海洋文化》《海洋地质》《海洋物理》《海洋化学》《海洋生物》就是这些课程教材的典型代表。实践型课程分为实践考察和课题研究，包括每月一次的海洋实践考察，每学期一项课题研究，每年一次海上科考和海洋游学，在激发兴趣的同时，培养实践能力和创新精神。

每当说到家人，白刚勋眼中充满愧疚之意。自从 2008 年年底开始筹划创办海洋特色教育以来，他没有时间陪伴自己的孩子，无法照顾苍老的父母。这不是绝情，而是对海洋极致的深情；这不是冲动，而是对海洋教育事业不悔的抉择。

白刚勋是一名普通而又平凡的教育工作者，同时又是具有开拓和创新意识的校长。他从平凡的中学教育中找到了不平凡的发展前景。他不求个人名利，践行着自己对海洋教育的诺言。

他带领着一批又一批亲海、爱海、知海的师生，在走向海洋的进程中书写着他们共有的海洋人生。俯瞰辽阔的大海，他告诉孩子们，中国人要有拥抱海洋的勇气、迈向海洋的豪情和比拟大海的胸怀。

在那一次全国"学校自主变革"高峰论坛上，青岛第三十九中学一个高二的女生赵宁静，讲述了这样一个故事。那是 2008 年 6 月的一天，正当青岛市民

人与海

准备迎接"奥运会帆船帆板比赛"时，青岛近海海域突然暴发了一场浒苔灾害。

为了保证奥运赛事的顺利举行，岛城数万军民迅速打响"浒苔歼灭战"。当时只有 9 岁的赵宁静，也跟着爸爸加入了捡拾清理浒苔的行动中。"这么多绿油油的浒苔，能不能变成对人有用的东西呢?"赵宁静问爸爸。

"这是个好问题!"爸爸高兴地说，"好像浒苔含有很多蛋白质和营养成分，等你长大之后，可以好好研究研究!"

"好!"如何让浒苔变废为宝，就此成了深藏在赵宁静儿时心灵深处的一个疑惑。

然而，令她没有想到的是，在 2015 年暑假，刚刚考上青岛第三十九中学的她，在暑期衔接课程中，就有了自主选择课题进行实验研究的机会。

在青岛第三十九中学蓝色海洋教育博士工作站白晓歌博士和中国海洋大学王世欣博士的联合指导下，赵宁静和课题组的同学一起完成了"浒苔多糖的提取及抗凝血活性研究"小课题实验研究，从浒苔中提取了多糖，还提高了多糖的提取率，并发现浒苔多糖具有明显的抗凝血作用。最后，他们还亲手将实验成果制作成了胶囊，实现了儿时的梦想。

"感谢学校给了我们自主选择课题和实验研究的机会!"赵宁静和她的课题组成员说。"课题研究"对大多数中学生来讲还是个神秘的领域，但在青岛第三十九中学却已成为一种学习常态。"人人有课题，人人搞研究"已成为该校教育的一大特色。

自 2011 年以来，该校正式立项研究的学生课题已达 300 余个，其中"从海洋贝壳中提取糖蛋白"课题组在首届青岛市海洋教育论坛上受到好评，另有435 个学生研究课题先后荣获"海洋科研未来之星"奖励。所有这些成果的取得，都源自近年来青岛第三十九中学的蓝色海洋教育理念和特色实践。

目前，海洋教育在青岛等地中小学校已经开出了蔚蓝色的美丽之花。在白刚勋的带动下，蓝色海洋教育引起了教育部门的高度重视。2015 年，青岛市评选出 100 所海洋教育特色学校;2021 年 5 月，青岛市教育局成立了由 32 所高水平海洋教育特色学校组成的"青岛市中小学海洋教育集团"，白刚勋任理事长。

通过海洋节、文化节、科技节和体育节等活动，青岛市中小学生将广泛参与其中，提高对海洋的认知水平；他们还将组织海洋专家指导中小学生开展海洋科学实验和海洋科考活动；依托海洋科研单位，建立一批中小学蓝色海洋教育实践基地，定期组织中小学生开展海洋科学探究、社会实践；开发适合学生不同阶段发展的海洋教育学校课程，将海洋地理、海洋生物、海洋国防、海洋环保和海洋经济等内容贯彻到教育教学全过程。

2018 年 8 月，青岛第三十九中学的海洋教育获得省级教学成果特等奖、国家级教学成果二等奖。青岛第三十九中学成为青岛市普通中小学中唯一获此奖项的学校。2020 年 8 月，青岛第三十九中学又被教育部遴选为首批"新课程新教材实施国家级示范校"，山东省仅有 3 所学校获此殊荣。

2021 年 6 月，山东省教育厅、山东省科协、山东省渔业局联合发起，正式启动山东省中小学海洋教育活动，海洋教育已经成为青岛市乃至山东省的一张靓丽的教育名片。

"海的味道"就像汗水一样，初尝时又咸又苦，但其背后却蕴含着香甜的果实。在许许多多像白刚勋这样的"海味"园丁的共同努力奋斗下，青岛海洋教育品牌正闪耀在华夏大地和海洋上。方兴未艾的我国中小学海洋教育，将为全民海洋意识的提高作出非凡的贡献……

乘风破浪的女记者——张建松

犹记得十多年前，我刚进新华社上海分社，第一次到中国极地研究中心采访，神秘、孤独、绝美、纯洁的南极引起了我心中的无限好奇。从此，去看一看那里的世界，成为我心中一个遥远的梦。

为了圆这个梦，我在新华社做了整整十年的准备。

终于，当自身和外界的各项条件均已成熟时，2007年11月，我作为新华社历史上第一位赴南极采访的女记者，跟随中国第24次南极科学考察队出发了。

这次考察历时156天，我们乘坐"雪龙"号横跨太平洋、印度洋、大西洋、南大洋，四次穿越西风带"鬼门关"，往返于以凶险著称的德雷克海峡，多次遭遇西风带强气旋的"围追堵截"，航程28 450海里，相当于环绕地球航行一周。

这是一段充满激情的人生历程，是我十年记者生涯中最快乐、最单纯、最过瘾的一段时光。

上面这段文字，出自一本名为《最接近天堂的地方——新华社女记者238天的南极、北极之旅》的图书自序之中，作者是张建松。当然，那是2012年出版的作品，如今"涛声依旧"，又过去了十年，她仍然活跃在这个岗位上。名字充满了阳刚之气，采写的新闻报道大都和海洋尤其南北极有关的张建松，是一位温婉的新华社女记者。

虽说她自幼并没有生活在海滨城镇，第一次见海还是在电视和画报上，可自从大学毕业分配到新华社上海分社，来到这个以"海"命名的城市工作生活之后，却义无反顾地热爱上了大海。入职25年来，张建松至少有十分之一的时间在海上度过，从南极到北极，从东海到南海，诸多海洋报道在她的笔下一一呈现。不少同行说："张建松对海洋的热爱和对新闻工作的敬业程度，令很多男同胞都自愧不如。"

此话不假，许多人第一次听到张建松这个名字和所做的南北极采访报道，会想当然地认为这一定是粗壮剽悍、能够吃苦耐劳的男记者！不料想却是一位外表娇小、内在刚强的"花木兰"似的巾帼英豪。

事实上：好奇与探险是人的天性，也是文明进步的源泉。如果人们没有了探求精神，也就失去了前进的动力。英国著名登山家乔治·马洛里一生都在攀登，最后倒在冲击珠穆朗玛峰的途中。生前，有记者采访：明知道有危险，为什么还要去登山。他的回答富有哲理："因为山在那里。"

张建松就是这样一个人。

"从小，视野所及的天际线尽头，只有层峦叠嶂的大别山。我的故乡在安徽省岳西县，那里是大别山革命老区。

"大别山像母亲温暖的怀抱，抚育了我的成长；大别山又像一道森严屏障，将我与外面的世界阻隔。山外是怎样的一番世界？连绵起伏的大山像一个个扯不直的问号，让我充满好奇，追索答案。这，也是我努力学习的不倦动力。

"如今，感谢'新华社记者'这份职业，让我几乎每天都可以看见外面的世界，甚至有机会到地球的南北两极去看一看。"张建松如是说。

1997 年，张建松入职新华社，第一次到中国极地研究中心采访，神秘、绝美、纯洁的南极令她心生向往。到南极去采访成为她的一个梦。为了实现梦想，她准备了整整 10 年。其间，她翻阅大量极地与海洋的资料，不断跟踪报道我国极地事业脚步的发展。

2007 年，张建松获准参加中国第 24 次南极科学考察，成为新华社历史上第一位赴南极采访的女记者。2010 年，意犹未尽的她又申请参加了中国第四次北极科学考察，也是新华社历史上首位抵达北极点进行新闻报道的女记者。

每次考察，张建松都克服晕船、感冒、通信不便、体力不支等种种困难，身兼数职，一人承担文字记者、摄影记者、视频记者三重职责，播发大量全媒体的报道，在社会上引起较大反响。

2012 年，张建松出版了《最接近天堂的地方——新华社女记者 238 天的南极、北极之旅》一书。她用自己独特的视角为读者还原了一个真实美丽的南极，其中还包含了从事极地科学报道十多年的她对于极地资源、各国考察站、海冰融化以及环境保护等问题的思考。

"这是一段充满激情的人生历程，是我十年记者生涯中最快乐、最单纯、最过瘾的一段时光。"张建松在书的自序中写道。

她将极地科考报道看成了自己的事业。2013年，张建松再次主动申请参加了中国第30次南极科学考察。

中国第30次南极科考是我国进行首次环南极航行的尝试。160天里，"雪龙"号科考船一路航经24个时区，时差混乱，让人"黑白颠倒"，频繁遭遇气旋，人的五脏六腑都被颠簸得"摩擦生电"，在异常艰苦的工作状况下，张建松共采写发表了160多篇稿件，发表670多张照片，播发40～50条音/视频稿件。此外还采写了6篇新华社内参、4个社办报刊专版以及10万多字南极日记。在后方编辑的配合下，播发了大量的新媒体报道。

"在最紧张忙碌的时期，每天都是在吃着救心丸的状态下、超负荷的状态下坚持工作。"张建松回忆当时的情景说。2014年，盖广生主编的《冰海荣光》一书，称赞张建松是一位两次登南极、一次赴北极，"走南闯北"的巾帼英雄。

在每次艰苦的南北极科学考察中，张建松作为随队记者，充分发扬"爱国、拼搏、求实、创新"的南极精神，不仅在考察队员中留下良好口碑，被评为优秀考察队员和优秀共产党员，也是中国现代海洋报道领域综合素质优秀和极地考察新闻报道最多的记者。

"雪龙"号在首次环南极航行过程中，成功援救了俄罗斯在南极遇险的"绍卡利斯基院士"号，撤离重冰区的时候，自身被困受阻，引起全国人民极大的关心。习近平总书记和李克强总理先后做出批示，国家海洋局在第一时间成立了"雪龙"号脱困应急小组。在前后方的共同努力下，"雪龙"号抓住有利的天气时机，自主脱困、成功突围。在圆满完成南极现场任务，返回澳大利亚珀斯港的时候，还紧急接到搜寻马来西亚民航失联客机MH370的任务，又重返南大洋。

张建松亲身经历、全程报道了这一系列重大新闻事件。在当时国内外舆论十分复杂的形势下，她把握大局、临阵不乱，在南极一线采写的新华社独家报道，生动而很有分寸地掌握了报道节奏，把握了政治大局，在国内外舆论中起到了中流砥柱的作用，正面引导了舆论，得到国家海洋局的高度赞扬。

为了确保国际救援行动的万无一失，"雪龙"号上的直升机将俄罗斯船上52名被困人员营救到澳大利亚"南极光"号之前，考察队组织了海冰先遣队在南极冰面上进行前期的各项准备。这项任务要冒着生命危险，刚开始没有让记者参加。在得知消息后，张建松第一时间冲到驾驶台找到领队，主动请缨，一定要一起去。

"我是一名记者，如实记录国际救援行动中的每一个镜头是我义不容辞的职责，再危险我也要去。"在张建松的再三坚持下，她终于成为海冰先遣队唯一的女性。她脖子上挂了两台专业相机，肩挎一个摄像机，左边口袋放着铱星电话，右边口袋放着对讲机，手上拿着出镜话筒，全副武装登上了直升机。

那次海冰救援惊心动魄。张建松回忆说："我当时从直升机的窗口清楚地看到，直升机的一个轮子刚刚落到冰面，立即就陷下去了一大半，非常紧张。好在驾驶员临危不惧，立即将直升机提升起来，保持住平衡，悬停在冰面。"

从直升机上跳到冰面上，厚厚的积雪几乎没到了张建松的腰间。直升机的双层旋翼吹起巨大的风，刮起了一阵猛烈的"冰雪风暴"，劈头盖脸地打来，让人挪不开步子、睁不开眼睛。科考队员们冒着巨大的危险，极其艰难地从机舱卸下木板和科考器材。张建松也几乎是连滚带爬，把他们的勇敢行为用自己的镜头拍摄下来。

由于表现突出，中国第30次南极科学考察队代表在中南海紫光阁参加极地座谈会的时候，张建松代表考察队向国务院副总理张高丽赠送了纪念相册。

"雪龙"号成功救援在南极被困的俄罗斯船上人员，为我国赢得了广泛的国际赞誉，彰显了我国作为负责任极地大国的良好形象，在我国现代航海史上、极地科考史上都留下了浓墨重彩的一笔。张建松将自己冒着生命危险拍摄的大量珍贵影像资料以及科考队员签名的"建松带你看南极"和"探索的脚步永不停息"两幅旗帜捐赠给国家海洋博物馆，作为国家海洋博物馆的永久收藏。

国家海洋博物馆筹建负责人、天津市海洋局巡视员孙玉瑄表示，此次捐赠活动开辟了国家海洋博物馆向新闻媒体征集展藏品的先河，体现了新华社关心支持国家海洋文化发展的责任感、使命感，体现了新华社记者关心支持国家海洋博物馆建设的奉献精神。

人与海

作为一名从事海洋报道的女记者，张建松的足迹几乎踏遍东海。她曾经登上中国海监固定翼飞机亲历空中巡航，曾经乘坐直升机抵达中韩两国有争议的苏岩礁、日向礁上空，曾经到东海油气田钻井平台上采访一线工人，曾经到上海的领海基点佘山岛采访坚守的海洋观测员……

2012 年 9 月 11 日，日本政府不顾中国人民的强烈反对，悍然宣布"购买"我国的固有领土钓鱼岛及其附属岛屿，实施所谓的"国有化"。为维护我国的合法权益，中国海监船两个编队起程奔赴钓鱼岛海域进行维权巡航，张建松经过努力争取，登上了"中国海监 50"船。

那次巡航是日本宣布将钓鱼岛进行所谓"国有化"、我国政府发表钓鱼岛领海基点基线的声明以后，中日两国公务船在钓鱼岛海域第一次正面交锋。当时的气氛剑拔弩张，会不会在海上擦枪走火，谁也没有把握。张建松和全体海监队员，像战士一样奔赴前线，勇敢地奔赴钓鱼岛海域，宣示我国的主权。

"在第一时间发出新华社快讯后，我就赶紧拿起相机确保在第一时间拍摄新闻照片，同时肩上还挎着一个摄像机，拍完照片后，赶紧拍摄视频，把所有精彩的画面抢到以后，最后再写文字稿。"张建松说，进入钓鱼岛海域后，中日船只紧张对峙的时刻，也是她工作最忙的时刻。

在紧张的钓鱼岛巡航中，张建松充分体现出了一位优秀新闻记者良好的心理素质和过人的胆识。她说："进入钓鱼岛领海后，给我留下最深印象的，不是日本海上保安厅的船阻挠叫器，也不是日本飞机在头顶的盘旋呼啸，而是钓鱼岛的美！作为一名记者，我一定要把钓鱼岛的美拍出来，让全国人民欣赏到祖国的大好河山。"

张建松拿着相机走下舷梯来到底层甲板，选择角度，屏气凝神，非常镇定地等待海鸟飞过镜头，按下快门。她精心拍摄的那张美丽的钓鱼岛照片，后来成为相关出版物的封面。张建松拍摄的另一张经典照片是"中国海监 15"船在钓鱼岛最高峰——高华峰的近岸巡航，当时距离钓鱼岛 155 海里。这张照片新华社播发后，在全国引起巨大反响，几乎所有报纸都大幅刊登。这是我国媒体首次公开发表的中国公务船在钓鱼岛巡航、距离钓鱼岛最近的一张照片，成为新版记者证的防伪照片之一。

中国海监"9·14"钓鱼岛巡航是我国在钓鱼岛斗争关键时刻一次精彩的"亮剑"行动，极大地鼓舞了全国人民，彰显了中国人民捍卫领土主权完整的坚定决心和意志。那次巡航具有宣示主权的里程碑意义，张建松拍摄的很多精彩照片成为历史的见证。

2013年5月，张建松拍摄的照片和她的记者证被国家博物馆永久收藏。

这年春节，张建松放弃和家人团聚的时刻，又登上"中国海监137"船，报道海监队员在钓鱼岛海域巡航过年。冬季的钓鱼岛海域天气极其恶劣，七八级大风是家常便饭，海面上雾气蒙蒙、恶浪滔天。在绕岛巡航中，海监船时而顶着风航行，船身前后摇晃，船头在波涛中起伏；时而横着风航行，船身左右摇摆，最大摇摆幅度达到三四十度，人在船上根本站立不稳。

在极其恶劣的海况下，张建松坚持采访、写作、拍摄。她和同事们充分发挥新华社新媒体报道的优势，在网上征集中国海监船钓鱼岛巡航的春联，引起热烈反响，成为蛇年春节网上的热点话题。由于爱岗敬业，张建松被评为上海市"三八红旗手"、获得上海市"五一劳动奖章"。

"极地考察是一件功在当代、利在千秋的事业。每一次科考都是向公众进行科普的最佳时期。"张建松认为："随着我国极地科考成为每年常规性活动，单一的极地新闻越来越难以吸引读者的眼球。"

作为一位长期报道极地新闻的记者，张建松积极探索极地科考报道的新模式。在中国第30次南极考察中，她与新华社上海分社新媒体中心、新华网紧密配合，积极探索策划"以活动促报道，以报道聚合力"的新模式。通过各种活动，将考察现场与后方科普活动结合起来，将一线考察成果与后方展览实时结合起来，将新闻报道与极地赞助活动良性结合起来，收到了多家共赢的良好社会效果。

在"雪龙"号救援与被困事件中，张建松与新华网合作推出微话题"网友祝福'雪龙'号早日脱困"，制作了数据新闻"图热NOW：热心'雪龙'南极历险记"，连线进行了微访谈"张建松聊'雪龙'号南极历险背后的故事"等，起到了良好的宣传效果；马年春节期间，她和有关方面策划了"发自南极的祝福""'雪龙'号上征集春联"和"科考队员向家乡人民拜年"互动活动，取得热烈反响，读者发来祝福数万条，应征春联上百条，科考队员对家乡的祝福

人与海

在国内很多微信、微博"老乡圈"里转发率很高，既展现了考察队员的风采风貌，又传达了中华民族传统节日里的浓浓亲情。

2014 年的元宵节"邂逅"西方的情人节，张建松在"雪龙"号与上海分社新媒体中心和新华网联动策划了"让南极见证爱情"活动，组织"雪龙"号年轻船员投放爱情漂流瓶，表达对妻子的爱意和谢意，同时吸引网友参与。这一浪漫的创意活动取得了极佳的社会效果，一些船员的妻子看到报道后，感动得流下了眼泪。

在"三八"妇女节时，她还与船上女队员开展了"爱护地球、祝福南极"放飞千纸鹤活动，这一活动同时还与上海科技馆举行的"雪龙南极行——中国第 30 次南极科考展览"联动，将观众的留言也"放飞"在南极，取得了良好的公益宣传效果。

为了更好地宣传我国的极地事业，张建松还将多年来的极地采访经历，用生动优美的语言集纳成书，出版《最接近天堂的地方——新华社女记者 238 天的南极、北极之旅》。作为新华社历史上第一位赴南极采访，也是第一位抵达北极点采访的女记者，张建松把自己笔杆子的功夫发挥得淋漓尽致。她用记者特有的细致入微的观察和孜孜不倦的探究以及美妙的笔触记录了 238 天极地之旅的点点滴滴。

在她的笔下，南极不仅仅有深蓝色的天空、薄如蝉翼的云、淡蓝色的冰山、一望无垠的洁白海冰，时隐时现飘忽而出的多彩绶带般的极光和包括一摇一摆憨态可掬的企鹅、慵懒的海豹以及凶悍的贼鸥等在内的南极动物，还有一切未解之谜的源头甘布尔采夫山脉和极具科学研究价值的南极冰盖。

有媒体这样评价："张建松用自己独特的视角为我们还原了一个真实的南极。这其中还包含了这位从事极地科学报道十多年的优秀记者对于极地资源、各国考察站、海冰融化以及环境保护等问题的思考。"

2013 年，《最接近天堂的地方——新华社女记者 238 天的南极、北极之旅》入选国家新闻出版广电总局"向全国青少年推荐百种优秀图书"（科学科普类）。当年的评选活动全国共有 372 家出版社报送了 1509 种图书，报送数量为历史新高。其中，科学科普、百科知识类读物共报送 322 种，仅 23 本入选。读者对《最接近天堂的地方——新华社女记者 238 天的南极、北极之旅》好评如潮,《中国科学报》《中国妇女报》《新民晚报》《新闻晨报》、上海人民广播电台等多家媒体予以报道。

作为一名新闻记者,张建松充分发挥记者联系面广的优势,乐做"学术红娘"。在她的牵线搭桥下,中国极地研究中心与上海国际问题研究院建立了战略合作伙伴关系,推动了极地研究发展;在东海维权关键时刻,她密切联系上海的海洋专家,在上海市美国问题研究所的大力支持下,多次组织召集上海交通大学、复旦大学、上海市国际问题研究院、上海社会科学院、中国海洋问题研究中心、华东政法大学的众多专家,召开海洋问题沙龙,围绕热点问题展开研讨,积极为决策部门建言献策。

以中国第 30 次南极考察报道为契机,新华社上海分社、中国极地研究中心和上海科技馆联合主办了"雪龙"南极行——中国第 30 次南极科考展览,并组织了多项活动,其中包括设置新媒体科普互动屏,实时展示南极的报道,使新闻与展览有机结合起来,共接待观众近 19 万人次。在马年春节期间,上海东方明珠广播电视塔举行了张建松南极图片展,宣传"爱护地球、保护环境"的理念,上海的《解放日报》《文汇报》等主流媒体均予以报道,增加了新闻的叠加效应。

近年来,张建松除了用手中的笔和镜头宣传我国海洋极地事业,还走上讲台和各类媒体,与读者面对面话海洋。2014 年 4 月,张建松应邀到"上海科普大讲坛"做"行走极地,科考未来"的演讲。

2014 年 5 月,在"绿色悦读・书香伴我成长"——2014 年上海市中小学生读书系列活动启动仪式上,给上海市中小学生们做读书辅导。2015 年 4 月,在"上海国际自然保护周"期间,张建松登上"名人讲坛",呼吁公众"探索极地奥秘关注人类未来"。

当然,这位乘风破浪、不让须眉的女记者,并非不食人间烟火的"超人",也是一位与你我同样有着"儿女情长"等七情六欲的女儿、妻子、母亲。在追求梦想的过程中,她有过彷徨,甚至想过放弃。丈夫常年在海外留学工作,她曾不止一次漂洋过海去探亲。隔着大海眺望祖国,总让她更加热爱自己的文化,也更加珍惜记者这个职业。最终听从内心召唤,张建松回到新华社上海分社,全心全意投入海洋报道。

人与海

记者的天职，就是应该永远在路上、在基层、在一线，在人民群众中。多年的采访报道，张建松深信：无论多大的新闻事件，人始终都是新闻的灵魂。无论是常年奔波在地球南北两极的科考队员，还是奋战在海洋一线的维权执法队员，他们许多人都有一种信念：那就是对祖国的热爱、对工作的负责、对真理的坚守、对梦想的追求。这种信念也深深感染、激励着她。

为了当好记者，她没有太多的时间回大别山的老家看望年迈的父母，她与丈夫两地分居了15年，直到近年才终于团圆。女儿在最需要妈妈的时候，张建松不能陪伴在身边。这些都使她深感愧疚。

直到有一天，女儿拿着学校发的教科书，指着封面问她："妈妈，这张照片真的是你拍的吗?"

"是啊!"张建松微笑着点点头。

"我跟同学们说是你拍的，他们还不信呢!"

看着女儿骄傲的眼神，那一刻，张建松感到所有的付出都得到了回报，感到当记者，是自己人生道路上最正确的选择……

2021年，张建松总结自己多年的工作经历，又推出了第二部专著《深海探秘——换一个角度看地球》。在这本书中，张建松描写了在西南印度洋中脊，中外科学家再一次向地球莫霍面发起的大洋钻探有多么艰难，解释了科学家为什么要钻穿地球的莫霍面。在北印度洋，精彩描写了"中巴经济走廊"入海口——瓜达尔港附近的莫克兰海沟，令人震撼的海上生花、神秘的荧光海、大规模的藻华等自然景象。在西太平洋，我国的深海机器人在海下近2000米探访海山上各种各样的"奇花异草"以及全球著名的富钴结壳区等丰富内容。

我国著名海洋科学家、同济大学教授汪品先院士将《深海探秘——换一个角度看地球》这本书称为"海上的《徐霞客游记》"。他认为，不同于大多数的新闻报道或者科普作品，这本书记录的是一位"战地记者"在深海探索前线的亲身经历。近年来，有关海洋的出版物数量猛增，唯独罕见的是文化人亲身背着相机顶着海浪，和科学家们一起进入深海第一线，根据长期考察经历所书写的报告。张建松以女记者的身份，冒着惊涛骇浪，航迹遍及太平洋、印度洋与南大洋，多番探索南北两极，12年里出海近20次，有700多天航行在海上，动不动就是连续几个月的海上生涯，在大洋深处度过春节，这种巾帼风采与战斗精神，令海洋科学界的行家们也愧叹不如。

汪院士指出：《深海探秘——换一个角度看地球》这本书，还将为科学与文化的融合作出贡献。"文""理"间的断层，是阻挡我国科学创新的路障，亟须科学界和文化界的有识之士，以身作则、齐心协力，通过双向的努力加以弥合。科学与文化的结合，海洋在各门学科中得天独厚。尤其是深海远洋，生活在陆地上的人所知太少，科学探索的见闻极具新闻价值。在这方面，张建松的这本书有着示范作用。

"从南极到北极、从太平洋到印度洋、从中国船到美国船，在浩瀚无际的深海大洋一路漂泊闯荡的过程中，我最深切的体会是：我们都是地球的'岛民'！"张建松感慨地说，"换一个角度看地球，我们人类就是生活在一些大大小小的岛屿上。人类赖以生存的空间如此狭小、地球母亲如此脆弱，我们还有什么理由不爱护母亲、保护地球？我们人类生活在地球上，是一个真真切切的命运共同体！"

孤岛烛光——程 霖

"朋友们、同志们：美丽中国离不开美丽海洋，海洋生态文明是国家生态文明的应有之义。建设海洋生态文明是一项复杂的系统工程，在这一历史进程中，我们越来越认识到，健康、安全的海洋，对实现国家可持续发展的重要性，把海洋生态指标作为海洋经济结构调整和产业转型升级的基本导向。"

这是 2016 年 6 月 8 日，国家海洋局局长王宏在"世界海洋日暨全国海洋宣传日"开幕式上的致辞。本届海洋日在广西壮族自治区北海市举行，以"关注海洋健康、守护蔚蓝星球"为主题，主要内容包括开幕式暨 2015 年度海洋人物颁奖仪式、海洋日图片展、原创大型舞剧《碧海丝路》演出等。

我有幸受到时任国家海洋局宣传教育中心党委副书记李航的邀请，前往参加并将刚刚出版的反映"蛟龙"号深潜器的新书《第四极——中国"蛟龙"号挑战深海》作为礼品赠送给光荣获奖的十位年度海洋人物。

颁奖仪式结束后，人们纷纷捧着书与我合影留念。其中有一位身材瘦弱、穿着简朴的中年妇女，在几位小学生的陪伴下走过来，引起了我的关注和敬佩。她就是"2015 年度海洋人物"之一的广西北海斜阳岛小学教师兼校长程霖的妻子袁桂娇，就在前年冬季——2013 年 12 月 5 日，坚守孤岛教学 34 年，不让一个学生掉队的程霖，在家访学生的途中，不幸突发脑出血病倒，至今昏迷不醒。这次荣膺"海洋人物"之后，只能由妻子和学生代他前来领奖。

大会给程霖校长的颁奖词是：

34 年，没有一个学生辍学。孤岛不孤，到处都有孩子们的欢声笑语；

34 年，由于重病，你第一次缺席了孩子们的课堂。斜阳最美，寂静的教室里洒满了阳光的味道。

你会醒过来，因为孩子们需要挽着你的手，听你讲述每一个放飞梦想的故事；你会站起来，因为美丽中国需要斜阳岛上的那块黑板，记录下这一抹永不褪色的霞光。

这位堪称最美海岛教师的程霖，走过怎样的人生历程呢？

在碧海蓝天下的清晨，一面鲜艳的五星红旗迎风招展。丁零零，丁零零，上课铃响了，教室里传来学生们朗朗的读书声。下课了，孩子们在操场上快乐地玩耍，学着海燕飞翔的样子，展开臂膀，跃地腾飞。

然而，这是几年前的广西壮族自治区北海市斜阳岛斜阳小学的欢快情境。现在，本该热闹的斜阳小学校园里已经空无一人，教室里的课桌椅落满了厚厚的灰尘，门前的旗杆在海风中无声地叹息。学生都被转送到相邻的大岛去上学了。

这一切都源于斜阳小学的老师和校长程霖积劳成疾，突发重病。

程霖老师的家乡斜阳岛，距离广西北海市区 45 海里，偏僻贫穷，人迹稀少。海岛自然风光旖旎。但说起长期居住，人们都望而生畏。这个美丽的小岛至今未经开发，没有银行、商场、集市、餐馆、娱乐场所，没有医院，医生也是个把月才上岛一次。因此，斜阳岛是名副其实的"孤岛"。

岛上的生活必需品全靠从 10 海里外的涠洲岛运入，用手机与外界联系则要爬上 140 多米高的山顶呼叫。出入海岛唯一的方式就是靠一周一趟的小木船摆渡，遇上西南风天气十天半个月船没法上岛。生活极为单调，没有坚定的信心支撑，是很难住得下去的。

斜阳岛面积仅为 1.89 平方千米，是由火山喷发堆凝形成的海岛。因为从涠洲岛上可观太阳斜照此岛全景，又因该岛横亘于涠洲岛东南面，南面为阳，故称斜阳岛。岛上居住的人很少，民风淳朴，村民多靠打鱼为生，恍如世外桃源，但生存环境艰苦。

斜阳岛火山岩层壮观，熔岩景观奇特，岩石上有许多火山喷发时留下的圆圆的小坑，海潮过后，坑里蓄满了海水，在阳光的折射下，像一个个蓝色的宝石，成了最美丽的点缀。斜阳岛的海水蓝得有点发绿，清澈见底，只要站在岩石边上就能看到一群群五彩斑斓的小海鱼，自由自在地游来游去。

人与海

　　早期，斜阳岛居民人均年收入仅千余元。由于条件艰苦，当地居民陆续迁出，岛上如今只剩下 40 多户，不足 300 人。岛上的人想尽办法迁出去，岛外的人谁都不想调进来。由于艰苦闭塞，斜阳岛上教师的调配问题一直是上级教育主管部门最头疼的棘手问题。程霖是土生土长的斜阳岛人，比谁都清楚那里的孤僻环境。

　　1960 年，在浪涛的欢声中，以一声嘹亮的啼哭向大海宣告他来了。他在海边玩耍，聆听着海浪的歌唱，把玩、揣摩着火山石的神奇，渐渐长大。他深谙海的性格，渐渐喜欢温顺靓蓝的大海，亦看惯了狂涛巨浪的海之风暴。他的性格与海的秉性浑然一体。

　　经过一番寒窗苦读，程霖考取了钦州地区的师范学校。在学校里，他夜以继日地学习各门功课，如饥似渴地获取知识营养，年仅 19 岁便顺利毕业。本来程霖准备到涠洲中学当老师的，可当时，斜阳小学的校长——他的启蒙老师找到他："岛上留不住老师，缺师资，学校里一名老师半身不遂，无法继续上课，孩子们在教室等着老师给他们上课呢，眼看娃儿们面临无人教的难处，你能回来吗？"

　　土生土长的程霖，深知孤岛教学的难处，可又想到自己的同学都去外面大世界闯荡去了，心里也酸溜溜的。经过一番思考，他想到的是这片蔚蓝的大海给了他生命的启迪与张力，让他拥有了海一样幽深宽阔的思想，他要对斜阳岛这个在外人眼里贫穷的地方，做点什么，心里才感觉踏实与敞亮。

　　"只有自己留下，孩子们才有书读，可以接受完整的教育。"于是，他欣然同意了，并暗暗立下这样的誓言："我人生的坐标起点在斜阳岛，我要让斜阳岛上所有的孩子都能展翅高飞。"

　　就这样，程霖放弃了留在城里工作的机会，义无反顾地回到家乡任教。

　　最初，回到岛上教书的程霖，面对的斜阳小学只有两排草房，学生用自带的凳子当课桌，坐在地上听课，自制的黑板坑坑洼洼，教学资料更是奇缺无奈。一间养猪场堆饲料的空房子就是学校的教室。身高 1.8 米、厚道潇洒、温文尔雅的程霖每天佝着腰钻进这间 1.5 米高、仅 8 平方米的"教室"上课，教孩子们读书识字。

　　斜阳岛位于北部湾洋面，每年都要经历台风侵扰，每每这个时候，村里人都像经历一场战争一样，苦不堪言。斜阳小学也不例外。每当台风将起，由于担心草房难以保障学生的安全，学校便会放假。后来草房变成了瓦房，每次台风来都会把屋顶的瓦片掀掉。程霖等想了一个办法，在台风到来前，把瓦揭下来放好，等台风过后再盖上。这种情况直到1984年建了现在的教学楼才结束。

最早时岛上照明用煤油灯，1986年有了柴油发电机以后，岛上才实现了每晚供电5个小时的好时光。30年来虽然先后也有过几个教师来斜阳岛小学教书，但坚持时间最长的也没超过2年，程霖并没有因为岛上生活环境太艰苦而退缩，也没有受到其他老师离开的影响而放弃在岛上教学的打算。他暗下决心：一定要改变学校旧貌。

生活在交通不便、信息闭塞的海岛，对先进的教学理念和教学方法，程霖求之若渴。1998年冬，他到涠洲岛购买学生学习用品和老师的教学资料、生活用品，返程途中，搭乘的小木船由于机械出了故障无法维修，海面风力逐渐加大，波浪一浪高过一浪，小木船在海面上不停地摇晃，随时有翻船的危险，幸好遇到过路船只相救，才得以安全返回。

无数次磨难，都没有动摇程霖扎根海岛的决心。这些年，外来教师像"候鸟"一样走了一拨又一拨，但程霖始终坚持、坚守。他说："看着淳朴的村民、质朴的孩子，真的不忍心离开。"他带领孩子们以海为师，以海为伴，感受海边火山石的奇美，日出大海的磅礴，海的博大，讲述海的故事，传播海洋文化；教育孩子们爱岛、护岛、长大后建设这蔚蓝的岛屿。

按照当地政府有关政策，在斜阳岛教书两年后可以调到市区的学校任教。甚至有领导表示，只要程霖要求调离，随时予以办理。当时师范毕业生非常少，程霖是岛上最优秀的人才，年年都有机会调出去。可他一次次选择了放弃。

程霖说："牺牲我一个人的梦想，换来学生们走出去的梦想，值得。"程霖的妻子袁桂娇说："每次送小学毕业生到涠洲岛或北海市读中学，程霖都非常的自豪和高兴，他觉得是他用知识改变了学生的命运。"

"当时就觉得他很老实，人很善良，就跟他在一起生活了，没想到在岛上这一待就是30多年！"程霖的妻子说，"台风来时，船只无法出海，小岛就成了与世隔绝的孤岛，断粮断水的日子每年都会遇到一两回。一次，接连刮了十几天台风，斜阳岛上的蔬菜吃完了，村民们也钓不到鱼。无奈之下，我们俩就用白粥煮盐巴当作一日三餐。"

为了改善校园环境，程霖跨海奔波 30 多次，积极争取上级教育主管部门和社会各界的支持，他带领师生、群众参与建校，联系运输船将建筑材料从北海运到岛上，再由当时岛上唯一的车辆——手扶拖拉机，将一砖一瓦运到学校。1984 年建起了斜阳岛上第一栋两层建筑——斜阳岛小学教学楼。

后来，他又先后建起了围墙、篮球场，建成了有花圃和球场的园林式学校。就这样，这个"孤岛"学校逐渐形成了规模，这所学校承载着他的教育理想和滴滴心血汗水。

就在这一年，程霖通过相亲认识了一位涠洲岛姑娘。当时，大家都认为他会就此离开。没想到，他将新婚妻子袁桂娇娶上斜阳岛，并对妻子说："你要有跟着我过苦日子的准备，如果我走了，岛上的孩子们怎么办？"

对于学生来说，程霖是他们的"圆梦人"。程霖老师除了履行校长职责外，还负责语文、数学、美术、体育、科学等几乎所有科目的教学，每天上满 6 节课，几乎满节的一周就有三到四天，此外，他还是学校的勤杂工，校区卫生清理和修理课桌板凳也都是他的日常工作。

针对斜阳岛特殊的办学环境，程霖还在教学中逐渐摸索出一套独特的教学模式，提高学生的独立学习能力，让学生终身受益。对生活困难的学生他总是给予无微不至的关心。一些学生交不起学习费用，他多次在大陆、海岛间来回奔波，一方面争取社会力量的扶持，一方面自己出资，帮学生交钱并购买日常学习用品，让学生重回课堂。

在他 34 年的教书生涯里，学校没有一名学生因贫穷而辍学，实现了"一个都不能少"的目标。就在这样艰苦的环境里，程霖扎根海岛，默默奉献，不离不弃，一直与三尺讲台做伴，让岛上适龄儿童无一人辍学，最后累倒在去家访的路上。

他的事迹感染了成千上万的人，他是一束不折不扣的烛光，燃亮了学生，"牺牲"了自己的健康。他是"俯首甘为孺子牛"，不计汗泪流的仁者；他是发自内心回报故土、"无须扬鞭自奋蹄"的勇者、智者。

由于条件艰苦，岛民陆续迁出去了，学生人数不断减少，最多时四五十名学生、设立一至六年级完全小学，最少时只有 5 名学生。程霖说："我深爱着这里的父老乡亲，他们也深爱着我，斜阳小学是我唯一的家，我的根在这里，只要还有一个学生，我都不会放下手中的教鞭。"

34 个春秋，他用知识改变了孩子们的命运。当他的学生谢东恩考上北京师范大学——斜阳岛走出了第一个大学生的喜讯传来时，他感到无比的欣慰，眼里禁不住流出欣慰的泪水。

是呀，程霖可以无愧无悔地拍着自己的胸口，对得起故乡，对得起学生，对得起良心，可是对不起自己的家人呀！二女儿程彩霞回忆道："爸爸从来没带家人外出游玩过，没带儿女去过公园。每次外出回来，程霖带回的不是给儿女的衣服和玩具，而是一摞摞教学参考资料。当时我们特别羡慕同学的父母。"

上天有时也不公平，似乎特意给做善事的人设置一些措手不及的障碍。他的大女儿在涠洲岛上中学时不小心跌断了腿。接到消息后夫妻俩焦急万分，可当时却没有经过斜阳岛的渔船，妻子急得直哭，无奈之下，程霖拉着妻子跑上海岛的北坡，遥望着涠洲岛方向的海面，希望能看到载着女儿到北海的船。

这种心急和牵挂或许只有这片大海最懂，爱海的程霖常常和大海对话，向大海述说自己的心事。而二女儿在上中学期间，曾经四次发高烧，程霖都因为工作忙没能抽出时间去探望。

他曾说："唯有把自己融进学生里面，我才感到心安。融进学生的生活里，我就不把自己当老师了，我呢就当自己是学生，和学生一起学习，一起思考问题，一起解决问题。有时和学生一起玩耍、开玩笑、猜谜语。这样学生在不知不觉中，也就没有老师和学生中间这个隔阂，我可以轻松、直接地在融洽的气氛里把知识灌输给学生。"

功夫不负有心人，34 年来，岛上 300 多名适龄儿童全部接受了小学义务教育，他赢得了学生爱戴。一位学生在给程霖的信中写道：是您，给予了我自信，教会了我自立，鞭策我自强。我要真诚地对您说声："谢谢！"

由于父母在外打工，学生几乎都是留守儿童，这就需要教师给他们倾注更多的爱。程霖常说："我放不下这些学生，虽然几个学生，我跟他们一起在这个岛上生活，每天呢都看着他们，感受着他们那种渴望知识、渴望得到教育的眼神，我就心里十分不舍，舍不得离开他们。"

　　而这些非凡的事迹，在当事人嘴里，是那么的理所当然，不过是分内之事，而在众人看来，却会产生于无声处听惊雷的感触。

　　"在人均收入仅千余元的孤岛上，34 年竟没有一个学生辍学，这不可谓不是个奇迹！"自治区的有关领导在了解斜阳岛及斜阳小学的情况后，深有感慨地说，"34 年坚守海岛教育一线，精神非常可贵，程霖被选为'2015 年度海洋人物'，名副其实，当之无愧。"

　　30 多年的默默耕耘，程霖的付出也获得了丰厚的回报，他先后获得广西壮族自治区"五一劳动奖章"和"八桂优秀乡村教师""北海市劳动模范""优秀共产党员""优秀教育工作者"等称号，2008 年 6 月底，程霖在中国文明网发起的"我推荐、我评议身边好人"活动中，当选全国"敬业奉献好人"。

　　"只是提起学生，程霖最担忧的是：退休之后谁来接替我，岛上的孩子们怎么办？可惜命运弄人。"他的妻子说："2013 年 12 月 5 日中午，他说最近陈心雨上课有点心不在焉，要去她家做个家访，没想到途中突发脑出血摔倒了。"

　　一说起程霖，陪护他的妻子袁桂娇就有些凝噎："除了工作上的忙碌，家里连遭不幸，对他打击太大了。"袁桂娇说："2013 年 5 月，70 多岁的母亲因为高血压去世；时隔 3 个月，80 多岁的父亲也是因为高血压离开了我们，程霖不仅仅关爱着每一个孩子，而且是个大孝子，至亲前后突然离世，就像从天而降的两个大闷棍，一下子把他打蒙了，他内心失去亲人的痛楚无以言表，可白天他深藏自己的哀痛，全身心地投入到孩子们身上，深夜时分的梦呓里，他发出的沉痛哀伤，听之让人流泪。"

　　"听到他晕倒的消息，我感觉像天塌下来一样。"袁桂娇难过得说不出话来。程霖摔倒后，家人换着背，一路往码头赶，从村里到码头花了一个小时，又坐半个小时的快艇到附近的涠洲岛医院，后又转到北海市医院。虽然发现及时，但由于岛上没有医院，当天一路折腾，直到下午 6 点多才到北海市人民医院。然而，下午 4 时程霖就已昏迷。

　　"当时诊断是脑出血，情况非常紧急，医院果断采取抢救措施，虽然已经过了危险期，但病人还是处于昏迷状态。"程霖的主治医生、北海市人民医院医生彭艳峰说，由于脑出血后遗症，导致程霖免疫力下降，经常发低烧，目前主要进行康复治疗，但苏醒的可能性很小。

"现在最大的心愿就是老程能够醒过来。"知夫莫如妻，在妻子袁桂娇看来，程霖肯定不甘心就这么倒下去，"以前程霖和我念叨过，最担忧的是：退休之后谁来接替他，但在孩子们需要他时，他病倒了，肯定放心不下岛上的孩子们。"

程霖于家访途中因突发脑出血被送北海市人民医院抢救。北海市委、市政府主要领导对此高度重视，亲临探望，并嘱咐医务人员要全力救治。

消息传开了，在教育界引起了震动。许多老师说，听到程霖老师病倒的消息，很难过。他是老师们学习的榜样，也让大家感到了身为教师的辛苦与那份光荣。

经过两年多的治疗，病情没有明显起色。2014年12月，程霖被主治医生确诊为植物人，在北海人民医院康复科住院治疗……

昔日那位站在三尺讲台上为孩子们授业解惑的他啊，因为脑出血后遗症已经骨瘦嶙峋，身材高大的程霖仍然静静地躺在病床上。与刚入院时相比，瘦削了许多，曾经饱满的脸颊凹了下去。他的手上插着输液管，腿部进行脉冲空气波压力治疗。

黑发结霜织日月，粉笔无言写春秋。"如果不是大家的帮助，我们坚持不到今天。"妻子袁桂娇眼噙热泪，"由于重病，他第一次缺席了孩子们的课堂。执教34年，这是他第一次请长假。"但斜阳最美，寂静的教室里始终洒满了程霖传道授业的精神味道。

作为一名普通教师，程霖坚守在斜阳岛34年，他对教育事业的无私奉献，照亮了海岛孩子的求学之路，程霖把爱洒在了岛上每个孩子的心田，让他们的人生有了出彩的机会；他对海岛的深深眷恋，就像星星之火，让海岛文明得以传承。

程霖用爱和智慧引领孩子们走出孤岛、走向广阔天地。他眷恋的海岛、深爱的学生在热切地期盼他康复归来。

程老师，我是刘小敏，你快点好起来，我们爱你！我是林茹，你快点好起来，和我们一起玩吧！程老师，我是邓海芹，我们爱你，我们永远都是你的学生！

人与海

　　许多学生说，从新闻媒体上知道了程霖老师的事迹，对他非常崇敬，由衷祝愿他早日醒来。

　　"他是可敬的平民英雄！程老师有一种高度的社会责任感，不言回报的坚守令人感动。"北海中学的李老师动情地说，他是我们学习的榜样，希望他早日康复回到学生中间。

　　孤岛不孤，最美斜阳。他会醒过来，因为孩子们需要挽着他的手，听他讲述每一个放飞梦想的故事；他会站起来，因为美丽中国需要斜阳岛上的那块黑板，记录下这一抹永不褪色的烛光。

　　所有的人都盼望着程霖能早日苏醒，重新回到他热爱的讲台，让这一抹闪烁着独特光亮的烛光继续照彻学生的心灵……

尾 章
海之恋

我定要重返大海

去闯荡那孤漠的天际和海洋

一艘高高的大船和一颗明星引航

我只求

舵盘的节声　海风的鸣唱　银帆的飞扬

我定要重返大海

去实践那奔涌的潮汐所呼唤的梦想

那不羁的召唤　不争的使命　无法违抗

我只求

海风劲吹　白云翱翔

我只求

浪花跳跃　白沫翻飞　鸥鸟欢唱

我定要重返大海

去追寻那吉卜赛人一无所求的流浪

在刀剑般的风萧中　如同海鸥鲸鱼　破浪长航

我只求

快乐的水手将奇趣分享

末了　酣睡无声　回返梦乡

人与海

　　这是英国第22届"桂冠诗人"约翰·梅斯菲尔德一首著名的诗作——《海恋》（Sea Fever）。在诗中，他抒发了从尘嚣中回归大海、回归自然的豁达之情。这种回归并非宿命的避世，而是迎战前的稍息，因为他"定要重返大海去闯荡那孤漠的天际和海洋"，以及要"在刀剑般的风萧中　如同海鸥鲸鱼破浪长航"。正如现代人，不再为了传统的"根"而据守故里。只要你不怕流浪，愿意奋斗终身，终将无怨无憾。

　　约翰·梅斯菲尔德一生除了写作许多诗歌之外，还写了戏剧、小说、论文、短篇故事等，但最著名的还是那些写海洋和水手的诗篇。在2005年"英国海洋节"与诗歌杂志《熔岩》共同举办的一次评选活动中，这首《海恋》被选为最受英国人喜爱的描写海洋的诗歌。他因此被誉为"大海的诗人"。

　　毋庸讳言，这首诗表达了一种人与海的关系，不管如何风高浪急，如何孤独寂寞，人离不开海，因为海是生命的摇篮和宝库，离开海，人类不可能诞生也无法生存；海也离不开人，因为人是海洋的主人和风景，离开人，海洋将失去丰富多彩的意义和价值……

　　关于这首名为《海恋》的诗歌，曾经有许多中文译本。前文引用的译文，是由曾经获得"2010年度海洋人物"的"'蛟龙'号海试团体"的一名队员，在随船进行海试时翻译的。这位队员是身在国外心向祖国的专家学者，在我国进行深潜装备研发过程中以及整个深海科学与工程研究中，作出了非凡的贡献。他就是我曾在获奖作品《第四极——中国"蛟龙"号挑战深海》中多次提到的于杭教授！

　　数年来，在复杂惊险的海上试验中，他毫无保留地将自己的知识和经验奉献出来，不求名不求利，默默无闻地开拓着中国载人深潜事业，被大家称为"定海神针"。那么，究竟是一种什么力量支撑着他？除了热爱祖国之外，于教授身上还具有一种令人崇敬和钦佩的人格魅力。多年的大洋生涯，使他成了一个无惧风浪、敢于担当、无比敬业的海洋人，一个堂堂正正的中国男子汉。

　　就在"蛟龙"号深入太平洋马里亚纳海沟进行5000米海试期间，他特意向海试队员们介绍了一首自己翻译的诗歌《海恋》，出发前刊登在《海试快报》

上征求意见，返航时修改定稿，留给大家以做纪念和激励。为此，于教授还特别写了一段前言：

多少年来，这首诗一直伴随着我，荡舟远行浪迹天涯。她告诉了我如何拥有大海。为此，我从未在海上失望，也从未在海上有过痛苦。今天，她又和我一同远航。在西方的文化中，有人将她列为当男孩成为男人时所应熟知的三首诗之一。她的作者，是一位英格兰有名的诗人，当他写下这首诗时年仅 22 岁。这首英语诗的声韵非常优美，可谓音随意来，是诗作的典范。这两天，在船的摇晃中，我参考了他人的中译，试图表达我的理解，给出下面的译文，但我的中文不好，更非诗人。船上不乏英文高手，也不缺诗作能人，大家一定能给出更好的诗句。

一个月前，我借《海试快报》向大家推荐了这首英格兰诗人的名作，并参考有关译文给了一个初步的翻译。在以后的一个月里，我得到了一些建议，在晃动的海上继续做了修改和完善。风浪、鸥鸟、剑鱼、下潜、航行、畅饮，同行的人们以及随后发生的事情，使我对诗有了新的体验……大海使航行者纯洁，大海使航行者快乐，使航行者更加勇敢无畏。感谢"向九"，再一次使我领悟了海的真谛。

离开了大海，我就要下船，就要离开同舟共济的人们。借此机会我感谢大家对我的照顾和帮助。多年来这首诗陪伴我，使我学会拥有大海。这个译文是我这次航程中的收获，我留下它，以此作为我们共同的纪念。也许哪一天当你偶尔再看到它时，我正在海上默默地读着……

啊！《海恋》，也就是恋海。

古往今来，尤其是我国真正从陆地上和大海上站起来之后，生活在海边和工作在涉海行业里的人们：水手、渔民、海军将士、桥梁专家、造船工程师、海洋科学家、海洋环保人士，海洋石油开采者、海洋文化教育工作者、海洋事务管理者，无不怀着一颗赤诚的心，满腔沸腾的血，热爱大海、依恋大海，在波峰浪谷间创造美丽而丰富的梦境。

正是怀有建设海洋强国这种信念，无数奋战在海洋事业第一线的海洋人，在孤独与寂寞的啃噬中坚守数十年，不言放弃。这种坚守，是一种信念的传承，是一种责任的担当，更是一种精神的交会。

启航于 2010 年的中国"年度海洋人物"评选工作，至 2019 年整整走过了十年的不凡征程。每一次评选，组委会都会聘请富有经验、德才兼备的专家学者和领导，采取公平公开公正的态度，开启社会各界网上投票环节，有民主有集中，一共评出 93 名（组）战斗在涉海各领域的"海洋人物"，包括几个海洋群体，在全社会引起了强烈反响，起到了提升海洋意识、学习海洋知识、建设海洋强国的重大作用。

从开始至今，几乎一直参与组织领导工作的自然资源部宣传教育中心的李航书记，对这项活动充满了深厚感情和责任心。每一次都事无巨细，精心筹划，倾注了大量的心血汗水。早在 2013 年"6·8 世界海洋日暨全国海洋宣传日"圆满结束之后，他就专门写了一篇文章，发表在当时的《中国海洋报》上，倾吐满腹的心声。

我们找到了这份珍贵的历史材料，原文摘要如下，以飨读者。

创造中国海洋人的精神史诗
——写在"2012 年度海洋人物"评选活动落幕之际

李　航

随着今年世界海洋日暨全国海洋宣传日活动的结束，"2012 年度海洋人物"的评选活动也落下了帷幕。6 月 8 日，在辽宁省锦州市人民文化宫上演了一台感人且赏心悦目的海洋人物颁奖会，这无疑是年度海洋人物评选活动创办以来最隆重的一次。

虽然年度海洋人物评选活动开展的时间并不长，但它在海洋事业的公众传播中却正在扮演着越来越重要的角色。梳理在过去一年中海洋领域发生的令人感动、振奋且有意义的事，发掘事件中的主角，刻画瞬间，放大细节，通过对获奖人物的宣传和表彰，体现国家对正确的海洋意识和价值观的培养和引导。这正是活动创办者提出的基本理念。

从最近三届中评选出的 30 位（组）海洋人物身上，我们可以感受到当今中国迈向海洋强国的铿锵步伐和当代中国海洋人的精神风貌。从科学家文圣常、刘瑞玉到深潜英雄傅文韬、崔维成，从产业工人郝振山、邓明川到民间人士田继光、边玉琴，从海军官兵李文波、梁阳，海监队员黄祈泉、赵键，特别是 27 年苦守开山岛的民兵夫妻王继才、王仕花夫妇，有着"平安水鬼"称号的普通渔民郭文标，无论他们的身份、背景、经历有多么的不同，但他们的事迹却深深触动了我们的心灵。他们用人生谱写感人的故事，诠释着普通人对国家和社会的责任，解读着人类与海洋之间的真挚情感。

通过普通人物的感人故事去感动社会、传播价值观，是举办海洋人物评选活动的重要目的。而传播力如何，就成了衡量这项活动效果的重要因素。可喜的是，在"2012 年度海洋人物"的评选中，主办方在增强传播力方面做了有益的尝试。

一是扩大了媒体的参与度……二是增加了活动的观赏性……年度海洋人物评选活动的文化价值、积淀价值和传播价值正在慢慢超越其本身的意义。正在成为国人了解海洋、认识海洋事业的一个窗口，为我国海洋意识的传播提供了一个有效的平台。我们高兴地看到，"2011 年度海洋人物"李文波已被中央电视台推选为"2012 年感动中国人物"；郭文标也作为公益广告片主角，经常出现在电视屏幕上。

我们相信，年度海洋人物的评选活动将成为记载中国海洋人不懈努力、不断奋斗的一个窗口，成为积淀、梳理和记录当代中国海洋人精神的一部史诗！

简明扼要，言简意赅。这篇文章总结提炼得十分到位而精彩。尽管已经过去整整十年了，今天看来仍然具有前瞻性和指导性。对于人与海不可分割的关系、相辅相成的重要效用，都提出了独到的见解，阐明了评选海洋人物对传播海洋知识、建设海洋强国的重要意义。

每一届"年度海洋人物"评选由国家海洋日活动组委会主办，由海洋日活动组委会办公室、原中国海洋报社、中国互联网新闻中心（中国网）等单位联合承办。每年通过网络评选、评委会初评和评审会终评等程序，最终评选出 10

人与海

名（组）"年度海洋人物"并报国家海洋局审定。

十年来，走上海洋人物表彰领奖台的个人和团体，都是我国海洋事业发展进程中涌现出的英雄人物、先锋模范和优秀代表，其中有为我国海洋科研教育事业贡献一生的科学家，也有忠于职守、献身海洋的英雄模范；有带领团队攻坚克难创下第一的技术精英，也有在平凡岗位上默默奉献的基层工作者，亦有自愿自费参加海洋保护的草根模范人物。他们用爱国敬业、无私奉献、艰苦奋斗完美诠释了榜样精神，在他们身上，我们看到了平凡中的伟大；在他们身上，我们也看到了我国海洋事业大步向前的光辉历程。

"年度海洋人物"评选活动在各方的支持和努力下，一年比一年办得好，候选人覆盖面越来越大，从实习舰长到地质总师，从学术泰斗到灯塔守塔人，从海洋科研专家到"草根"环保人士，几乎涵盖了海军、海事、海洋经济、海洋科研、海洋航运、生态保护、海洋渔业、海洋教育、公益组织、新闻传播、文化艺术等方方面面，具有较强的行业代表性。

每年海洋人物评选活动启动后，主办方广泛动员涉海各部委、海军、国有企业、海洋主管部门、事业单位、科研机构、社会团体、涉海院校等，积极邀请有关单位推荐符合条件的候选人，向社会发布活动宣传信息和候选人征集信息。

在"年度海洋人物"评选过程中，对获奖人的年龄、地域也予以充分考虑，最大程度体现其广泛代表性。从获奖人的年龄结构上看，既有白发苍苍的耄耋院士，也有年富力强的船员，充分展现了老中青三代海洋人的风采，完美诠释了对海洋精神的弘扬与传承。同时，获奖人并非仅仅来自沿海地区，也有不少来自内陆地区，充分印证了评选活动的全国影响力。

"年度海洋人物"十年评选还体现了顺应发展潮流、与时俱进的过程。2011年，海洋公益环保人士首次入选"年度海洋人物"，体现了评选活动对公益组织作用的重视与肯定；2016年，国际海洋学院名誉主席奥尼·贝南入选"2015年度海洋人物"，成为首位入选的国际海洋人物，不但为评选活动增加了国际元素，丰富了海洋日活动的内涵，也充分体现了海洋人物评选活动全球化、大视野的工作理念。

2018年，在国务院机构改革和职能调整的大背景下，"年度海洋人物"评选的推选范围也做出相应调整，更加聚焦自然资源领域的重大变革，更加关注坚守海洋事业第一线、服务群众最前沿的新时代"海洋人物"。据统计，在当年所有候选人中，基层一线候选人比例高达85%，10名"年度海洋人物"中基层一线人员占比60%，充分展现了基层和一线海洋工作者的风采及新时代精神。

"年度海洋人物"评选伊始，主办方就制定了《"年度海洋人物"评选办法》。十年评选过程中，为进一步规范评选流程和规则，在结合往届评选情况和评委意见基础上，海洋日活动办公室多次对评选规则进行修订完善，如2018年初对《"年度海洋人物"评选办法》重新进行了修订，并拟定《"年度海洋人物"评委终评会会议规则（试行）》。这使得活动影响力逐年稳步提升，赢得了社会公众的广泛关注和认可。十年坚持，"年度海洋人物"评选已成为宣传我国海洋事业、传承海洋精神的一块金字招牌。

随着每年媒体的广泛宣传和品牌影响力的累积效应，"年度海洋人物"评选的影响力和知名度越来越高，产生了巨大的社会效应，极大地激发了全社会关心海洋、热爱海洋和保护海洋的热情，营造了人心向海的社会氛围，普及了海洋知识，有效提升了全民族海洋意识。

榜样的力量是无穷的。榜样是旗帜，代表着方向；榜样是资源，凝聚着力量。他们能够鼓舞人心、催人奋进、使人进步。这也正是"年度海洋人物"评选的意义。连续十届的评选活动，体现了较强的时代性。他们既是我国海洋事业波澜壮阔发展进程的亲历者，同时也是见证者。

十年"年度海洋人物"评选，勾勒出一个个鲜活的"海洋人物"形象。他们，就像一面面高扬的旗帜，鼓舞、激励着后来人投身于海洋强国建设的伟大实践；他们，树起一座座精神的丰碑，为海洋事业发展提供强大的精神动力和信念支撑；他们，代表了新时代的海洋精神，甘于平凡、无私奉献，心中有梦想、脚下有力量，为建设海洋强国，实现中华民族伟大复兴的中国梦贡献着自己的智慧与力量……

正值"红了樱桃，绿了芭蕉"的春夏交接时节——2019年6月上旬，我们随中国作家采风团来到了江西省赣州市寻乌县参观采风，立时被赣南这片红色

人与海

老区的绿水青山、一草一木深深吸引了。

虽然，江西同属华东地区，但却是与安徽一样，在华东六省一市中，是不靠海的省份，境内大部分地区山高林密，人们靠山吃山。所以，革命战争年代，我党领导的红军依靠山区人民的支持，创立了井冈山和瑞金革命根据地，走上了农村包围城市、枪杆子里出政权的征程。

然而，这里的人们特别是孩子们，尤其向往大海，幻想着能够与浪花和帆船亲密接触。当我们来到丹溪中小学与师生见面时，就深切地体会到了这一点。当地领导和学校老师热切盼望作家们能为学生们上一堂课。讲什么呢？得知我来自青岛，一致要求："讲讲大海吧！"

没说的，宣传海洋知识，提升国人海洋意识，也是我们当代作家的责任，何况我曾经在一些城市和学校做过"海洋文化"讲座，根本不用讲稿。可是，当我走进这个特殊"课堂"时，还是吃了一惊。尽管我不是初次登台，可走上这样的大课堂还是第一次：

原来，学校各个年级的几个班都想听，教室和会议室根本容纳不下，干脆安排在大操场上。蓝天白云，四面青山，初夏的太阳刚刚移到头顶上，没有一丝风，群山环抱的学校操场犹如蒸笼，热腾腾的。可年幼的学生们排成整整齐齐的队伍，坐在板凳上，认认真真地听课。

前面高台上，专门给我安排了讲桌，拉上了话筒大喇叭等扩音设备。其间，主持人还为我端上茶水，送来了遮阳帽。我看到师生都坐在骄阳下，就放在一边也不戴，与大家"同甘共苦"。怎么开场呢？看着大山里的学校和满脸期待的孩子们，我灵机一动，张口就来了一句："今天我讲的题目就是'山那边是海'。"

简短的开场白之后，我问了大家一个问题："同学们，你们说我们中国有多大面积啊？"

学生们先是互相看了看，继而有胆子大的举起了手。

"老师，是960万平方千米。"

"不错，请坐。大家说他答得对不对？"

这时候，很多人异口同声地说："对，960万平方千米。"

我点点头："是的，教科书上是这样写的。但同学们要记住，这只是我国的陆地面积，我们还有 300 多万平方千米的管辖海域。在深深的海水下面，有石油、天然气、锰结核矿，有种种奇特的海洋生物，这些都是祖先留给我们的宝贵财富啊！"

哦！听我这样一说，同学们的眼睛都亮了。

在烈日下，在大山里，我深入浅出地描绘海洋里的奥秘，同学们包括一些老师都聚精会神地听讲。一堂引人入胜的海洋课结束了。本来，中小学生一般是 45 分钟一个课时，可这一次整整一个半小时，偌大的操场上，几百名学生，竟然没有一个起来走动的，甚而连咳嗽声都没有，都在目不转睛地盯着我倾听。

最后，我强调道："虽说咱们是山里的孩子，可山那边就是海。我希望你们从小热爱海洋，好好学习，长大以后当一名海洋科学家、海洋工作者或者海军战士，为建设海洋强国作出贡献，大家愿意吗？"

"愿意！我愿意！"

天真烂漫而又充满梦想的学生们仰起红扑扑的小脸，此起彼伏地嚷着、喊着，胸前的红领巾在微风中飘动着，宛如一朵朵小红花盛开怒放，把整个操场映照得光彩夺目。

啊！这就是祖国的未来。今天这堂课之后，学生们会对大海增添更加浓厚的兴趣，将来在他们中间，或许就会产生优秀的海洋科学家、远航船员、造船工程师，抑或海军将士、航道测量人员和港口建设者……

此时，正是 2019 年"世界海洋日暨全国海洋宣传日"在海南三亚举办之际，也是第十次评选"年度海洋人物"现场揭晓的时刻。我知道，自然资源部宣传教育中心的同志们正在忙碌。基于对海洋的热爱，我还是在采风之余给李航书记打了个电话，告知他，我也在参加海洋日，不过是在赣南山区，给孩子们讲大海的故事，深受欢迎。

"好啊许老师，您不愧是海洋作家，走到哪都忘不了宣传海洋。等我们总结海洋人物时，还要请您出山啊！"

"没问题，李书记！海洋的事我愿意做，再忙也要做好！"

是啊，一个人只有对大海特别爱恋、眷恋、依恋、留恋，才能够为海洋事业去尽心尽力，心甘情愿地付出心血汗水，乘风破浪，一往无前，用宏大而壮

人与海

阔的"海洋梦"促进实现我们中华民族复兴大业的"中国梦"!

不用说,那时将会涌现出更多更优秀的海洋人物啊!

想到这里,我们每一个人心中,都涌上了海浪一样的豪情⋯⋯

2020 年 12 月至 2021 年 12 月,初稿于北京、济南

2022 年 1 月至 2022 年 3 月,改毕于青岛

主要参考资料

《大海记忆：新中国 60 年十大海洋人物、十大海洋事件》，本书编委会编，海洋
　　出版社，2012 年。

《大海星空》（2010—2019 年度海洋人物），本书编委会编，海洋出版社。

《刀尖上的舞者——"航母战斗机英雄试飞员"戴明盟的故事》，沙志亮著，希
　　望出版社，2017 年。

《第四极——中国"蛟龙"号挑战深海》，许晨著，作家出版社、青岛出版社，
　　2016 年。

《耕海探洋》，许晨著，浙江教育出版社，2019 年。

《海洋与中国丛书》，杨国桢主编，江西高校出版社，1998 年。

《海洋中国与世界丛书》，杨国桢主编，江西高校出版社，2003 年。

《"深潜"院士》，许晨著，希望出版社，2018 年。

《"时代楷模"海军 372 潜艇官兵群体先进事迹》，《人民日报》《光明日报》《解
　　放军报》，2014 年 12 月。

《驶向深蓝——新中国舰船工业腾飞纪实》，宋宜昌、远航著，山东人民出版社，
　　2009 年。

《习近平集体会见应邀前来参加中国人民解放军海军成立 70 周年多国海军活动的
　　外方代表团团长》，《人民日报》《光明日报》，2019 年 4 月 24 日。

《中国海洋报》（2016 年合订本）。

《中国海洋文化》（共 14 册），《中国海洋文化》编委会编，海洋出版社，
　　2016 年。

《最接近天堂的地方——新华社女记者 238 天的南极、北极之旅》，张建松著，上
　　海辞书出版社，2012 年。

附　录

历届海洋人物一览

建国 60 周年十大海洋人物

赫崇本　曾呈奎　齐　勇　龚允冲　倪征燠　贝汉廷　苏纪兰
黄旭华　秦文彩　潘　伟

2009 年度海洋人物

徐芑南　海南三亚"蓝丝带"海洋保护协会

2010 年度海洋人物

郝振山　李国强　南大庆　雷善敏　余兴光　何雅兴　田继光
洪华生　胡敦欣　中国载人深潜海试团队

2011 年度海洋人物

白刚勋　李文波　赵　健　周泽彬　周云昕　郭文标　崔维成
朱　江　文圣常　陈　红

2012 年度海洋人物

邓明川　王继才夫妇　张海文　刘瑞玉　梁　阳　黄祈泉
边玉琴　付文韬　刘修德　中国海军亚丁湾护航编队

2013 年度海洋人物

楚金勇　海军某潜艇基地官兵　雪龙船　王　云　赵军友

陈金石　缪文波　金翔龙　吴厚刚　徐会希

2014 年度海洋人物

三亚学院志愿者服务社　许李易　张世江
海军 372 潜艇官兵群体　海洋石油 981 作业团队　张建松
王　琦　陶　军　300 米饱和潜水作业团队　司马灿

2015 年度海洋人物

戴明盟　奥尼·贝南　程　霖　刘　军　南海灯塔建设团队
邓大志　张振海　严　松　南海西部石油管理局深水钻完井团队
蔡程瑛

2016 年度海洋人物

张　超　孙利平　朱本铎　徐长贵　五代宁波守塔人
朱文泉　许盘清　许立荣　中国海洋大学"东乡行"西部志愿者协会
肖桂珍

2017 年度海洋人物

特别致敬：向　炜
港珠澳大桥岛隧工程预报保障团队　薛济萍　叶建良
李清平　胡　震　俞建成　高正捍　"碧海行动"打捞团队
李少霞　沈家门小学海洋教育科研团队

2019 年度海洋人物

郭　琨　韦慧晓　牛成民　中远海运港口阿布扎比码头委派团队
詹春珮　黄　晖　周士辉　鲸豚救护小组　王俊皓　黄　渤

后　记

　　"冬天来了，春天还会远吗？"

　　这是英国著名浪漫主义诗人雪莱的名句，给身心处于"严冬"中的人们带来了无尽的希望。十分巧合：我们这部描绘"人与海"的书稿正是从 2020 年入手，其间经历了 2021 年的春夏秋冬，冲破了此起彼伏的新冠肺炎疫情、采访艰辛等种种困难，终于在新的一年面世了。

　　回首来路，感慨良多。

　　正当举国上下在党中央国务院坚强领导下，初步战胜了突如其来的新冠肺炎疫情之后，我们应自然资源部宣传教育中心的盛情邀约，对在"世界海洋日暨全国海洋宣传日"活动中的"海洋人物年度评选"工作，全景式而又细致地归纳提炼一下，用纪实文学的笔法编著成一部文集专著。作为热爱海洋事业、曾经写作出版过数部海洋作品的我们来说，自然感谢这份信任并充满热情地投入了。

　　说到人与海洋的故事，大家首先会想到曾经获得诺贝尔文学奖的著名作家海明威的小说《老人与海》。是的，那是一部典型的讲述"汹涌的海与不屈的人"的作品。老渔民每取得一点胜利都付出了沉重的代价，最后却是无可挽救的失败。但从另外一种意义上来说，他又是一个胜利者。因为，他不屈服于命运，无论在怎样艰苦卓绝的环境里，都凭着自己的勇气、毅力和智慧进行了奋勇的抗争。大马林鱼虽然没有保住，但他却捍卫了"人的灵魂的尊严"，站立起一个失败英雄"硬汉子"形象。

　　毋庸讳言，我们中国是一个海洋大国，但还不是一个海洋强国。从历史上看，重陆轻海的观念长期存在，而新的世纪里，谁拥有海洋谁就会拥有世界和未来，经过改革开放几十年的中华儿女，已经清楚地认识到这一点。所以，早在本世纪初，国家海洋局就联合有关部门做了大量宣传海洋、认识海洋、热爱海洋的工作，尤其是结合联合国的倡导，于2010年开始了"世界海洋日暨全国海洋宣传日"和评选"年度海洋人物"的活动，影响广泛、效果极佳，为提升人们的海洋意识，普及海洋文化和科学知识，建设海洋强国起到了极大的促进作用。

值得一提的是，这些各个涉海领域的海洋人物，就不仅仅是"老人与海"了，而是关系到海洋方方面面的先进分子和群体。所以，我们干脆将此书命名为《人与海》。当然，由于十几年的历程，评选出的人物和事迹丰富多样，异彩纷呈，不可能全都收入本书中，我们只能从中选取有代表性的人或团体，分为海洋科技、海洋国防、海洋经济、海洋环保、海洋文化等几个门类介绍与评析。难免挂一漏万，敬请各位方家审阅指正。他们是我国海洋领域中的榜样和楷模，值得大家去学习、去效法，为我国的海洋事业贡献自己的力量。

另外，还要特别说明的是，由于疫情防控要求、年月久远和空间阻隔等原因，所写人物有的退休了，有的调离了，有的需要保密，还有因病去世的，我们难以到全国各地各涉海行业去寻找他们一一面谈，不少素材是选取曾经在报刊媒体上报道过，或者原先海洋人物评选中介绍过的文字材料。在此，特别向上述记者、编辑和宣传文化工作者，以及他们所在的单位表示衷心的感谢！是他们以极其认真负责的态度和工作热情，给予了具体指导与帮助支持，方使我们克服各种困难，精益求精，努力完成了这部近30万字的作品。

事实上，这是包括书中主人公和领导组织者、宣传报道者在内的大家共同编撰的成果，我们只是其中的执笔者而已。相比传统的报纸刊物广播电视等媒体，写成这样一部综合性而生动形象的图书，将更具有史料性、文学性和可读性，有利于传播、学习和保存，永久地留在当代改革史上，成为后来的人们了解那一代人如何献身海洋事业的"教材"。当然，由于我们才疏学浅，会有不足与遗憾之处，但我们是尽心尽力抒写的。希望大家喜欢。

人与海，是一个永恒的主题。自然资源部宣传教育中心和海洋出版社做了许多有益的工作，为我国的海洋事业摇旗呐喊、擂鼓助威，可敬可赞！我们相信，在未来的日子里，神州大地上一定会涌现出更多更典型的人物和集体，如同时代巨轮劈波斩浪，向着实现"人类海洋命运共同体"目标高歌猛进。